風来記

わが昭和史(2)雄飛の巻

保阪正康

平凡社

風来記——わが昭和史(2) 雄飛の巻◉目次

装幀　平野甲賀

風来記——わが昭和史⑵ 雄飛の巻

第一章　『死なう団事件』をめぐって

1

私の処女作『死なう団事件』が刊行されたのは、昭和四十七年（一九七二）一月であった。奥付は二月一日になっているが、一月二十日すぎには見本ができ、書店の店頭にも並んだ。赤い表紙、その中央に黒い囲みがあり、その中に白ヌキで、このタイトルは描かれていた。人目を引く表紙であった。

一月の半ばであったか、刊行元のれんが書房の社長久保田忠夫氏や編集部員のNから、まず見本にと数冊わたされたとき、これが自分の著作かとなんども本全体の手ざわりを楽しんだ。三十二歳になってまもなく、とにかく自分の著作を持てたのである。小説でも評論でもなく、ましてやいつか書きたいと思っていた戯曲でもなかったが、この処女作は自分が文筆業のはしくれに列《つら》なることができたとの喜びの代名詞であった。

当時、練馬の借家に住んでいたのだが、この見本を抱いて家に帰ったときの感激は今も忘れていない。昭和四十七年が明けたとき、私には長女、長男、次女の三人の子供がいた。長女は三歳、長男が二歳、そして次女が一歳になろうとしているときだった。そういう子供たちとの食事のテーブルが、私の原稿を書く机でもあったのだが、前年の八月、九月の暑い季節に、昼は子供たちと戯れながら、夜になるとテーブルでこの暗いテーマに取り組んで、原稿の枡目を埋めていった。それがこうして一冊の本となった。その夜は私や妻の枕辺だけではなく、子供の枕辺にも置いて、ひとつの仕事をやりとげたとの思いにふけった。

もっとも妻は、「このタイトルはあまり縁起がよくないから、子供の枕辺には置かないで……」と言うので、なるほどそうだな、とうなずき、三、四冊の書を私の枕辺に積み、あろうことかその一冊は布団の中で抱きしめて睡眠をとった。

最初の本というのは、それほどまで愛おしいとの実感を持った。とにかく文筆業で生活を立てていこうとの気構えが心中に煮えたぎるような感情となって高まった。

作家は処女作で方向が決まる、とか、処女作以上の作品はなかなか書けない、と言われたりもするが、この処女作によって初めて社会のさまざまな人間関係に気づくことになった。昭和四十七年という時代は年表を見てもわかるように、昭和史のなかでも特筆すべき転回点に立っている。たまたま手元にある『昭和　二万日の全記録』（講談社刊）の昭和四十七年を開いてみると、すぐに次のような事件や事象が目に入る。

一月　　グアム島で旧日本軍兵士横井庄一氏発見

二月　　冬季オリンピック札幌大会
　　　　連合赤軍による浅間山荘事件
四月　　川端康成、ガス自殺
五月　　沖縄、日本に復帰
七月　　第一次田中角栄内閣発足
九月　　日中共同声明調印、国交正常化
十一月　中国からのパンダ初公開

この年は、昭和三十五年十二月に池田勇人内閣のもとで始まった高度経済成長政策の終焉期にもあたっていた。それいけ、やれいけ、ととにかくまっしぐらに進んできた日本経済が、少しずつ疲弊する段階に入ったともいえようか。加えて日中戦争の勃発から三十五年を経て、やっと国交が回復した記念すべき年でもあった。

しかし、処女作の刊行された翌月、軽井沢にある浅間山荘を舞台に過激派のセクトである連合赤軍の五人と機動隊との間で銃撃戦が行われたことが、「死なう団事件」が注目されることにもなった。

このときは気づかなかったのだが、『死なう団事件』は確かに三十近くの紙誌の書評欄に取り上げられた。その理由はこうした過激派の自棄な自殺行為を理解する一助の意味も持たされたのだ。連合赤軍とは、正式名が共産主義者同盟赤軍派中央軍と日本共産党革命左派神奈川県常任委員会（京浜安保共闘）人民革命軍が合同して誕生した革命組織だそうで、両組織とも公然と暴力革命を唱えていた。

このグループが機動隊と行った銃撃戦は、十日余に及んだのだが、その間テレビはまるでドラマを放映するかのように現場からの実況を流しつづけた。

私はこうした革命運動にまったく関心はなく、テレビでの銃撃戦に時折り目を走らせただけだった。

そのためかこの事件の放送中、あるいは五人の犯人が逮捕されてからも、週刊誌などが特集を組むと称して、私のもとに電話をしてきて、「この組織は、死を賭してといっているが、昔の、死なう団とはどう違うと思うか」とか、「この事件についてのコメントが欲しい」と尋ねてくるのには驚いた。「死なう団事件は、昔の特高警察による弾圧の結果であり、この事件のように革命を目ざすものではない」とあわててさえぎった。

それでもと粘る週刊誌記者から、すでに原稿ができあがっていて、そこにこの事件との類似性を私が証言するとのウラ話まで聞かされて愕然としてしまった。

私は、電話をとるのがしだいに面倒になり、二月、三月には知らぬ顔でやりすごすことにしたのである。

2

私の処女作を刊行してくれたれんが書房は、この書が三作目であった。社長の久保田氏はかつて社会党の機関誌局にいたとかで、その方面に人脈があったらしい。東大の篠原一教授の書（『現代政治学入門』）を皮切りにその方面の執筆者に書籍を書かせるつもりであった。

この出版社に私を紹介してくれたのは、ロシア文学者の中本信幸氏であった。中本氏はロシア語に精通しているために、私が在籍していた朝日ソノラマにしばしば出入りしていた。世界で「音の出る雑誌」を刊行していたのは、朝日ソノラマとモスクワ放送の二社のみで、フランスやアメリカでも新しい媒体として検討しているとの話はあったようだが、現実化してはいなかった。朝日ソノラマ本誌ではモスクワ放送の「音の出る雑誌」と毎号交換していて、中本氏はそうした文書の翻訳にあたるために、定期的にこの社に来ていたのである。

「どこか出版社を紹介してほしい」との私の頼みに、すぐにれんが書房の名を挙げ、「この新しい出版社で刊行したらどうか」と勧めてくれた。

飯田橋駅前のさして大きくないビルの三階の編集室に社長の久保田忠夫氏を訪ね、死なう団という組織やその顚末について説明し、実は今この事件を詳しく調べていて、原稿にまとめているのだが、出版してくれないか、と単刀直入に申し込んだ。久保田氏は、社会党に籍はあったらしいが、かといって教条的左派ではなく、私の申し出に「あなたは思想的に右に属するほうですか」と尋ねたあとに、「そのような事件を右の立場で書くのでなければぜひ刊行したい」と答えた。

昭和四十六年十月ごろのことで、久保田氏とその編集室で話し合っている光景を昨日のように覚えている。中央線や総武線の電車が頻繁に走っているが、駅に近いせいか、ときにそういう音がこのビルにも伝わってきて、私は大声で久保田氏に話しかけた。なぜこのときのやりとりを覚えているかといえば、久保田氏が、あなたは思想的に右か左かという質問を発したからだったと思う。

このころこうした質問はさして珍しくなく、私が大学卒業時にある全国紙の最終面接でも、支持政党を問われたところから私自身の曖昧な思想的立場が露呈してしまった。このことが私自身の人生を決めるきっかけになったのは、すでに書いたとおりだが、こうした質問を社会でも受けるようになると、常に慎重になる習性を身につけていた。

「右とか左とか、とくに思想的にはこだわっていない。しかし右でないことははっきりしている。なぜなら私は、軍事主導体制の国家主義には不快感を持っているし、そのような時代をくり返してはいけないと確信しているので……」

という答えを返す。それが社会で生きる智恵となっていた。しかし久保田氏との最初の話し合いの内容を覚えているのは、こういう答えを返したことだけではなかった。次のような言を吐いたからである。

「死なう団事件の生存者にあたって、死のう、死のう、死のうと腹を切る真似事をしたこの連中について詳しく調べているうちに、まったく新しい事実に気づいたのです。どういうことかというと、この事件はどんな年表にもわずか一行、狂信的な宗教団体、死のうと叫んで切腹自殺未遂、とだけ書かれています。大体が昭和十二年二月のころ、あるいは昭和八年の自殺ブームのときに、

『死のう』と叫ぶ奇妙な団体があらわれたというだけです。でも私なりにわかったことは、年表のわずか一行か二行に片づけられている項目にも、多くの人の人生が投影されているということです。そういう人生を書きたいと思うようになりました。

つまり年表の一行を一冊の本に、という考えを実践したいと考えるようになって、そういう歴史ノンフィクションを書く分野を確立したいのです」

私はまだ三十二歳、久保田氏はたしか私より十歳上であったから四十二歳だったが、私の思いを久保田氏は受け止めてくれた。のちに酒席で、自分が社会党の事務局を離れたのは、「社会主義協会の頑迷さが体質に合わなかったのと、江田三郎さんの党改革が失敗したことで厭気がさしてのこと」と洩らした。教条的態度への強い苛立ちは、私にもよくわかった。

「年表の中の一行を一冊に、か。なかなかいいアイデアだね」

久保田氏はくり返し、そしてそのことをメモに書き写した。そういう光景を今も覚えているということだが、私も自分が身につけ始めたノンフィクションに対する考えが認められたようで嬉しかった。

私の処女作は、結果的に私の人生そのもの、さらには私の人生観へも多くの影響を与えることになった。十月の終わりにとにかく四百字詰め原稿用紙四百五十枚近くにまとめ、久保田氏のもとに届けた。久保田氏と二人の編集部員は、内容に興味を持ったらしく、二、三日中に目を通してくれて、「よそで刊行することはしないでほしい。ウチで必ず刊行するから」となんども念を押された。この四百五十枚は、出版社の合格点を獲得したことがわかったが、私も今の自分の人生では、これ以上の作品は書けないとの思いもあった。

昭和四十五年十一月二十五日の三島由紀夫の自決事件に端を発し、「死なう団（正確には日蓮会殉教衆青年党）」なる存在に思いがいき、そして国際版ブリタニカ編集局も退社して八ヵ月近く、東京、横浜、千葉、福島と生存者を捜しだしては訪ね歩き、「死なう団とはどんな団体だったのですか」との質問を発して、そして二ヵ月をかけてこの書をまとめたのである。昭和四十六年の十ヵ月余はほとんどこの仕事に没頭した。


初校、再校とゲラが出て、それを校正しながら、「年表の一行を一冊に」の次の対象に狙いを定めて、取材の申し込みを行い、新たに取材を始めていた。それが結果的に私の第二作になったのだが、昭和七年の五・一五事件に連座した茨城県水戸市の農本主義団体・愛郷塾《あいきようじゆく》の塾頭である橘孝三郎にピントを合わせて、この事件を見つめることであった。水戸の自宅に橘孝三郎を訪ねつつ、死なう団の単行本が少しずつ一冊の書に進んでいくのが、私にとっての日々の充実であった。


昭和四十六年十二月に校了になって、久保田氏とれんが書房の編集者二人と、忘年会を兼ねたような酒席で、久保田氏は意外な事実をこっそりと洩らした。

「実は今、松本清張さんに推薦文を貰おうと思ってゲラをわたしている。この御大の推薦文があれば売り上げも大きく伸びると思う……」

私は、嬉しい、というより複雑な思いになった。この期にもっとも売れっ子であり、あらゆる媒体を席捲しているこの作家に推薦文を貰うことなどできるのだろうか。ゲラを読んで突き返してくるのではないか、いやとても推薦文なんか書けない、と伝えてくるのではないか、と不安になった。

「大丈夫ですか。本当に貰えるんですか」

との私のつぶやきに、久保田氏は「大丈夫だよ。然るべきルートで頼んでいるし、なにより保阪君の年表の一行を一冊に、という考えを伝えているからね」とまちがいなく推薦文が入手できると自信を示した。

このときはわからなかったが、久保田氏は文藝春秋社の松本清張担当の編集者と親しかったらしく、その筋で依頼したようであった。松本清張がどの程度、真剣にゲラを読んだのか、私は知らなかったが、年が明けると久保田氏は、私に電話をしてきて、「推薦文が入ったよ。松本清張の名で、表紙の帯に刷りこむ。部数も少し多めに刷ろうと思うんだ。ウチなんかは五千とか六千の初版というのはなかなか厳しいんだけど、それを超える部数でいくよ」と声を弾ませた。

久保田氏は、松本清張の推薦文を電話口で読んでくれた。私は夢見心地で、その言葉のすべては覚えていないけれど、その末尾の言だけは頭に入った。「新進気鋭の記録者として、今後の活躍を期待できる人だ」というのである。久保田氏は、この部分をもういちど声高に伝え、「ウチも売りますよ」と威勢がよかった。

3

松本清張の推薦文を表紙の帯に使ったためもあるのだろう、前述のようにこの処女作の販売部数は小出版社にしては、予想を超える数字となった。タイトルの奇抜さ、それにこの時代そのものが奇妙な疲れの中にあったからと、私は思う。大学生を中心に始まった全共闘運動は各セクトにわかれて、武力闘争を続けるのであったが、この時代になると連合赤軍のように突出した革命集団が国の内外で暴れていたというべきであった。

高度成長政策によって、人びとはひたすら働き、そして経済的にはとにかく豊かな社会をつくりあげた。アメリカに次ぐ経済大国第二位などという語が、ごくあたりまえに使われもしたのである。もっともその分だけ、この社会は何かを犠牲にしていた。

こういう時代の空気の中に、人びとの心理にはどこか倦《あ》いたような、つまり日々の生活に疲れるというだけでなく、この社会全体に虚しい疲労感がただよっていた。「死なう団」というのは、そういう疲労感に近い距離にいることは事実であったのだが、それゆえに「死」を身近に呼びこみたい心境もあったのであろう。

処女作が意外なほど多くの人に関心が持たれ、私は久保田氏を始めその縁でさまざまな出版社の編集者たちと知り合いになっていったのだが、そんなときも「ああ、あの『死なう団事件』を書いた保阪さん?」などと覚えてもらうことになった。処女作は確かに名刺代わりでもあったのだ。

こういう空気の中で、私は、出版の世界での物書きの地位とはどういうものかを知っていった。むろん私とて、朝日ソノラマで編集者だったのだから、執筆者（そこには作家、学者、それに新聞記者なども含まれていたのだが）と接するときはどういう態度をとるべきかは熟知していた。その両者の間にかよいあう礼節のようなものは、当然のことながらよく知っていたのである。にもかかわらず新たに知りあった編集者の中には、私にむかって「先生」などと妙に礼を尽くす者まであらわれる始末であった。その言の中にひそんでいる嘲笑やからかいは、編集者時代にすでに知っていたので、その種のタイプとは二度と会わないことにした。

私の心中には、増長するという感情がまったくなかったとはいわないが、一冊の書を刊行することによって、世間の人たちがまったく異なる見方をするという現実を知った。私の家族や縁者とて、ひそかに書店で私の本を買い求めたことも知ったし、「風来坊のような生き方をしている」と案じていた者もすこしは、私の生き方に理解を示すことになったのである。

こうした思い出を表面的になぞりつつも、しかしこの処女作を刊行して二ヵ月後に、私はまったく衝撃的な事実に出会った。ノンフィクションとかドキュメントという名称が文筆の世界でもやっと落ち着いてきた時期だったのだが、私自身、「ノンフィクションやドキュメントは男子一生の仕事になりうるのか」と心底から衝撃を受ける事実と向きあうことになったのである。

4

昭和四十七年四月の終わりころであったろうか、死なう団事件の中心人物である長滝一雄氏から、朝六時ごろに電話が入った。長滝氏はこの事件の全容を知る存命者であった。このころ七十二歳になっていたが、長滝氏がいなければこの書は書けなかった。その長滝氏は戦後は、福島県浪江町で農業を営んでいたが、ときに東京の弟宅に身を寄せては、私の取材に協力し、そして資料の整理などにも助言を与えてくれていた。

「保阪さん、Kさんが自殺しました。昨日の朝だそうです。彼は身寄りがないので、私が死後の面倒を見ることになっていましたが、老人ホーム側の話ですと……」

長滝氏は淡々と話を進めた。老人ホームの四階からの飛び降り自殺だったこと、昨日のうちに老人ホームで葬儀が行われたこと、今日は彼の骨を、この老人ホームの管理下にある共同墓地に埋葬することになっていること、などを告げた。まだ明け方という時間のこの電話に、私は、パジャマ姿のまま長滝氏の言葉を意識の中に入れた。

「私も今日は同行しましょうか?」

「いやよろしいです」

と長滝氏は拒絶し、自分とやはり同じ死なう団仲間との二人で葬ることにする、とつぶやいた。

「いちどK君から電話があって、保阪さんの本ができてよかった、読んだよ、できればもういちどあの青年に会いたいんだが……」とくり返していたとも聞かされた。それなのに長滝氏は、私をK氏の納骨に同席させないというのは、この沈着な、そして人生の酸いも甘いも知っている彼が、その人生の奥行きの中から、私への配慮でそう伝えていることもわかった。

私は電話口でうなずき、老人ホームの人たちに哀悼の意を表している旨の伝言を託した。長滝氏は、「保阪さんはあまり気にしなくていいですからね」と慰め、とってつけたように、「K君もこの年になって、なぜ死なう団などと言われるようなことをするのかなあ」と少し涙声になった。

私は、K氏が自殺したと聞いたとき、実は心中ではあまり驚かなかった。なぜなら東京の下町にある老人ホームにK氏を訪ねた折りに、そのホームの芝生に私を案内したうえで、K氏と私は次のような会話を交したからだ。

「死なう団事件を調べるなんて、君は奇特な人だねえ。あの事件は、昭和十三年に盟主が病死して、それに最後までのこっていた団員が殉ずるような形で自決して終わったんだからね。私のように途中で辞めた者も多く、今さら事件を取り上げたところで……」

「そうです。おっしゃるとおりです。ただあの事件は、もともとは日蓮宗のある一派が全国に広宣流布をしようと、昭和八年に鎌倉に集まったのが発端で、それを神奈川県特高警察に逮捕されたわけで、庶民が特高にどれだけ痛めつけられたかという点では、今につながる事件だと思うんです」

K氏は、職人として生きてきたという。昭和六年ごろに蒲田付近の工作機械工場で腕のいい職人として過ごしていた。それが死なう団と称する宗教指導者の街頭説法に魅かれてこの教団に入団した。若い女性も団員にいたので友だちができればと気楽な思いで入団したという。ところが特高警察に痛めつけられて、「二度とこういう活動はしません」と誓約して組織をはなれたという。

「でもKさん。Kさんはその後も団員としてここにとどまって皆と宗教活動をしていたのではないですか」

私のその言に、K氏は意外な行動をとりだした。狼狽して口ごもり、「いや、私は辞めたはずだが」と譲らない。そこで私は、長滝氏らから入手したその後の死なう団の内部事情を書いた当時のメモを開いて、その一節をK氏に見せた。K氏はそこを読んで震えだした。

私はその理由がわかった。神奈川県特高警察は、昭和八年にこの団員たちを逮捕したときに、「お前たちはテロを計画しているのだろう」と疑った。前年二月、三月の血盟団事件、そして五月の五・一五事件と不穏な事件が起こっている。神奈川県の特高警察は、何か手柄を立てたかったのだろう、この教団の団員たちに、「テロを認めろ」と何日も手ひどい拷問を加えている。その結果、精神に異常をきたす者、肉体的障害が残る者が続出した。特高警察は、この組織の中にスパイを送りこんでいたと思われるほど、団員たちの日常について詳しく知っていた。

さらにこの事件のあとも、この団体をテロ団体に指定すべく内部にスパイを置いて、団員たちの動きを探っている節が窺えた。実際に、私は一連の取材の折りに特高警察の刑事に会って、内部にスパイを放っていたことを確認していた。

K氏の震えを見て、スパイがK氏だと、私はわかった。

しかしそのことをK氏には確認しなかった。K氏も、自分がスパイだったなどとは言わなかったが、当時小遣い銭が足りなかったために、ときに刑事から小遣いをもらうこともあったというような言い方をしていた。

私は、この『死なう団事件』の中に、K氏が奇妙な動きをしていたという記述は一行も書かなかった。K氏は、私が取材を終えて老人ホームの門を出るときに、不意に走り寄ってきて、私の手をにぎり、「ありがとう、ありがとう。なんだか一生、心にわだかまっていたことが晴れたよ」と涙声でつぶやいた。K氏は心中では、この一件で悩んでいたのであろう。

そのK氏が自殺したのは、私の書の中でこのことにまったくふれていなかったこと、そして自分の心中にひっかかっていたことなどを、私との対話でそれなりに決着をつけたことが原因のように思う。その後、長滝氏と会ったときに、「Kさんはあの事件がとにかく世の中に知らされることになって、ほっとしたようです。老人ホームの職員にも、あの青年を呼んでほしい、と保阪さんに連絡をするように頼んでいたようですが……」と聞かされた。K氏の暗い視線が、私との対話の中でときに明るくなったのを思いだし、私の心に何かが乗っかってくるように思ったほどだった。

K氏が老人ホームの四階から飛び降り自殺との報は、しかししだいに私の中にまったく別の問いとなって重くのしかかってくることになった。

〈私の書いた作品によって一人の老人が死を選んだのではないか。私に人の生死にかかわるようなことを書く権利はあるというのか〉

K氏は、もし私の作品が発表されなければ、心中では辛い思いをしながらもとにかく日々生き続けただろう、しかし私の作品によって自らの傷を思いだし、いつまでも罪の意識をもって生きることを拒否したのではないか、と私は考えたし、あるいは心にわだかまっていることを告白したことで心の内が晴れたのではないか、とも自問自答を続けることになった。

仕事にむかう意欲が薄れ、私のペンで一人の老人が自殺したと考え込む日が続いた。私にそんな権利があるのか、との問いが、日常生活の中で不意に私の中に浮かんだりもした。こういうときの私は、他人に相談するタイプではなかった。自分で答えをだす以外にない、といつも考え続けた。地下鉄の満員の人並の中で、この考えにとり憑かれ、そのまま電車に乗り続けているわけにはいかなくなった。目まいがしてくる、心臓の鼓動が激しくなる、そんな体験をほぼ半年ほど続けた。酒を飲んで気を紛らわせるというタイプでもないから、この問いに真正面から向きあいつづけることをくり返した。

ごく自然に、私の覚悟が定まった。

〈K氏が私のペンで死んだか否かは、私にはわからない。だが原稿を書く、本を書く、という行為は、他者の死ともかかわりを持つ。それがペンを持つ者の覚悟ではないか。その覚悟がないのなら、文筆という仕事は即刻辞めるべきだ〉

それが私の結論だった。ときに作家の発表する作品は、他者の生死にも直接にかかわりを持つ、それがこの仕事の本質だ、それを避けて生きていたいと思うなら、すぐにでもどこか出版社に職を求めてペンを持つ生活からはなれなければならぬ、と私自身に言い聞かせた。そのことは私もまた、他者のペンによって傷つくこともあろうし、不愉快な思いをすることもあるだろう、だがそれは覚悟のうえ、ただしそういう覚悟のない文筆家からの意図的な中傷記事は相手にしない、放っておけばいい、とはいえ時間の流れで、私自身の反撃だけは用意しておこう、との新たな覚悟を持つことであった。

家庭の中に、そういう悩みを決して持ちこむまいと、私の意識の中では結論づけたのである。同時にノンフィクションやドキュメントを書くときに、人の生死にかかわることでも決して逃げない、私の思うように書こう、私はこの社会の栄達や賞賛を目的にするのではなく、たった一人でこの仕事を続けようとの覚悟も固めた。

あまり明確な言い方をしたくはないのだが、師を求めず、仲間も求めず、自分の思うとおりに「年表の一行、二行を一冊の書に」という作業を続けていこう、それでこの生を終えるなら、それはそれでいい、どのような企業に勤めても二年か三年で辞めよう、組織の中に自分を埋没させることはすまい、と決めていたのと同じ覚悟でもあった。

5

処女作の『死なう団事件』について、もうひとつつけ加えておかなければならない。それはこの作品が劇作家によって劇化されたことである。作品を発表してまもなくのことだが、文学座の制作部、演出部から、別役実氏がこの書を参考にして、一本の劇作を書きあげて、アトリエ公演を行うとの連絡を受けた。その脚本も送られてきた。『数字で書かれた物語――「死なう団」事件顛末記』というタイトルであった。大学時代に、私も芝居に取り組んでいたし、劇作を志していた。早稲田大学の「自由舞台」出身で、すでに劇作家としての地位を固めていた別役実氏の名前はむろんよく知っていた。

奇妙な表現になるが、その劇作家が私の処女作に興味をもってくれたことはなによりも嬉しいことであった。

しかもその脚本は、私の作品をそのまま劇化するのではなく、私の作品を読んで、そこから何かのヒントを得て独自の世界をつくりあげている脚本であった。この脚本の末尾には、「――なお、文中『死のう団』に関する記述は、すべて保阪正康氏『死なう団事件』(れんが書房)に拠った。ここにお断りすると共に、厚く御礼申しあげます」とあった。私にとってこの表現は、処女作の表紙の帯に推薦文を寄せてくれた松本清張氏とは別の意味で励ましになった。

文学座アトリエ公演の折りに、別役氏と短い会話を交しただけだったが、この芝居の最後のシーンはきわめて印象深かった。五人の男女がこの事件の終焉に、とにかくお互いに風船を、まるでバレーボールのようにはね返すのであった。そのやりとりがくり返される。男の一人がそのやりとりの中で、長い独り言を口にし続ける。その台詞には、

「ほらあの時言ったろう、そう言ったよ。そのことを言っているんだぜ。だって、いいかい。俺がだよ。俺がそんなことをするわけがないじゃないか。……」

といった一節もあるのだが、とにかくこうした台詞をとりとめなく吐き続ける。空しくやりと

りされる風船……。そして一時間余のこの芝居は終わるのであった。

たしか文学座アトリエ公演は、小田急沿線のどこかの小劇場で行われたような記憶があるのだが、私はこの芝居を見たあとの興奮が忘れられない。誰とも会いたくない、他人と会話を交したくない、ただひたすら新宿駅にむかって、それこそ一時間近く歩きつづけたのではなかったろうか。別役氏は、この芝居で何を訴えたかったのか。確かに不条理劇なのだろうが、あの風船は何を意味したのだろうか。私なりに幾つもの解釈ができた。たとえば、別役氏は「言葉」をどの程度信じられるか、人と人との間をつなぐ「言葉」は本質的には、単語の意味のつながりだが、それがそれぞれの人の生きる姿にどう反映するか。

しかし、死なう団はその言葉に信頼を持てずに、「死」そのものにこそ（つまり「死」という言語にこそ）自分たちのつながりを求めたのであろう。そう考えれば、この「死」のかわりに、「革命」があったり、「テロ」があったり、あるいは「クーデター」があったり……いや「カネ」があったりというのが、この社会ではないかとの強烈な訴えではないかと思えてきた。私は、大学生のときに「生ける屍」という芝居を書いたが、それはこうした考えがまだ整理されていなかったために、キャストたちに充分な演技指導ができなかったのだとの思いを持った。

別役実氏の『数字で書かれた物語』の中にひそんでいるのは、まさに「一九七二年」ではなかったか、とも思い知らされた。

家に戻って打ちのめされたような感を持ったときに、私は、初めてノンフィクションやドキュメントを書く仕事を選んだことに、私の心理の帰結があることを感じた。この数年後であったろうか、やはり劇作家の石崎一正氏が『死のう団――このように私は聞いた』という脚本を書き青年座で上演したが、こちらは具象に徹していて、また私なりに劇作の妙味を知った。こうして二人の劇作家の作品にふれて、舞台で動く俳優たちの、その姿に、私はふとイギリスの劇作家であるオスカー・ワイルドを思ったりもした。私の誤解でなければ、ワイルドは自らの芝居に、自らが興奮してしまい、クライマックスの折りには舞台にかけあがって、「これは私の書いた芝居だ」と叫んだりするために、自らの芝居であるにもかかわらず劇場へは出入り禁止になっている劇作家であった。

私はワイルドとは違う方法で、つまり二人の脚本を手にしながら、劇作家は私の作品のどの部分に関心を示すのだろうと確かめた。その確かめるなかで、非フィクションの持つ世界には、実は〈作家〉それ自体が、自分の人生を賭けているエネルギーがなければ、とうてい読者を獲得することはできないと知ったのである。

第二章　農本主義者・橘孝三郎との対話

1

前章でもふれたのだが、処女作を著したころに、私は水戸にある橘孝三郎の家に月に二回ほど通って取材を進めていた。当時八十二歳の橘は、私のどのような質問にも答えてくれたが、ときに「君の質問は戦後民主主義に毒されているな」と息をつき、「来月に来るときは、フランスのベルグソンの哲学を読んで、その意味を含んで質問してほしい」とか、「君らの世代は天皇についてほとんど知識がない。さしあたり私の農本主義の著作を読んで、そして天皇にアプローチする方法についてどう考えるかの視点で質問しなさい」との忠告を発する。

私は今でも農本主義者の橘孝三郎に対して畏敬の念を持っている。歴史上では、「右翼の理論家」「昭和初期のテロリストの頭領」といった見方までされるのだが、私はまったくそうは思わない。「博識の農本主義者」「日本的共同体の守護者」といった語がもっともふさわしいのではないかと思う。

橘孝三郎に、私が関心を持ったのは五・一五事件の際に撒かれた檄文の末尾の一行の中の四文字に目を止めてからであった。昭和七年五月十五日の、いわゆる五・一五事件は海軍士官と、陸軍士官学校の候補生、それに橘らの愛郷塾が参加したわけだが、大正期の人道主義者でトルストイアンでもある橘はなぜこのテロ行動に参加したのだろうか。それが私の疑問であった。この五・一五事件のときに決起将校たちは、東京市内に檄文を撒いている。なぜわれわれはこのような行動を起こしたか、を説いているわけだが、私が関心を持ったのはこの檄文の末尾に「陸海軍青年将校」とあり、そのあとに次の一行があったことだ。

「農民同志」

この「農民同志」とは誰を指し、なぜ彼らはこのテロ行為に参加したのか、そのことを私は確かめたかった。そこで水戸の愛郷塾について調べ、その指導者である橘孝三郎が存命なのを確認したうえで、私はあなたを取材し、農本主義団体がなぜこのような行動を起こしたのか確かめたいのだが……と長文の取材依頼の手紙を書いた。

私は、いわゆる右翼にはまったく知り合いがいない。それどころか、右翼と聞いただけで気分が悪くなるタイプであった。世間的には橘はそのような分け方をされるのかもしれない。しかし私が、昭和初年代の橘孝三郎の著作（たとえば、『農業本質論』など）を読んだ限りでは、どうにも右翼という分け方からはかけはなれているように思えた。

そのような意味を込めての私の取材依頼であった。

どれだけの日数を経ていたかはわからないが、橘孝三郎からは実に簡単な返信が届いた。それは四百字詰め原稿用紙の中央に、たった二文字が大きな字で書かれていた。「諒解」というのである。そしてその横に少し字を落として、「委細塙《はなわ》に相談されたし」とあった。私は、塙とは誰かを知らなかった。それで改めて橘孝三郎の周辺について書かれた書を参考にして、橘の秘書のような存在である女婿の塙三郎氏を知り、なんどか手紙を往復して日程の調整を行った。そして昭和四十六年十一月から水戸の橘宅に通いつづけることになった。私は誰の紹介もなく、加えていわゆる右翼的発想をもっているわけでもなかったので、橘氏にはあらゆる質問を行った。

水戸の国道からであろうが、橘家を訪れるには二百メートルほど私道を歩いて入らなければならない。その道を、いつも一人で歩いては橘家を訪ねた。橘は大体は和服であったが、机の前に正座して、私はその前に正座する形で、話を聞くことになった。

私は三十二歳から三十三歳になろうとしているときで、橘のような八十代の老人とはそれほど多く会話を交したことはなかった。橘は白髪のあごひげが伸びていて、とにかく眼光は鋭かった。しかし、愉快な話や私のつたない冗談に、ときに目を細めて笑うのであったが、私はその好々爺然とした姿に、強い共鳴を覚えた。

余人を交えずに話すのであったが、今にして思いだすと、私はなんと豪華なひとときをもったのだろうとの思いがする。私のメモ帳のなかには、幾つもの深遠な会話が記録されているのだ。

「先生、最終的になぜ五・一五事件に参加したのですか。先生の思想は、大正期の人道主義、北欧の農民組合運動などに裏打ちされていて、とても事件とは結びつかないのですが……」

このような質問を、実はなんども発したのである。橘はそんなときに、いろいろな内容をくり返すにせよ、つまるところ答えはひとつに尽きた。それは北一輝への批判ということができた。

「私はね、海軍士官の連中が、井上日召《にっしょう》の紹介で訪ねてきたときから、この事件は成功しないだろう、と思っていたよ。なぜならあまりに軍人中心の計画だし、この事件の思想を受け持つ連中は一人もいないではないか」

ところが彼らの中には、陸軍の影響を受けている者もいて、北一輝にシンパシーを持つ者も少なからず存在した。橘にとってそれは許されないことだというのである。

「君、北一輝というのはれっきとした社会主義者だ。彼の国家改造法案というのは、よく読めばわかるが社会主義の教典といっていい。もっともこの場合の社会主義とは、国家社会主義であり、いわゆるマルクス・レーニン主義ではないにしても、日本は、北の理論では救われない。とくに農業は救われるどころか、ますますその状態は悪化する。なにしろあれは都市中心の唯物思想だからねえ」

その批判は、北の理論は共産主義理論の変型版ということに終始していた。とくに農本主義者の橘にとって我慢がならないらしく、日本の農村の破壊が目的となっている理論ではないか、と舌鋒鋭く批判した。私は、とくべつに北一輝に深い知識をもっているわけではなかったが、橘の理論は聞いていて容易に納得できた。

海軍士官と陸軍士官候補生が、もし北一輝の理論にもとづいての行動なら、なんとしても阻止しなければならない。ことに海軍士官グループの黒岩勇、三上卓、古賀清志などは北より権藤成卿や橘にシンパシーを持っているが、北への影響力はなんとしてもそがなければならない。彼らの行動の立脚点を、農本主義者の側に与《くみ》させなければならない、それが橘の辿りついた結論であった。

こういう話を事細かに尋ねることは、確かに辛いことではあったと思うが、橘はそういう私の不安にもまったく頓着せずに答えた。私は、橘の証言の理論的内容がわからないときは、なんども聞き返して橘理論の真髄を説明してもらった。そんな折りに私の質問に苛立って、橘は、「君の質問は少し戦後民主主義すぎるぞ」と制したのである。それでも私の質問の意味を的確に捉えて自説を返した。橘は日ごろは、どちらかといえば国家主義的考えを持つ人たちのほうからの質問が多かったのか、実にあっさりと「大東亜戦争擁護論」を口にしたので、私が納得できない旨を答えると、また丁寧に持説を披瀝した。

私は橘孝三郎との間にできあがっていく、対話の構図が気にいっている。大体は午後十二時半か一時ごろから取材が始まり、午後四時をすぎてまもなくすると、「今日はこれで終わり。次回は何日何時から」と宣言してその日の取材を終えるのであった。橘家を出て国道のバス停までの、それこそ二百メートルほどの私道を歩いていくと、必ずこの時間に四、五人の青年たちとすれ違った。私よりは五、六歳は若かったのではないだろうか、その中に顔見知りの者はいなかったが、すれ違うたびにお互いに軽く黙礼をするのが習慣になった。しかし声をかけることはなかった。

のちにこのグループは、三島由紀夫のつくった楯の会のメンバーで、事件の後は、橘のもとに通って農本主義の勉強をしていることを知った。橘は、彼らに私を紹介せず、また私に彼らが学びに来ていることを伝えなかった。

そこに橘なりの心くばりが見えて、私はなおのこと信頼感を持った。

しかし一年近くも通いつめて、橘孝三郎の経歴や一高を中退（卒業式の一週間前）して、故郷に帰ってそこに文化村をつくり、土とふれながら人間の感情をできるだけ「資本主義的気風」に毒されないように生活する、その姿の一部始終を私は知ることになった。橘とその軌跡、そして五・一五事件の檄文の最後の一行にある四文字のこのグループを、どのような形で書物に書きあげようかと迷っているときに、また新たな接触があった。

草思社の社長加瀬昌男氏が、ある日、「いちどお会いしたいのですが……」と電話をしてきたのである。手元のメモ帳を見ると、昭和四十七年の秋である。

私は、加瀬氏との交流によって私自身が文筆家としての歩む道が広がったと思うが、しかし当初はそのことはわからなかった。加瀬氏は、私が昭和史に関心を持ち、今後著述を続けていくのならどれほどの協力も惜しまないと電話口で話していたのだが、とにかく私は加瀬氏と会って意見交換をすることに同意したのである。

2

草思社の加瀬昌男氏と初めて会ったのは、赤坂のプリンスホテルかニューオータニの喫茶室ではなかったろうか。昭和四十七年の秋、十一月ではなかったかと思うのだが、それまでホテルの喫茶室で面談する体験がなかったために会う場所を指定されただけで緊張したような記憶がある。

私は三十三歳から三十四歳になろうとしているころだが、加瀬氏は頭髪が薄く、それも白髪が目立った。すでに六十代に達しているように見えた。表情は穏やかで、細い目をしながら訥々と話す態度に、私はすぐに信頼感をもった。「死なう団事件というのは、大森、蒲田、川崎、それに横浜にも信者がいたんですね。私は横浜生まれで、横浜育ちだからあの本は興味を持ちました」と加瀬氏はゆっくりとした口調で言葉を紡ぐ。

初めの何分かは、私がこれまでどういう仕事に携わってきたのか、と一方的に加瀬氏に尋ねられていたのだが、やがて「私はもともと現代詩に関心を持っていて、そういう方面で生きてきたんです」と丁寧な口調になった。「出版社を興してまだ四、五年なんですが、ひとつの方向は詩人を大切にしていきたい、彼らのエッセイなどは積極的に刊行したいと思っているんです。もうひとつは、ノンフィクションという分野を育てたい。ノンフィクションはやはりアメリカにいい作品が多いので、当面は翻訳物に積極的に取り組みたいと考えています」といった話を続けるのだが、口ぶりから窺っているととても六十代には見えない。のちに確かめたのだが、昭和六年生まれだから、このとき四十一歳だったのである。

これから「出版」という荒海に、独りで舟を漕ぎだすかのようにも思えた。草思社という社名の由来も説明された。今は覚えていないが、地に足を据えてノンフィクション作品を刊行していきたいとの意思を感じとった。

この初めての面談を、私の記憶をもとに再現すると次のようなやりとりを行った。

「なぜ昭和史に取り組もうと思ったのか。今後とも続けたいと思っているわけですね」

「ええ、そう思っています。死なう団事件に取り組んでみて、年表の一行を一冊の本に……と思うようになりました。その一行の中に、多くの人の人生が詰まっていると思うので……」

私もこのころの持論を口にした。

「それはすばらしい考えだ。そういう目標を持っているならいくらでも協力したい。そのうち保阪さんのところにもいろいろなメディアが近づいてくるだろうけれど、その前にうちとしてもおおいに協力させてください」

加瀬氏はそう言いながら、では今はどのようなテーマに取り組んでいるのか、と尋ねるので、「五・一五事件」についてひとくさり語り、そして水戸にある愛郷塾の橘孝三郎の取材を進めていると伝えた。出版社をどこにするか、もしまだ決めていないのならうちの社でどうか、と勧めてくれた。

私には渡りに船であった。出版社はいずれどこかに決めることはできるにしても、その執筆意図の説明やら、あれこれ手続きも面倒である。こうして加瀬氏の出版社で刊行してくれるなら、これほど楽なことはない。「うちの社でどうか」と勧めてくれたときに、すぐに橘孝三郎の顔が浮かんだ。

「君、私のことを書いても本を出してくれるところなんて、あるのかね」

となんども口にしていたからだ。私は、加瀬氏の言に心底から頭を下げた。

「ところで」と加瀬氏は座り直し、私を真っすぐに見つめて、「私の話も聞いていただきたい」と言い、いきなり、「どうですか。東條英機という人物の評伝を書いてみませんか。今日はそのことをお頼みしたかったのです」と言いだした。加瀬氏の口から「トウジョウヒデキ」という名が出たときに、私は頭の中がぐるぐる回転し始めた。瞬時にさまざまな計算が私の中で起こったというべきだろう。

「東條英機というのは、あのA級戦犯の、太平洋戦争を起こした張本人、日本の軍国主義を体現している軍人、その人物の評伝を書くのですか、僕が……」

加瀬氏は、「私は、いつの時代にかこの軍人宰相を冷静な目で日本人として分析するときがくると思っているのです。私もこの人物は大嫌いですよ。でも保阪さんは昭和十四年生まれで、二十一年四月に小学校、このときもまだ国民学校だったかな、つまりあの戦争の次の世代の目で、この人物の評伝を書いてみるべきです」

と説いた。新しい世代の目で、東條に限らず昭和天皇や、もし外国語に苦労しないのであれば、ルーズベルトやチャーチルの評伝も書いてみないか、とつけ足した。

私の頭の中では、次のような語が連鎖となって回転したのである。

〈東條英機……こんな人物を書くというのは右翼とみられるのではないか……私は右翼は大嫌いだ、戦後民主主義の側からみればもっとも嫌悪すべき人物がいる……それこそ東條英機ではないか。こんな人物に取り組んだらマスコミの世界で、あるいは編集者の間で、なんだおまえは右翼か、そんな人物に関心を持つなんて……そういう目で見られているうちに私は仕事がなくなり、つまり干されてしまって物書きとしての道がまったくとざされてしまうのではないか〉

私の頭の中には、妻と三人の子供たち（三歳、二歳、そして一歳）が飢えている像が浮かんだりした。もしメディアの中で、「あんな右翼野郎に原稿なんぞ頼む必要がない」との約束ごとができあがったら、私はパージされたも同然だと案じた。実際に私も編集者時代に、作家や評論家を実にあっさりと「あの人は右だから」とレッテルを貼り、原稿を注文しなかったり、「彼は左だよね」と仲間同士で簡単にレッテルを貼って原稿を注文していたのである。

私が断ろうとしているとき、加瀬氏は、私の悩みをふっきるような一言を口にした。

「むろん東條を誉めたたえる評伝なんか望んでいません。でも事実も確かめずに批判するのも排したい。好き嫌いを超えたところから生みだされる評伝です」

その言を聞いて、私はためらいもなく、「わかりました。挑んでみます。ただ生活基盤ももうすこし確立する必要もありますので、そうしたらすぐに取材を始めてみます」と答えていた。加瀬氏との間の阿吽の呼吸のようなものであった。加瀬氏は、「取材費などはうちで出します。基礎的な資料もうちの編集室の一角にすべて揃えます。この編集室を自由に使ってください。それと……」と加瀬氏は、「文筆業の生活は大変なことは知っています」と言い、家賃程度の月々の援助もしたいのだが……と遠慮深げに口にした。

〈これでは私はヒモつきといわれないか〉

と案じ、家内と家計の相談をしてみたいのでと答えた。妻と話し合うと、そんな人物を取材するなら、全国各地を歩くのだから、取材費の名目で援助してもらったら、という言に私も納得し、加瀬氏の好意に甘えることになった。その後、月々に一定の金額がふりこまれてくることになった。

こうして文筆業として、とくにノンフィクションに特化する形でこの世界に入ったが、私は加瀬氏との出会いによって、編集者と執筆者としての新しい人間関係をもつようになった。

東京・原宿の大きな民家を借り切った草思社に、私はその後しばしば訪ねるようになった。そこで翻訳家の鈴木主税《ちから》氏、詩人の長谷川龍生《りゅうせい》氏などとも知りあうことになった。その二人を仲介にしてさらに新しい人間関係が広がっていった。

こうした人間関係とは別に、加瀬氏の親友ともいうべき鳥居民氏にも紹介された。鳥居氏は当時、草思社から『周恩来と毛沢東』、さらには『毛沢東　五つの戦争』などを上梓していた。私はその詳しい経歴は知らなかったが、中国語に通じていて、中国情勢に特別のルートを持っている人物という印象を受けた。鳥居氏は私に会うたびに、

「東條と近衛文麿の関係を正確に押さえなければ、昭和史の実像はわからないところがありますよ」

と言い、『西園寺公と政局』（原田熊雄述）をどういうふうに読むか、などを丁寧に教えてくれた。丸顔で目のくりくりとした表情は、それほど笑顔を見せることはなかったが、それでもときに冗談を言い、そのときは頰をふくらませて笑うのが、私にはとても印象深かった。

3

昭和四十八年十月までほぼ二、三ヵ月をかけて、私は橘孝三郎の軌跡をまとめた原稿を書いた。

この年の春には、一ヵ月ほど費やして水戸を中心に、愛郷塾の元塾生たちの住む地を訪ね歩いた。「あなたはあのころ、あの事件に参加されたわけですが、当時の気持と今の気持を聞かせてくださいい」という質問を必ずぶつけることにした。

昭和七年当時、十代から二十代であった農村青年は、今では五十代から六十代にさしかかっていた。大体が地元で農業に勤しんでいたが、その一方で彼らはそれぞれの地方で信望を集めていて、地方自治体の議員を務めたりしていた。むろん彼らとて自らの青年時代の思い出をすべて肯定したり、否定したりという生き方などしない。肯定ないし、自らの生き方に一定の重きを置いている者は、大体が自らの生地に住むか、あるいは橘孝三郎の周辺に住んでいた。だがあの事件に加わったものの、その動機はあまりに軽率だったとか、あの事件は自分の経歴にとってマイナスであったという者は、まったく別な地に赴き、別の生き方を選んでいるようにも思えた。

そうした違いが、私には興味深かったのである。

塾生を訪ねる旅で、私がもっとも忘れられない証言があった。のちに昭和史を調べるにあたって、テロやクーデター、あるいは革命騒動を起こすタイプを見つめるときに、この証言は私の座標軸のひとつとなった。

「私たちは確かにテロリストです」

とその老いた元塾生は、縁側に座布団を持ちだしてそう言った。悔恨がまじっていた。

「ちょっと待ってください。そんなことはありません。あなたは陸海軍の軍人たちとは異なって、橘先生の命令で発電所を襲って機械を金槌で叩いた程度ではありませんか。それがどうしてテロリストになるのですか」

私の問いに、その塾生は「五・一五事件というのは、首相官邸を襲って犬養首相を暗殺したテロリズムですよ。たとえ私は軍人ではないから、首相官邸に行っていないといっても、五・一五事件そのものに連座したのだから、テロリストといわれてもその立場は受けいれなければなりません。事件そのものが確かにテロリズムだったのですから……」といった答えを返した。だがよく話を聞いていくうちに、私はこの元塾生の言わんとしている意味がわかるようになった。それはあまりにも簡単なことでもあった。

つまり歴史上にはテロやクーデター、革命に伴う殺傷は無数にある。日本の明治維新のときもそうだったではないか。さて、そこでテロやクーデター、そして革命家は初めから、つまり事を起こす前からテロリストや革命家だったのだろうか、その元塾生の答は「否」である。テロリストがテロやクーデターを起こすのではなく、さりとて革命家たちが革命を起こすわけではないとの意味だ。ではどういう意味か。

テロリストも革命家もその非合法の行動に参加したことによって刑務所に収監され、司法の裁きを受けて刑に服することになる。この元塾生に言わせると、拘置所や法廷に置かれたときに被告たちは初めて、「私の行動は何であったのか」と自問し、そしてその行動の意味について日々考える。決行前とはまったく異なる心理になって、虚心に自己を見つめ、法廷での裁きの言や自らの弁護人たちの言に耳を傾けるというのだ。

監獄では書を読み思索し、自らの行動に意味を与えるべく考える。

その結果、ふたつの選択肢に辿りつく。

〈自分の行動に誤りはない。自らの理念、思想実現のために人を殺めたが、それでもなお自らの行動は正しいと信じる〉

〈自分の行動は誤りだった。自らの理念、思想実現と称して人を殺めたが、そのような行動は決して許されるべきではない〉

この元塾生は、前者の側に立った。だから、「真のテロリストとは行為の後に初めてつくられるのです」と答える。テロリストだからテロを起こすのではなく、テロを行ったあとにそのことに確信を持った者が初めてテロリストとなると断言した。反省して刑の軽減を受けた者は、「テロリストではなく単にそそっかしいというべき」とつき放した言を口にしたのである。

私はこうした考えになじめはしなかったが、それでもその後に二・二六事件や戦争加害の実態を数多く知っていくにつれ、このような尺度も一理あると実感した。

4

昭和四十九年一月に、単行本『五・一五事件——橘孝三郎と愛郷塾の軌跡』を草思社から刊行した。草思社にとっては十冊目のころではなかったろうか。

東條英機に関する資料を読んだり、ときに取材申し込みの手紙をこの社を起点に投函していたのでしばしば訪れたのだが、加瀬氏は徳大寺有恒の『間違いだらけのクルマ選び』というのちにベストセラーとなる書の刊行の準備を進めているときでもあった。編集部員は四、五人ほどで、企画の大半は加瀬氏の発案、あるいは発意によって決まっていたようであったが、加瀬氏は確かに勘の鋭い人で、時代の流れをよくつかんでいた。さして広くない編集室の一角での、加瀬氏や編集顧問の鈴木主税氏、それに長谷川龍生氏らとの会話は、まだ三十代半ばの私には得るところが大きかった。

いずれも昭和初年代の生まれで、このころは三人とも四十代半ばの働きざかりだったのである。私は十歳ほど年齢が下になるのだが、昭和五十年前後の世相について、まだ生半可な左翼知識に浸っているときでもあり、三人の話にはついていけないこともあった。

ただこういう雑談の席でも、とにかく一冊の書を著わし、そして二冊目をこの草思社から刊行するということで、こうした方面で新しい境地を拓こうとしている点だけは認めてくれた。つまり鈴木氏も長谷川氏も仲間として認めて、対等の会話を交わしてくれたのである。

鈴木氏は、海外の出版物のリストを毎月詳細に点検し、加瀬氏のいう、いわばアメリカの良質な作品があればすぐにそれを買い求め刊行する構えでいた。私がよく草思社に顔をだしていたころには、『栄光と夢』（全五巻）と題するウィリアム・マンチェスターの原作の版権を買い、鈴木氏はそれをスタッフを使いながら訳していた。その鈴木氏が翻訳書の地盤をつくったのだろうが、その後、谷川俊太郎訳の『マザー・グースのうた』など良質の翻訳書が草思社から刊行されている。たまたま私は鈴木氏の友人と知り合いであったためか、気軽に口をきけたのだが、なんどか鈴木氏が、「保阪君、ノンフィクションを終生書き続けるなら、なにより体力が大事だよ」と山登りに誘ってくれた。だが私はこの方面に関心がなかったために、いつも断わることになった。「新宿あたりのバーで、酒を飲み散らかすような物書きにはなるなよ。大体それでつぶれていくんだから……」

確かにその忠告はあたっていた。ただ私はそれほどの酒飲みではないので、行きつけのバーなどを持たない主義だった。だから新宿のゴールデン街などに入り浸るという生活はそのころには考えてもいなかった。鈴木氏は近代史についても深い知識をもっていて、「東條英機に挑戦するなんて、保阪君の年代では初めてじゃないか。戦時下と戦後では、その評価はまったく逆転して、今はこんなに憎まれている指導者なんかいないしなあ」とか、自分が国民学校に入った昭和十年代半ばのころは、「救国の英雄だったよ……」などとアドバイスをくれた。

私は詩人という文筆家にそれまで会ったことはなかったのだが、長谷川龍生という現代詩のトップランナーの位置を守りつづけている詩人に出会って、初めて詩作というのは大変なんだ、と知った。

昭和五十一、二年ごろだが、草思社の企画顧問のような立場で編集室に出入りしている長谷川氏に会いたいとの思いもあって、よく編集室を訪ねた。原宿駅からの広い道を歩いて明治通りを突き抜けて住宅街に入っていく草思社への道筋は、意外なほど静かで、秋になれば落葉が道路にたまり、まるで田舎道のようになることもあった。そういう道を歩きながら、長谷川さん、それに鈴木さんは来ているだろうか、と彼らとの肩の凝らない会話を想像することも楽しかった。

原宿駅からのこの道とは別の代々木公園よりの細い道、いわばここが後に竹下通りとして有名になるのだが、昭和五十年ごろからその芽が少しずつ育っていったのかもしれない。だが私にとっての原宿のイメージは、私自身を鍛えた〈知的空間〉という意味を持った。

長谷川龍生氏は、会話の達人であった。どんなときにも人に倦きさせない空気をつくりだす。実際にその話法は、虚実が入りまじった独得のもので、ひとたび会話の波長があうと、休みなく会話が楽しめる。昭和史の中で戦争体験者のその体験談を聞いたり、人が自らの体験を話すときに、どういう単語を用いるか、視線はどのように動かすかなど、私は長谷川氏から聞きだすことができた。真偽は不明だが、長谷川氏は少年期から苦労を続けたといって、さまざまな体験、とくに戦争直後の自らの体験をまるで講釈師のように話すのである。私はそれを聞きながら、「他者に自らの体験を語る」ときに、人はそれぞれどういう癖を持っているか、ときに長谷川氏はそのことを実演まじりで私に教えてくれた。

もっとも長谷川氏は、「私は躁うつの気があるので、うつのときは人前に出ることはないし、人と話すことはほとんどないんだ」とも話していた。

「うつのときはそんなに他人と話すのが厭なのですか」

「厭だね。話したくもない。だから部屋から出ないで、うつのサイクルが去るのを待っているということだな」

「で、その部屋で何をしているのですか」

と、私が尋ねたときに長谷川氏は面白いエピソードを語った。それが長谷川氏自身のことか、あるいは別の躁うつの激しい人のケースなのか曖昧に話したが、私にはそれこそ長谷川氏に違いないと推測したものだ。

長谷川氏は次のように話したのである。

「うつのときに部屋に閉じこもっているのは誰にも会いたくないからだが、そのときにたとえば昭和二十年代初めに見たプロ野球の印象的な試合があるだろう。私の場合を言えば、巨人と南海の試合なんだが、その試合の一回表から九回裏までを実況放送するんだよ。たとえば南海のピッチャー別所、ふりかぶりました、第一球を投げました。巨人の打者青田、打ちました……という具合さ」

それをまるで今そうしているかのように話すのである。どうしてそんなことするんですか、という私の問いに、長谷川氏は、「そんなことは知らん。でもそれがうつのときの症状のひとつらしいんだよ」とこともなげに言った。自分の記憶している野球の試合や大相撲の幕内の取り組みすべてを必死に実況放送を続けるというのであった。そうせずにはいられないという、その感情こそが躁うつの症状のようだと聞かされたときにはなんと苦しい病いなのだろうと思った。

「保阪君はこういうタイプではないだろうな。大体ノンフィクションを書こうとする者は現実社会に素材を求めるのだから、妄想空間に身を置く作家とはタイプが違うだろうし……」

と長谷川氏に言われたときは、私はなんだか誉められたようで嬉しかった。物書きといえる状態なのか、それとも単なる売文業者なのか、いずれにしてもその緒《しょ》についたところであり、それに家に帰れば三人の子供を育てなければならないという立場で、妙な表現になるのだが、うつになどなってはいられないとの思いもあった。

東京・練馬の桜台にある小さな借家に一家を構えながら、私の仕事場などはなく、妻や子供を寝かせたあとの六畳間のテーブルに原稿用紙を広げて仕事を続けた。日中に原稿を書くときは二間のうちの家族が寝室に使う六畳間にテーブルを移し、そこで原稿を書くのであったが、雨の日などは、昭和五十年のころといえば、六歳、五歳、四歳の子供たちは、私の周りを歌い走り回ることもあった。

しかし私はそんな騒音もさして気にならなかった。原稿を書くのは——大体が注文原稿を書いていたわけだが——、頭の中に書こうとする内容をつくりあげてしまえば、それだけで仕事は終わったも同然であった。あとは頭の中のその文字を原稿用紙に筆写していけばいいからだった。

「お父さんはどうしてカイシャに働きに行かないの」

子供たちは昼間でも家にいる私に、よく話しかけた。「家で働いているからいいんだよ」というと、小学校に通い始めた長女は、「キュウリョウが出たらおいしいものを食べさせてね」と言ったりもした。どうして給料が出るとおいしいものが食べられるの、と聞くと、何人もの友だちの名を挙げ、「今日はお父さんのキュウリョウビだから、レストランに行くの」とか、「おいしいものが食べられるんだ」と答える。子供たちの会話の中で、長女も長男も、うちではそういう会話を交わさないことが不思議だったのである。

たしかに子供たちの顔を見ていると、奇妙な表現になるが、「一家の主」という語が浮かび、私はそれにふさわしいのかと自問したりもした。ただこの子供たちの寝顔を見るたびに決して飢えさせてはならないとの覚悟だけは固まった。妻は二十代後半になっているとはいえ、三人の子供の世話に没頭している。とにかくそうすることで一日は過ぎていった。

5

あるとき妻が、貯金通帳の残高も減っているし、定期預金はおろしたくないし、すぐに入金する予定の出版社はあるか、と洩らしたことがある。子供たちは私立の幼稚園に通っていて、相応の授業料が必要だ。家計のやりくりに入金予定と出金の計算違いがあったらしく、二十日ほど五、六万円のお金が不足になるというのであった。

フリーの物書きになったとはいえ、私は収入面ではそれほど苦労していなかった。なにより加瀬氏が約束してくれたように、毎月定期的に家賃にプラスする「収入」は入ってくる。それに昭和五十一年からは講談社の『月刊現代』に毎号、原稿を書くというレギュラーの仕事も入っている。むろんそれだけでは同年代のサラリーマンの収入にはならないから、毎月、博報堂の友人が回してくれる広告関係の原稿書き、さらには朝日ソノラマが刊行する別冊の編集や原稿書きなどの仕事をこなしていれば相応の収入は確保できた。

ただ仕事をこなしたからといって、すぐに入金するわけではない。大体が一ヵ月か二ヵ月あとに銀行振り込みになるのだが、確かに妻が案じるように収入のすき間ができてしまうときがある。そのために預貯金が必要であったが、そのことに関しては私も家内も楽観的に考えていて、そういう態勢をつくっていなかった。それが二十日間に五、六万円の回転資金の不足が起こるという意味であった。

私の実家にも、弟にも、彼女の実家にもその程度の現金を用立ててほしいとは言いづらい。無用な心配をかける。私は友人とは決して金銭の貸借関係をつくらないというのが信条であったから、どれほど親しい友人にも借金を申し出るつもりはない。

「じゃあ質屋にでもいくか」

私は大学時代を思いだしていた。何か質草を探しだして、その程度の現金は都合つくだろうと考えたのだ。彼女は急に脅えだした。質屋に行くということ自体、なにか生活の根幹が崩れると考えていたのである。たいしたことではない、まあお前も一度くらい質屋を知っておくといい、となだめて練馬駅周辺の質屋を探すことにした。

「おまえのその指輪を外してほしい。それを入質しよう」

質草になるものは、私はなにひとつ持っていないことに気づいたのだ。家にはブランドものなど何もない。

私が家内に結婚を申しこんだとき、銀座の和光に行って、当時の私としては大金の十万円をはたいて結婚指輪をつくってもらった。私は何ひとつ贈り物はできないので、せめてといって和光に連れていき、そしてその指輪に「from M to T」というイニシャルを刻んでもらった。妻はその指輪を質屋に入れることに抵抗し、さらにその質屋の主人がいかにも客を値踏みするように陰湿な視線で私たちを見つめていたこともあり、その帰り道はしきりに涙をふいていた。

「指輪をあんなところに置かないでおいて。早くあそこから出してほしい……」

質屋は、それほど重要な指輪なら、流すことはないだろうといって五万円を貸してくれた。その現金さえ不潔だと言いだし、それで銀行の私の口座にその現金を振り込み、そして五万円をおろして手渡したという記憶がある。

私たち夫婦が、質屋に行ったのはこのとき一回であったが、妻はこのあと現金に余裕がない生活を恐れ、質屋に行く生活は二度とくり返したくない、とときに愚痴った。私は独身時代、まったくの自分本位の生活を続けていて、「家庭」という枠内のルールなどにそれほどのこだわりはなかった。しかしこのときに、そうかふつうの家庭生活を送っている限りでは質屋に行くのはおかしいのだとの実感を持った。

すでに三十代半ばにさしかかっていて、三人もの子供もあり、社会生活も自立しているというのに、そういう実感を持つのが遅すぎたというべきであろう。つまり生活設計というのが私には欠けていて、この年代になっても出たとこ勝負で生きていることをなんとも思わない面があったのだ。

私はそういう点で遅まきながら、すこしずつ社会人という枠組みの中に自分の身を置いていくことになった。

たぶんそれは草思社という出版社で、組織で生きている人たちの生真面目さや鈴木主税氏や長谷川龍生氏、そして長谷川氏に連れられて出かけた酒場で、詩人たち（たとえば阿部岩夫氏や関根弘氏などがいたのだが）との会話の中から、何を学ぶべきか、何を学ばないでいるべきかを知ったように思う。長谷川氏の行きつけの酒場には、当然ながら編集者や作家も多かったが、もともと酒飲みとはいえない私は、酒席でのとりとめのない話に疲れることも多かった。それでも深夜まであれこれそのときどきの社会情勢から政治ニュースまで話し合ったのは、私に欠けている何かを埋めあわせなければとの焦りがあったからである。

ドキュメントやノンフィクションを書くといっても、私は人間の微妙な感情、たとえばその人物が口にしたことはその人物の考えがありのままに出ていると考えるタイプなのだが、それは決してそうではないことにしだいに気づき始めていたのだ。処女作である『死なう団事件』の人びと、それに続いての五・一五事件に関わりを持った農村青年たちは、口にしたことはすべてが自らの心情をそのままあらわしていた。いわば正直な人たちだったのである。私はそれに馴れきっていて、私の聞きたいことに答えてくれる人は大体が本当のことか、あるいは事実に近いことを虚心に話してくれていると思っていたのである。

人間社会はそれが約束ごとだとも思っていたほどであった。

ところが現実はそうではないことを、東條英機に関わりを持つ人たちの間を取材して歩いているうちにしだいに気づいた。一例をあげるが、東京・杉並に住む八十代の元将官を訪ねて、「東條英機とはどういう軍人だったのですか」と話を聞いたことがある。この将官は、「君はなぜ東條さんに関心を持ったのかね」と私の質問をさえぎって鋭い視線で聞いてきた。

「お手紙に書いたとおりなのですが……」

と恐る恐る答えると、この元将官は「君、手紙なんかに本当のことを書く者がいるのかね」と答えた。私がどこかの組織に属していて、その命令で調べ回っていると疑っていることがやっと私にもわかってきた。

太平洋戦争が終わって三十年余が過ぎていた。雑駁な言い方になるが、日本社会では「左翼的風潮」が一般的であった。つまり戦後民主主義の価値観がメディア、教育、さらには思想などあらゆる方面に浸透していて、たとえばこうした元軍人などはめったに発言の機会が与えられていなかった。彼らは大体が右翼系の雑誌や、職業軍人の集まりである偕行社《かいこうしゃ》や水交会《すいこうかい》の機関紙誌、さらにそれにつながるメディアで発言するだけであった。一般メディアではほとんどがパージ状態だったのである。

ささやかな自慢になるのだが、それだけに彼らの発言はまだ汚れてなく、ナマの体験を聞くことができた。もっともそれは一定の信頼関係を得てからのことでもあった。警戒心を解いたときの軍人たちの証言はおおいに参考になることが多かった。

あえてつけ加えておくが、この期には太平洋戦争の首謀者としての東條英機を語るについては声をひそめなければならなかった。そういううっぷんを持った旧軍人とその支援者たち（民族系団体の人びとが多かったのだが）が、不意にあらわれたノンフィクションを書こうとしている青年に関心を持ったのも当然であった。

旧軍人の中で憲兵という業務に関わった人たちの中には、戦後は調査事務所のような仕事に携わっている者が多いらしく、「私」という人間、さらには草思社という出版社とはどういうところか、などをたちまちのうちに調べあげていた。先に書いた杉並に住む元将軍は、私が「東條という人物は戦前にはまるで救国の英雄のように語られ、戦後は一転して亡国の指導者の如くに語られるのはおかしい。歴史的に中立の位置に定めたい」との主旨を言葉を変えて説明しているうちに、「その考えはよくわかった。では話してあげよう」と取材に応じることになった。

三度ほど会って打ち解けた関係になってから、彼は、私の家族や両親を調査しての報告、それにこの一週間の私の行動調査についてさりげなく教えてくれた。ある部下に、君やその出版社のことを尋ねたらこういうことをすべて教えてくれた、と言うのだ。本来なら私はそういうことに恐怖を持つべきであり、日本の軍事主導体制のその暗部は、時代を超えて存在するのだと、少しは驚くべきであった。

正直に言えば、東條英機の取材を始めての不思議な出来ごとを数えれば幾つかあるのだが、私の電話が盗聴されているのではないかと疑ったこともあった。仕事の会話の場合、ときに相手の声が急に小さくなったり、こだまが響くようになることもあったからである。家族の個人的な会話ではそんなことがなかったように思うので、私はしばらくは不安であった。

だがこういうことは考えても仕方のないこと、脅しでも、恫喝でもなんでもこい、という開き直った感情を持つことに徹した。ある程度の時期を経たあとに、ノンフィクションの分野で名を成している作家たちと話していると、誰もがこういう形の圧力を感じることがあったと話していた。たぶんそれに脅えないということも一定の地歩を築くための条件なのだろうと、私には思えたのである。

東條英機の取材を始めて、加瀬氏が私の会社を使ってくれという意味がわかった。このような人物を取り上げると相当な圧力がかけられる、それを個人では耐えきれないだろう、ましてやまだこの世界に入ったばかりの若造などはそういう圧力に脅えてこうした仕事から離れてしまうのではないか、と案じてのことだった。私は、草思社に赴いて加瀬氏との談笑の中で、そういう配慮を感じて心中ではなんども頭を下げた。

6

草思社に身を寄せることで、私は少しずつこの社会を動かしている世代の考え方やその歯車の動き方、それになにより政治思想や戦後民主主義というシステムのあり方に気づいていった。そんな中で文学的才能や語学上の特異な能力を持つ私の先輩の世代が、どのようにして生きているのかを確かめることもできた。

それぞれの生き方の中から、私自身が物書きの支えになる骨格を身につけなければと自覚した。同時に私には何が欠けているか、文筆家になるんだ、一人立ちするんだ、といきがったところで、それを支える才能や能力がなければ負け犬になってしまう、そうなってはまったく意味がない、その能力とは何なのか、を自分自身で発見することにも努めていたのであった。

〈ああ、私には、このような才能はないなあ〉

と自覚しつぶやくことも再三のことで、それほど鈴木主税氏や長谷川龍生氏たちから学ばせてもらった。その例をひとつ語っておきたい。

いつの年であったか、その詳細は忘れてしまったのだが、六歳か七歳であったか、長男を後楽園の巨人・阪神戦に連れていったことがある。ご多分に漏れず、長男はテレビでの巨人戦を好むようになっていた。とくに王選手のホームランや巨人軍選手のプレーに熱中していた。それで私は実際に後楽園に連れていったのである。読売新聞の友人に、ネット裏のチケットなど都合できないよ、と言われながらもとにかく内野席のチケットを入手することができた。しかし実際に、内野席といってもその席は中段にあり、王選手を初め、選手の顔や姿を正確に見ることはできなかった。

私は守備についている王選手や土井、柴田、森といった選手たちを指さしてはその名を教えていた。しかし息子は何か解せない表情を崩さなかった。何か変だな、何か奇妙だな、という素振りである。

「お父さん、本当にここが後楽園なの。あれが王選手なの。ここから見るとあんなに小さいじゃないの」

試合が二回、三回と進むうちに、息子はぐずり始めた。「お父さん、もう帰ろうよ。面白くない」と言いだす。なだめてもぐずるだけ、もう倦きたというふうに帰ろう、帰ろうとくり返すのである。私も渋々と席を立ち、家に戻った。四十分ほどで自宅に戻るやすぐに息子はテレビをつけて、今見ていた後楽園の巨人の試合に熱中した。

「王選手だ。ホームランを打った！」

と喜ぶ。家内が「今、この試合を見ていたんでしょう」と話しかけても返事もせずにテレビの画面に熱中していた。

このエピソードを草思社の編集部での雑談で語った。今の子供は（少なくとも私の息子は）、現実に見る事実よりテレビで見る画像のほうを信用するのだろうか、劇場型事実、仮想的現実のほうに信頼を置くとすれば、これは新しい時代の価値観につながるのだろうか。大方、私はそういうことを話したかったのである。いやたぶん、そのときもそういう話をしたのだろう。長谷川氏は私と編集部員とのやりとりを腕組みをしながら、ただ聞いているだけだった。不意に、

「保阪君、その話いただいていいな。いただくよ！」

と叫んだ。詩の構想が生まれたということだろう。それがどんな詩になるのか、私にはまったく考えもつかない。「むろん、詩作に利用されるのであればかまいません」と伝えた。大方、仮想現実を信用する世代が登場して、現実社会が変わっていくことを詩で語るのではないかと想像しただけであった。そういうあたりまえの受け止め方が、私の感性だったというべきかもしれない。

どれほどの時間を経てからであろうか、それは一年か二年先ということになるのだが、長谷川氏に会った折りにあのエピソードは詩にされたのですか、と尋ねたときに、ああ、長編の詩になったよ、「王選手が6番を打つ日」というタイトルの詩だけどね……と教えてくれた。私はすぐにそれが掲載されている詩集を入手して読んだ。

その詩は、王選手がいつか六番を打つ日が来る、というフレーズを用いて、自らの人生の素描を試みた詩だった。詩の断片を切りとって紹介するのは必ずしもその本質を伝えていることにはならないだろうが、この詩の中ほどには次の一節がある（『続・長谷川龍生詩集』より）。

王選手が6番を打つ日
ぼくは　どこかローカル線の列車の片隅で
かわいい女と駅弁をつつきあい
スポーツ新聞の打率表をながめているだろう

王選手が6番だって
そんな莫迦なことが——
なにかのまちがいじゃないか
とぼけた独りごとをまき散らしたって
明日の世間はわからない

この詩は、私にとってとくべつな意味を持つ。長谷川氏は、王選手が四番から離れていくとき、つまり人の栄華が少しずつその期を終えていくとき、と捉え、そこに少年時代から野球が好きだった自らの辿った折々の道を描きだしているのである。この詩の中盤には、やはり次のような一節がある。

王選手が6番を打つ日

ぼくは　革命的な詩をかいているだろう
詩をかきながら　煙草をふかし
この日常性にいらいらしているだろう

こうした一節に、私は自分の人生を今では重ねあわせる。この詩に強い共感を覚える。あえてつけ加えるなら、平成五年（一九九三）二月に、二十二歳になった息子は突発性の病いのために亡くなっている。私の心中には今も息子の姿は消えていないが、息子の残した遺産は、長谷川氏のこの作品だとの思いを持っている。こういう言い方は長谷川氏の詩作の姿勢とは離れるかもしれないのだが、息子はこの詩の中に生きている、と私は思うことにしているのである。

私の語ったエピソードが、「王選手が6番を打つ日」という詩になったという言い方も非礼とは思うが、この詩を読んで私は詩人の才能、能力に言葉を失った。むろん現代詩を代表する長谷川龍生氏を評してこういう言い方などできるわけはないのだが、このような稀有な才能を私はまったく持っていないことを改めて知らされたりもした。才能というのは、他人から評価されるのではなく、それぞれが客観的な評価をとりいれながら自己確認すればいいだけのことと私は考えているのだが、長谷川氏に代表されるような文学的才能をまったく持っていないと自覚したならば、私にはどのような能力があるのか、そのことを自らで確認することが必要でもあった。

私はそのような機会を図らずも持つことができた。物書きといっても、純文学や詩人のようにひたすら原稿用紙にむかって自らの空想空間に人物を動かしてストーリーをつくっていくという創作は私の進む道ではなかった。その分、私は現実に起こっている現象、あるいは歴史の中に起こった史実への関心は深く、それを私が媒体になって（つまり私の考えている視点で）読者に伝えたいとの思いがあり、その道を歩きたいというのが夢であった。それが私の生きている時代には、ドキュメントとかノンフィクションといったジャンルによってくられることになったのである。これが私の進む道だと理解していた。

その面の能力がある程度備わっているのではないかと、私に自信を与えたのは昭和五十二年から五十四年ごろまでの三年間、『月刊現代』にほとんど毎号原稿を書く機会が与えられてのことだった。たぶんこの三年間に、私は幾分の自信と自らの進む道はこれしかないとの強い確信を持ったのである。

第三章　月刊誌での原稿修業

1

処女作の『死なう団事件』を著したときに、幾つかの出版社から接触があった。草思社の加瀬昌男氏がその例なのだが、ほかにもさまざまなタイプの、そして年齢の異なる編集者がいたが、終生の友となったのは講談社学芸局の編集者だった阿部英雄氏であった。阿部氏は私より四歳下であり、私が三十三歳のときには二十九歳だったことになる。別の出版社から中途試験を受けて講談社に入ってきたと言っていたが、「『死なう団事件』を読んで面白かった。それでいちどお会いしたいのですが……」という電話がきっかけだった。それで池袋東口にある新栄堂書店の地下に喫茶店があるので会おう、ということになった。

私が阿部氏と終生の友となったのは、初めての席でお互いが生真面目な面があり、人生にあって決してまちがいを起こさないだろうとの直感がかよいあったからではないかと思う。たとえどのように親しくなろうとも、礼節を守り、相手の領分に不必要に侵入しないとの暗黙の諒解を守るタイプだとわかりあったからともいえるように思う。

阿部氏は、自分が企画会議で提出する案に、私の名を挙げてもいいか、どのような書を書きたいと思っているか、と問い、まずは編集者と執筆者の関係での会話で始まった。私は、今は五・一五事件の書を草思社から刊行するつもりでいると言い、東條英機について書く予定だとの言はなかなか口にできなかった。阿部氏は六〇年安保のときは高校生だったが、早稲田大学の授業料値上げ闘争ではデモに加わったり、政治セクトに入らなかったにせよ、その動きには通じていた。お互いに左翼寄りであることに、当時の誰もがそうであるように私たちも信頼の絆を強めることになった。

そういう絆ができあがったところに、実は東條英機の評伝を書こうと思っているなどとは口にできなかった。

それで私は、年表の一行を一冊の書にしたい、との持論を説いた。死なう団、五・一五事件、そして次に何を書きたいのか、というのであった。私は、ある事実を口にしてみた。それは東條英機を調べている折りに、たまたま大阪に住む元軍人を訪ねての帰途のことであった。日帰り取材の帰り、新幹線のホームで乗る列車を待つ間に、朝日、毎日、産経といった夕刊紙を買い、次々に頁を広げていた。その記事は産経の夕刊に掲載されていた。今もなお記憶しているのでその見出しをなぞることができるのだが、「百歳の老人　謎のフェルマーの定理解く」という記事であった。

記事を要約すると、十七世紀にピエール・ド・フェルマーが発見した数学の定理が未解明のままでであったが、三重県伊勢市に住む今年百歳をむかえた老人がそれを解いたというのであった。この老人は明治六年生まれで、明治期には旧制中学の数学教師、大正期のあるときから請われるままに出生地の村長となったが、昭和十二年に引退し、その後はこのフェルマーの定理を解明すべく、日々をその計算に費やしたというのである。そしてやっと最近になって解明したと本人は言っていると伝えていた。

こうした記事は、九月十五日の敬老の日を飾る紙面用のものといえるが、ただ私の関心を引いたのはこの老人が昭和十二年から四十九年までの三十七年間も日々休みなく定理を解くために没頭したという事実であった。六十三歳から百歳までの間である。この執念は何だったのか、それを知りたいのだが、記事はそのことにはふれていなかった。

私は新大阪駅から、この日に帰るのをやめにして伊勢市にこの老人を訪ねてみることにした。近鉄に乗りかえて伊勢市にむかい、そこで宿をとり、翌日に直接訪ねた。「あなたはなぜこのことに後半生を懸けたのですか」という問いを発したいためであった。孫の経営する会社の一角にその家はあり、老人は自分の部屋で布団から身を起こすようにして私との会話に応じた。

私の質問に対する答は簡単であった。

老人はときどき息をきらすときもあったのだが、私の疑問に答え続けた。その内容をまとめると以下のようになる。

〈私は少年のころから数学の問題を解くのが好きで、それで講義録をとりよせ勉強し、東京での講習会にも出席して検定試験を受けて数学教師になった。明治三十年代のことだ。ただ日清戦争と日露戦争には従軍したよ。一兵士として……。このふたつの戦争は日本にとって、義のある戦争だったと思う。ところが昭和十二年七月の支那事変は義のある戦争ではない。中華民国の蔣介石主席が、日本に対していいかげんにしなさい、あなたたちはどこまで私たちを侮辱するのか、わが国を不法に侵略するのをやめなさい、と言ったでしょう。これはあたっているのです。日清戦争に従軍した私には、この支那事変は不義の戦争です。

ではどうして私は自分の考えの身を立てるか。それはまだ解けていない数学の定理を解いて、日本にもこういう優秀な面がある、と証明することだと考えて、この定理の解明に全力をつぎこんだのです〉

私は、この老人から一枚の便箋を見せられた。それはフェルマーの定理を解いたという証明式であった。こんな紙切れ一枚に人生をつぎこんだのか、いや自らの歴史と向きあう姿のアリバイを刻みこんだのか、私には不思議な感情が起こった。

なぜ私はこういうテーマに、そしてこの老人に関心を持ったのか。そこには、年表の一行を一冊の書にという思いがあるにしても、数学に憑かれた人を書きたいとの強烈な感情がわき起こっていたからである。いうまでもなくそれは父親に対する謝罪の意思が、私の心の中に肥大化していることであった。私は三十代半ばから後半にさしかかっていて、父親に対して、あまりにも抗しすぎてきたとの自省があった（このことについてはすでに既刊の『風来記——わが昭和史1』に書いた）。

父親を悲しませたことに、私なりに強い自省の感情が起こっていた。それは自分が子供を持ってなおのこと、その感情を強めることにもなったのである。父親に対して謝罪と和解の意味をこめてこの老人のテーマに取り組んでみたいとの意欲が高まっていた。

私の説明を聞いていた阿部氏は、このテーマを企画会議に提案する、と約束してくれた。日を置かずして、それはすぐに会議でも決まったらしく、「刊行日などの打ち合わせをしたいのと、一度私の直属の部長にも会ってほしい」と言われ、音羽にある講談社を訪ねた。そのころこの会社には池袋からバスで護国寺まで行くか、あるいは地下鉄丸の内線の茗荷谷で降りてお茶の水女子大の前を通り抜けて十五分ぐらい歩いていくかしかなく、なんと交通の便の悪い会社なんだと、あまり訪ねていきたくはなかったほどだった。

たしか五階の編集部にノンフィクションを担当する学芸図書第二出版部はあり、そこで部長の伊藤寿男氏に紹介された。伊藤氏は笑顔を崩さないタイプであったが、「これからはノンフィクションの時代だから、いい作品を書いてくださいよ。いくらでも支援しますよ」と新しい時代に入っているジャーナリズムの方向を模索していくとの意気ごみを示していた。伊藤氏は、私の書こうとしているテーマよりも、昭和五十年代の社会の変化を雑誌ジャーナリズムや単行本の世界にどのようにとりいれていくか、そうした社会の動きとメディアの結びつきに関心を持っていることがわかった。「あの人は雑誌ジャーナリズム出身なので、いずれまた雑誌に帰るでしょうね」との声を聞いた。私は、ノンフィクションを書籍として著すジャーナリストとして見られているのかと思った。

伊勢市になんどか通い、私はこの老人の歴史観（私はそれにまったく納得していた）と数学観をもとに、『ある数学狂の一世紀』という書を刊行した。昭和五十一年五月である。サブタイトルは、「まぼろしの定理に憑かれた男」となった。内心では私はタイトルに不満で、本当は『フェルマーの末裔』にしてほしかったが、まだ名もなき物書きはそのことを強力には主張できなかった。

「ピエール・ド・フェルマー」という十七世紀のフランスの数学者の生き方が私は好きになった。そういう思いを凝縮させた書となった。そしてこの書によって、伊藤氏から、月刊誌に長い原稿を書いてみないか、との誘いを受けることになったのである。

2

昭和五十一年から五十四年ごろまでだったろうか、私は物書きとして、いわば修練の場を持つことになった。原稿とはどのように書くと読者にアピールするのか、いやその前に編集者が興味を持つためにどのような書き方がいいのか、そういうことをごく自然に覚えていった。それを評して「修練の場」という言い方をするのだが、この三年余の期間を通じて、フリーの物書きとして独立するための最低条件を知ったという意味にもなった。

したがってこの三年余の期間を、私が独立するための学習期間というふうに表現してもよかった。

私はこの期間、講談社で刊行されている『月刊現代』誌上にほとんど毎号、なんらかの記事を書く依頼を受けた。編集長は伊藤寿男氏であったが、伊藤氏は学芸図書第二出版部の部長からこの月刊誌の編集長に転じた折りに、私を呼びだして、「どうだ、月刊誌に原稿を書いてみないか」と誘ってくれた。私は名のある月刊誌に原稿を書いたことはなく、加えて読者に喜ばれるような記事を書く自信もなく、曖昧な返事を返した。

護国寺にある講談社のビルは古めかしい建物であったが、それは大正期に軍艦を真似て建てたとされていた。その真偽は不明であったが、しかし外から見ると確かにそのように見えた。その五階に『月刊現代』の編集部があり、私は編集長席の隣りの椅子に座って、伊藤氏から説得された。いや、説得されたというより、まずはこの男が月刊誌に原稿が書けるか否かを試してみようとの思惑のもとで、そのテストを受けるような状況だったのである。

伊藤氏は、私の前にペラ（二百字詰めの原稿用紙）が十センチ以上も高くなった束を積んで、ここにデータ原稿がある、と言い、これを読んで一本の記事をまとめてみろというのである。このデータ原稿は四、五人のデータマンが一ヵ月ほどかけて、全国の七十大学医学部の現状を取材してきたもので、これを読んだうえで、「全国七十大学医学部の現状はどうなっているか」というタイトルに合わせて記事を書けというのであった。

「保阪君は、単行本から出発したライターだから、四百字で百枚、二百枚という枚数は怖くないだろう。これを百二十枚ほどでまとめてほしい。〆切はそうだな、十日後というのはどうかな」と伊藤氏は、まるでゼミの教授のような口ぶりで私に命じた。私は、「まだ月刊誌にあまり原稿を書いたこともないし……」とか「医学部とか医科大学について、ほとんど知識を持っていないし」とつぶやき続けた。このころ（つまり昭和五十一年ということになるが）私は三十七歳で、伊藤氏は昭和九年生まれと聞いたから、四十二歳前後だったのだろう、いわば社会の中軸にさしかかっているときで、月刊誌はその中軸世代の息吹きをそのまま持ちこめる媒体でもあったのだ。

伊藤氏は、私のためらう姿などにとくに配慮も見せず、「じゃあ十日後に百二十枚持ってきてよ」とあっさりと言ってのけた。伊藤氏は満面の笑顔が愛すべき表情になるのだが、しかしその目は決して笑っているわけではなく、この男が仕事にどれほどの情熱を賭けるのかを見る強さをもっていた。

私は、伊藤氏とそれほど親しくなったわけではなかったが、確かにその目の光に気づいたときにこちらも相応の仕事で返さなければならないとの覚悟は持った。

私は十日間でとにかくこの原稿を百二十枚にまとめた。ほとんど家にとじこもりきりで、三人の子供たちはすでに小学校低学年、あるいはキリスト教系の幼稚園に通っていて、日中は家事に没頭する妻と二人だけの生活であった。妻はそういうデータ原稿を私とは別に読みながら、この話は面白いわとか、こんなひどい話があるのね、などとときに付箋をつけて私の執筆の手助けを続けた。

日本の七十大学医学部と医科大学を特集記事で取り上げるというのは、確かに伊藤氏の編集センスだったのだろう。私はデータ原稿を読み進めながら、昭和四十五年から始まった一県一医大構想がこの期には最終段階を迎えていて、沖縄に医科大学が創立されれば政府のその構想はすべて完成するという段階に、伊藤氏が着目していた点に感心した。加えて高齢化社会が予想される時代にあって医療はどのような方向に進むのか、がんによる死亡率もふえていてがん治療はどうなるのか、それらの関心事は七十大学医学部の現状を見つめれば、ある程度は予想できた。

読者が知りたい情報、それが七十大学医学部を確かめることで満たされるのだ。私はデータ原稿を読みながら、こうした視点をもとに記事をまとめることに面白味を感じた。

当然ながらというべきだろうが、この取材にあたったチームは、東京、大阪、京都などの大都市が中心で、北海道とか九州は取材の密度が薄く、データの内容も少なく、記事にしづらい面があった。このころ伯父がたまたま旭川医科大の学長を務めていたので、私はおそるおそるこの伯父に電話をかけた。最初の新設医科大としてまもなく卒業生がでるころだが、日本の医学・医療界でどういう役割を果たすのだろうか、と尋ねてみた。伯父は北大医学部で細菌学を専攻した研究者であったが、定年退官後に旭川医科大の創設に当初から関わり、地域医療によき医師を輩出する使命をもってこの大学で医学教育を進めていくとの信念を持っていると聞かされていた。

伯父は母の長兄なので、ときに一族の冠婚葬祭で会うこともあったが、そんなときは常に一族の中心に座っての威厳があった。その伯父に私が、こんな原稿を頼まれていて、それで各大学を調べていると伝えて、自らの大学をどの方向に進ませるのかと確認をしたところ、伯父は初めに私を激励したのである。

「お母さんが、あの子はどんな方向に進むか心配だとよく私にも愚痴っていたけれど、物を書くという道は男の道としては生きがいのある仕事だ。とにかくまっしぐらに自分の思う道を進みなさい」

そして旭川医科大を、北海道の地域医療を支える中核部隊にしていきたい、と淡々と話した。その口ぶりを耳にいれながら、私のまとめるこの記事は読みごたえのある記事になるとの自信を持った。

伊藤氏は、一週間ほどで百二十枚を書きあげてきたことに驚きと満足を示した。私は、このテーマを、あるいはこの素材をどのように書くか、レジュメやコンテをしっかりとつくったならば、一時間に原稿用紙（四百字詰め）五枚は書けるとの自信を持っていた。頭の中でできあがっているレジュメが、腕、手と伝わり、親指、人差し指、中指で支えている万年筆が動き、原稿用紙に書かれた文字を視覚が確認し、そしてまた頭の中の文字が浮かびという作業が一分に何回もくり返されて原稿用紙の中に、私の描こうとする世界が広がっていく。この循環が私は好きだった。

「早いんだね。原稿を書くのが早いというのも執筆者の条件なんだ」

と伊藤氏は私の原稿に目を走らせた。読み終わるまで編集部のソファで、私は待機していた。伊藤氏はその原稿を読み終えると、目の前の筆頭デスクの机に座っている筒井忠氏に原稿の束を渡した。私はそれを横目で見ながら、試験の結果を待つ受験生の心境になった。

やがて筒井氏はそれを読み終えると、伊藤氏のもとで二人で小声で囁き合った。今から三十七年も前のこの風景をなぞることで、私も当時をなつかしむわけではないが、二人の小声には、「結構書けるじゃないですか」「そうだな、単行本から入ってくるライターは長尺物に向いているな」とのやりとりもあった。そうか、この月刊誌はこんな書き方でいいのか、と私はひそかに自分なりに納得したのである。

この原稿がパスしたことになったのか、それから三年余、私はこの月刊誌にほとんど毎号、原稿を書くことになったのだが、伊藤氏は私の担当に、入社して五、六年目であったろうか、鳥居輝明君をつけることになった。鳥居君は私より七歳ほど年齢が下であったが、早稲田の東洋史の大学院を出ていて、その方面の知識は深かったが、もう一面で講談社の月刊誌の「記事づくり」をちょうどマスターし終えているときだった。私はこの「記事づくり」をそれほど詳しくは知らなかったが、鳥居君を通じて学ぶことにもなった。

たぶんこの「記事づくり」は、大日本雄弁会講談社が庶民に愛される雑誌をつくるうちにごく自然にできあがったノウハウだったのかもしれない。なぜならこの「記事づくり」の骨格は庶民にわかりやすい表現といったほかに、庶民の哀歓、怒りなどを巧みに織りまぜた記事にするのが特徴だった。あえてここでつけ加えておくが、月刊の『文藝春秋』などはむしろそういう庶民の哀歓というより、都市居住者の、つまり都市知識人の感覚に合わせるような記事づくりを行っていた。月刊誌はそれぞれ読者を想定しての独自の記事づくりの鉄則を持っていたのである。

3

あまり自慢にならないが、あえてここでひとつの秘話を語っておきたい。

昭和の終わりか、あるいは平成の初めのころであったか、たまたまというべきであったか、私は一ヵ月に十誌の月刊誌に原稿を書いたことがあった。当時店頭にでている月刊誌のほとんどに原稿を書いたことになる。

『世界』『中央公論』『現代』『宝石』『現代の眼』『潮』『諸君！』『月刊ＡＳＡＨＩ』などのほかに、短文をもう二誌ほどに書いた。各誌のテーマはそれぞれ異なっている。昭和史、医学、医療、それに特集のテーマとして頼まれたもの、どこにどのようなことを書いたのかは忘れてしまったが、この十誌はそれぞれ編集方針もその政治的立場も異なっている。

それなのに私が書いたということは、私自身が政治的にまったく無色であると思われていたこと、どのテーマでもそれなりにまとめることができると思われていたこと、などが理由ではないだろうか。私は政治的立場を鮮明にしないで原稿を書くようにしていたが、それが十誌に原稿を書く事態になったのだと思う。

月刊誌を制覇したときに、編集者の一人が「こういうのパーフェクトっていうんじゃないの」と言ったが、私は、それが誉め言葉か、それとも揶揄したのか、その理由が定かにはわからなかった（むろん今では容易にわかるのだが、それは私に対する原則のなさへの批判と解すべきように思う）。しかしともかく、『月刊現代』に原稿を書き続けるなかで、はからずも今にして思えば、昭和五十年代初めの月刊誌編集部の空気を通じて、この時代の肌合いというものを感じとることができた。

私は詳しい経緯などまったく知らなかったのだが、伊藤氏が編集長に就任したのは昭和五十一年六月だったのだが（実は昭和四十年代半ばにも就任していたことがあり、私が知りあった昭和五十一年は二度目の就任である）、『物語講談社の一〇〇年』という社史（平成二十二年刊）によるなら、伊藤氏の再就任は背水の陣であったらしい。「お前でダメだったら廃刊にする」と上司に言われていたのだという。この社史には、伊藤時代に次のような変化をとげたと書いてある。

『現代』は、創刊当初の『サラリーマンの実利実益』を編集方針の主軸にしていた雑誌から、次第に、ジャーナリズム志向の雑誌へと変化してきたのだが、それがより鮮明になったのは、伊藤の二度目の編集長時代におこなった改革の結果だった」

伊藤氏が目ざした編集方針とは四点あったと、この社史では語られている。

その四点をまとめてみると、「読者の関心を惹く記事を二、三本つくる（数ヵ月かけて取材を続ける）」「目玉記事は編集長自らが考え取材にも口をだす」「すでに名前のある作家や評論家のマンネリ化した原稿は載せない」「やる気ある若手ライターを活用し、全力投球をさせる（一ヵ月の収入保証は行う）」という具合になるというのである。

教育、医療、宗教、政治とにかくあらゆるジャンルに取り組むことになる。そして若手ライターとして、小池亮一、保阪正康、佐野眞一、猪瀬直樹、小板橋二郎、山根一眞などの名があがっているのだが、そういわれてみれば、編集部では佐野氏や猪瀬氏などの顔もよく見かけた。ただ私の知る限り、このころのライターにはまだ多くの人材がいたように思うが、あるいはそういう人の中にはこうした物書きの世界に限界を感じて身を引いた人たちも多かったということだろう。

このころ私と『現代』との関わりは、まず編集会議の前に鳥居氏から電話があり、来月号はこういうテーマをやりたいと思うがどうかとの打診があった。私が得手だろうが、不得手だろうが関係なく、とにかくそのテーマに取り組むことにしたのである。編集会議でテーマが決まったあと、取材チームを集めて、どのような取材を行うかの打ち合わせをする。私は助言を述べる程度だが、それでもそのテーマの中心になるような取材のときには私自身も取材に同行することもあった。

私の取材チームは大体が五人で編成されていた。彼らは指定された取材先に赴き、話を聞いてそれをデータ原稿にまとめる。データ原稿というのは、取材対象者が話した内容をそのまま原稿にしていくのだが、その意味では一本の記事を書くわけでもなく、ただコメントを書くだけの仕事であった。三年近く五人のチームで動いたので、私は今もそのうちの何人かとは年賀状を交換したり、ときに会うこともある。作家になった者、故郷に帰った者、こういう仕事と別れを告げて海外に留学し研究者になった者、病死した者、その後の進み方はさまざまだが、こういうチームで原稿を作成したことは、私にとって今も良き思い出である。

この三年間で、私が書いた記事は、大学医学部、医科大学関連の記事、教師や教育委員会の記事、公務員の退廃化した勤務の実態を暴く記事と、とにかく三十本ほどに達する。先に講談社的な記事づくりと書いたが、それはまず人びとの哀歓を刺激するエピソードから入り、そういう構図は何を意味しているかを説き、そして現実社会の不合理な実態を告発する、あるいはその実態を知らしめる、といった記事の流れになった。

その意味では、こうした記事は現実の半分を確かに刺激しているが、事象のすべてを的確に見抜いてのレポートとはいえなかった。その点に私は不満を持った。

このころは、田中角栄元首相がロッキード事件によって逮捕されて、世間を驚かせていたときである。政治地図では公明党が相応の力を持っていて、それだけに創価学会の伸長についての報道が世間の耳目を集めていた。したがって〈田中角栄〉と〈創価学会〉は、よくトップ記事を飾っていたように思う。

私はこの二つのテーマに、このときはそれほど関心はなかったためにとくべつに原稿を書きたいとは思わなかった。しかし私の取材チームのひとりが、田中の秘書、あるいは地元新潟の支援者の中に食いこんでいたために、田中の動静はよく聞かされた。田中がロッキード事件によって逮捕されることになっても、その支持者の集まりである越山会はびくともしないとも聞かされた。

「田中元首相のことを取り上げると、雑誌が売れるんですよ。どんな内容でもいいんです。田中ファンというのは日本に多いんですね」

と鳥居氏はしばしば口にした。それでも私たちが担当する記事が、読者アンケートでは大体が上位のランクに入っていたので、彼は上機嫌であった。『現代』は一時は十五万部に落ちたが、伊藤氏の編集方針のためか、やがて二十万、二十五万と少しずつ上昇をつづけた。私は講談社の社員ではないにもかかわらず、雑誌が少しずつでも伸びていくとわがことのように嬉しかった。

第四章　リトマス試験紙としての東條英機

1

『月刊現代』に毎号原稿を書く生活に埋没している限りでは、私はこの仕事のみに向きあっている一ライターにすぎない。そんな状態になるなら、出版社に身を置いているべきではないかとの自問もあった。その自問に応えていつも草思社に赴き、東條英機に関する取材や資料調査を行った。東條英機周辺の取材は、いってみれば、まったくの個人の仕事であり、むろん草思社から若干の支援を受けているとはいえ、ほとんど「私自身」が前面に出ての取材であった。

東條英機元首相に関わりを持つ軍人たちに、偕行社の名簿をもとに次々に手紙をだした。私が朝日新聞とか毎日新聞に属していて、あなたに東條元首相のことで話を聞きたいのだが……とでも連絡をとろうものなら、大体の取材対象者が、「明日来てほしい」とか「一週間後に訪ねてきなさい」とアポイントも容易にとれたであろう。だが私にはそういう手づるがなかった。草思社の名で手紙をだしても、この新興出版社はまだ世間的な評価を受けてはいなかった。だからこそ、私は「私自身」が前面に出て、取材の申し込みをするのであった。

私は、自分が野にあり昭和史に関心を持ち研究している一学徒だと、まず自分の立場を名のり、なぜ東條英機という軍人を書きたいのか、いやなぜ書かなければならないのかを具体的に説明した。

戦時下にあっては極端なまでに東條は持ち上げられて美化されたが、戦後は逆に戦争すべての汚名を彼に託することで、まるで「悪の権化」のように語られてきた。私は昭和十四年生まれであり、戦後民主主義の教育を受けたので、東條を汚名を浴びたまま見つめている。しかし私は東條の評価を歴史の中点に据えたいと思って取材を進めている。ついてはどうしてもあなたに会って話を聞きたい、東條を誉めるも謗《そし》るも、それはあなたの意見であり、それを参考にしたいと思っている——。

私の手紙の内容は大体がそのようになった。別に媚びるでもなく、卑屈になるのでもなく、次世代の者として「あなたに会いたいのです」と単刀直入に切り込んでの取材依頼であった。

昭和五十年暮れ、あるいは昭和五十一年の初めにかけて、こうした手紙を何通もだしたが、意外なほどの返事が届いた。すでに戦争が終わってから三十年余が過ぎている。あの戦争時に佐官、将官だった人たちは七十代半ばから八十代、なかには九十代になっている者も含まれていた。彼らは戦後社会をうつうつとして生きてきたのだろう。あるいはあのころの思い出話をしようと思っても、聞く耳を持つ者は今となってはほとんどいないのだろう。そこにまだ三十代後半の若造が話を聞きたいと言ってきた。では会ってみようか、と返事をくれるらしかった。

その返事をもらうと、今度は私の方からいつあなたのもとへおうかがいすればいいのかと尋ねるのである。もっともこのときも電話でのやりとりは決してしない。大体が耳が遠くなっているために、電話では会話が成り立たないのである。

結局、手紙の往復になる。実はこの手紙の往復が、高齢者の証言を聞くときに有力な武器となることも知った。返信の手紙の文字、内容、そして自らの所信などを丁寧に書いてあれば、「この人はまだボケていないな」とすぐにわかるし、その手紙によって健康状態も判断できるからだった。娘や息子に代筆させての返信は、大体はこちらの質問もすぐには理解できないことがわかった。こうした取材の折りに、東條英機について証言する人のなかから幾人かの信頼できる人物を見つけることができるようになったのである。むろん信頼できるからといって、その歴史的責任を問わないという意味ではない。

自らの歴史的体験を、たとえ批判を浴びるにしても正確に語っておこうとの責任感を持っている人物は信頼できた。それを私は歴史的誠実さと呼ぶことにしたのだが、この誠実さは実は誰がもっているわけではなかった。私はしだいにその区分ができるようになったのである。

2

東條英機という人物は、調べれば調べるほど好きになれないタイプだった。世間でいう、あるいは東京裁判で弾劾された理由によって嫌いだったわけではない。側近たちの証言の歯の浮くような追従の言などに嫌気がさしたというわけでもない。私がこんな人物を首相に仕立てなければならなかった日本の運命を呪うのは、たとえば次のような証言を耳にしてからである。東條の秘書官としての軍人生活が長かった赤松貞雄の証言である。

ふたつの証言を挙げておきたい。

「東條さんというのは本当に人事が好きな人でね、よく陸軍大臣の机の上に、省部の役職を書いた人事図があるのだけれども、それを広げてね、こいつをあっちに移して、あいつをこっちにもってきてと鉛筆で書きこんでいましたよ。私は東條さんの人事好きというのはあまり人に語っていないけれど、富永恭次さんや服部卓四郎さんなどいちど失敗した人でも省部から動かさなかったのは、つまるところ使いやすかったわけだね」

赤松氏の証言は具体的でわかりやすかった。東京・成城にある彼の家になんども取材にうかがっているうちに信頼され、多くの本音を聞きだすことができた。加えて赤松氏は自分たち秘書官チーム（陸軍の赤松に対して、海軍側からは鹿岡円平、内務省からは廣橋真光《ひろはしただみつ》の三人で構成されていた）が書き残した私的な秘書官日記も密かに見せてくれて、コピーをとることを暗黙のうちに諒解した。この秘書官日記は、私が拙著（『東條英機と天皇の時代』）で初めて紹介した形になったが、そういう便宜を赤松氏は私に図ってくれたのである。

赤松氏がなにげなく洩らした言に次のような内容もあった。これがふたつ目である。

「東條さんは巣鴨プリズンに収容されていただろう、東京裁判が始まった以後も、私らはなんどか面会に行ったんだ。むろん会見はＭＰが監視していて、自由に会話を交せるわけではないにしても、意思の疎通は充分にできたよ。そんなあるときに、東條さんが感心したようにつぶやいたんだ。自分を見張っているアメリカのＭＰは十九歳だそうだけど、そんな連中もきちんと民主主義の考えを持っていて、自分の意見を主張するんだ。アメリカの民主主義というのは本物なんだとわかったよ」

赤松氏は、この東條の述懐を世間に広まることのないよう仲間内で口止めした、と語っていた。なぜならアメリカと戦争を起こそうとしたときの首相が、実はアメリカの民主主義についてまったく知らなかったことを告白することになるから、ともつけ足した。そんなことが漏れたら、それこそ東條への怒りは倍加したであろうと言うのである。

私は、赤松邸の二階にあった和室でこういう話を聞いた。数多くのエピソードを聞いたのだが、そのなかでこのふたつの話は今も忘れていない。人事を動かすポジションについた軍官僚がまるで面白半分に人事を行っていたのではないか、自らの思うように人事を行って、昭和陸軍のバランス感覚を根本から揺るがせたのではないか、と私は確信することになった。東條のその偏狭な性格と、自らに都合のわるい事実には一切目を向けない、耳を傾けない、その度量のなさにあきれ果てた。

昭和十年代の陸軍の高飛車な態度を見ていると、太平洋戦争は昭和十六年十二月八日に起きなくても、昭和十八年か二十年、あるいは二十一年か二十二年か、とにかくいつか起こったであろうと容易に推測できる。あのときに起こってくれたために、私の世代は戦争に行くことはなかったが、しかしもし昭和二十年代終わりにでも起こったなら、私は少年兵として特攻作戦に駆りだされたかもしれない。いやたぶん駆りだされたろう。

そう思えばこそ、私は、あの戦争で逝った青年たちに、「あなたたちは運のわるい世代である。同時にそのあとの世代の身代わりであった」との思いを持つようになった。そういう思いが強まっていくたびに、なぜ日本にはこんなお粗末な首相が誕生してしまったのだろうとつぶやくようになった。

草思社の編集室に顔をだす日は、『月刊現代』に毎月原稿を書くようになってから回数は減ったにせよ、長谷川龍生氏や鈴木主税氏と会っての雑談は、私には何かと参考になることが多かった。長谷川氏は、とにかく雑談をしていてもその口ぶりの中には人を楽しませるエピソードが必ず幾つかまぎれこんでいるのである。詩人というのは話好きで、話題が多岐にわたるタイプが多いのではないかと、私には思えた。

あるとき長谷川氏に、東條英機という実につまらない軍人が一国を指導するということの不幸について、とくとくと論じたことがある。そのころは東條英機だけでなく、彼を生んだ東條家の由来や、明治陸軍の人脈、それに建軍以来の陸軍の教育方針や内容についても理解が進んでいた。明治陸軍の川上操六や児玉源太郎、さらには山県有朋など下級藩士がつくった明治陸軍の何が誤りだったのか、そんなことを知りたいとの時期にさしかかっていた。

「ずいぶん調べたね。東條を調べていて明治陸軍に達するというのは当然だと思うけど、私は詩人だからそんな経緯は知らんけどね、ひとつ面白いことを教えてやるよ」

と長谷川氏は言い、「自分は児玉源太郎の流れを汲むらしい」とつけ加えた。「つまり私は孫になるということなんだが」とも言った。さして深刻にでもなく、かといってとくべつに秘密を語るわけでもなく、まったくさりげない口調であった。私は冗談を言っているのだと思った。

ときどき自分は誰某の流れを汲むと自称する人が確かに存在する。その極点にあるのは、天皇家の流れを汲むとの自己錯覚なのだが、長谷川氏はそれとは別にそういう言い方をして会話を楽しんでいるのか、とも受け止めたのである。「本当ですか」と私は首をひねり、長谷川氏は眼鏡の奥の目を細めて――長谷川氏はこのころツイードの茶色の背広を着ていたように思うのだが、幾分肥えた身体を椅子から乗りだすようにして、「本当さ。本当のことだよ」と念を押した。

長谷川氏は児玉源太郎という明治陸軍の指導にあたった人物についてのエピソードを語った。私はこのときの内容は今ではほとんど忘れてしまったのだが、記憶の断片をつなぎ合わせていくと、「自分は祖母に育てられた。大阪で、ある時期いい生活をしていた」「しかし祖母が亡くなってから苦労した」という流れに収斂することができた。

この事実――長谷川氏が児玉源太郎の孫にあたるということは、実は長谷川氏自身が、新人物往来社の『歴史読本』に書いたことがあることもわかった。この原稿を、やはり現代詩に関わりを持つ編集者から入手したのだが、そこには自らの思い出が淡々と綴ってあり、近代日本の隠れたエピソードとして取り上げられていた。

「要は明治の軍人といっても、東條のような三代目になると単なる紙切れだけの秀才となって国を誤らせるということだよ」

長谷川氏も、東條英機に厳しい目を向けているが、これほどキャッチフレーズのもてない軍人は珍しいのではないか、とも示唆した。そうですね、と私はうなずき、たとえば石原莞爾はどうあれ「知の人」とか「策をめぐらす人」といった語が浮かぶし、阿南惟幾《あなみこれちか》には「筋の人」、梅津美治郎には「沈黙の人」といった冠をかぶせることも可能であった。しかし東條にはどういう冠もかぶせることはできなかったのである。

長谷川氏が児玉源太郎の流れを汲むと聞いて、日露戦争の戦争指導などについて詳細に知っているのか確かめると、長谷川氏は「そんなことは知らんよ」と言いながらも、児玉は明治陸軍の長州閥を代表する軍人であったから、「東條英機の親父などからは恨まれていたのではないか」と教えてくれた。実はこの一言が、私が東條英機を書くときのヒントになったのである。

〈東條英機の父英教《ひでのり》は、陸軍教導団（下級将校の養成機関）出身で、西南の役で武勲を立ててその後、明治十五年に陸軍大学校が創設されるとその第一期生として井口省吾ら八人と入学を許された。彼らの教育にあたったのがプロイセンからやってきたメッケルという軍人だが、英教はその能力をメッケルに見出されて、陸軍大学校を最優秀の成績で卒業した。にもかかわらず栄達しなかったのはなぜか。長州閥に徹底してにらまれたからだが、実はその怒りが東條英機の心理の底に眠っていたのではないか〉

こういう考えを、私はごく自然に身につけることができた。この点を解明することも、私の「東條英機論」のポイントにしなければならないと改めて確認することになったのである。

3

東京・練馬にある借家の一階で、妻子は別室（といっても部屋は二つしかなかったのだが）で睡眠をとっているのに、もう一室で資料の束を広げながら、夜中の一時、二時まで資料を読みつづける日々、それが昭和五十年代初めの私の姿であった。物書きといってもまだ立場を固めたわけではなく、あれこれ雑文書きをしながら生活を維持していた。こういう言い方は自己満足になることを承知でいうのだが、私はそれほど酒好きではなかった。人との交わりで「酒」が必要ならばそれはそれで仕方ないが、自分から飲むつもりなどまったくなかった。酒を飲んでムダ話をすることに関心がなかったといってもよかった。

深夜に小さなテーブルに資料を広げて、それを読みながらメモをつくり、いつか東條英機の評伝を書いてやろう、そしてこの書で世に出ようとの思いはこうした日々の中で少しずつ固まっていった。

とはいえ東條英機の評伝を書こうと準備を進めているということは、それほど友人たちに語りはしなかった。「今、どんなテーマを追いかけているの」とか「興味を持っていることはどういうこと」といった質問をよく浴びせられるのだが、そんなとき、「とくべつにテーマはないけれど、あえていえば東條英機という人物を調べてみたいと思っている」とか「実は東條英機を書こうと取材を進めているんだ」といった答を返した。大方の反応は、「えっ、保阪君というのは右翼か」と驚きをもっている点で共通していた。

東條英機に関心を持つなんて右翼ではないのか、そんな軍部の悪玉に関心を持つ前にもっと書くことがあるだろう、というのが率直な反応でもあった。

なかには、「なんでそんなつまらん人物の評伝なんか書くの」と言うなり、「保阪君も右翼にシフトしているなら、つきあいも考え直さなければいかんな」と距離を置く人物もいた。それほどこのころは、進歩的と称する文化人や知識人の言説の影響が大きく、きわめて単純に「右翼」とか「左翼」といった二元論が通用していたのである。

その極致の姿というのが、実際に体験してわかった。

私の処女作を刊行してくれたれんが書房の社長久保田忠夫氏は、もともとは社会党の政策局や青少年局に在籍していた党官僚であった。それが党を離れて出版社を興したのだが、党内の人脈図、さらに新潟県出身ということもあって、当時衆議院の副議長であった三宅正一と親しかった。三宅は戦前からの無産政党の活動家で、太平洋戦争の戦時下では衆議院議員として院内に護国同志会という会派をつくり、そこで密かに反東條の動きを続けていた。

当時の衆議院は、翼賛体制下の一党支配体制のときでもあったが、東條に抗する勢力はこの護国同志会や中野正剛《せいごう》らの東方同志会などわずかにすぎなかった。それだけに軍からは目の仇にされていた節もあった。

三宅正一は、衆議院の副議長室を訪ねた私を見るなり、想像していたより若いことに驚いたらしい。開口一番、「君は何歳だね」と好々爺然とした表情を崩して鋭い口調で尋ねてきた。昭和五十三年の終わりか五十四年の初めのころなので、私は「四十歳になったところです」と問われるままに答えた。すると三宅は、一層厳しい口調になり、怒気を含んで次のような言い方をしたのである。

「君はその若さで、どうして時間をムダにするんだ。あんなつまらない男の評伝を書くために人生の時間をムダにしてはいかん。あの男は実にくだらない。私がどういう道を歩んできたかは知っているだろうけれど、私の人生でもあんなにくだらない男は見たことがない。そんな人物のために、君の貴重な時間を費やすことは人生のロスだよ……」

口調はさらに激しくなり、農民運動の温厚な指導者という経歴が吹きとんでしまう口ぶりに変わった。それでも私の疑問に答えてはくれたが、東條にふれるときの憎悪に満ちた目を私は今も忘れていない。「君は若いのだから、もっと別のテーマを探してもいいのではないか」と別れ際にもくり返した。

少しずつだが、私はある事実に気づいていった。いわば戦後社会の、戦争体験世代の心中に眠っている複雑な感情に気づいたといってもよかった。一言でいえばそれは次のようになった。

〈東條英機はリトマス試験紙である〉

この名前を聞くと、人びとの表情は微妙に変化する。むろん私の世代は、「悪の権化」「日本を崩壊に導いた軍人」「軍国主義者の親分」といったイメージになるのだが（あえてつけ加えておけば、昨今はこの人物を肯定的に見る昭和史知らずの世代が出てきて驚かされるのだが）、私の上の世代にとってはリトマス試験紙そのものだった。

身近な例を引くが、私の母は当時六十代後半だったのだが、東條英機という固有名詞を聞いて、「あんな人のことを誉めて書くの」との反応を示した。私たちの生活や文化を根本から壊してしまった軍人というのが、この語に託されていたのである。

私は、「右翼」という語が本能的に嫌いだった。私の世代の者は大体が左翼体験を持っているのだが、それだけに自分は「左翼のはしくれ」程度の自負は持っていた。私とてそういう枠内にいたのだが、それだけに「右翼」という語には生理的な反撥を覚えた。

そうはいっても東條英機の周辺を取材していて、いずれは書として著すというのは、世間では「右翼」に見られるのだと改めて感じた。これは加瀬氏から、「東條英機を書いてみませんか」と問われたときに、瞬時に私の胸中に浮かんだ感情でもあったのだから、ある程度の覚悟はあったものの現実にそれが示されると、私にはやはり戸惑いがあった。

4

『月刊現代』の原稿を書きながら、そして東條英機の評伝執筆の取材を続けながら、その一方で昭和五十年代初めには二冊の書を刊行していた。

一冊がこれまで書いてきたように、「フェルマーの定理」に憑かれた三重県伊勢市の老人の生き方を改めて整理した書(『ある数学狂の一世紀』)であった。実はこれもすでに書いたように、高校の数学教師であった父親に対する詫びのようなものであった。数学に関心を持ち、そのような生き方を貫く人たちに、敬意を表しての書でもあった。講談社の阿部英雄氏は、「激動の一世紀をたくましく生き抜いた、この日本人を見よ」と帯に書いたが、それは当たっていた。

この書についてくわしくふれる余裕はないが、昭和五十一年五月に刊行したあとの読者の反応が面白かったという記憶が残っている。「フェルマーの定理」とは、次のような公式を指す。

$X^n + Y^n \neq Z^n \ (n \geqq 3)$

nが3以上であれば、この数式は成りたたないという定理である。一六三七年にフランスの公訴人でもあった法律家のピエール・ド・フェルマーが、日ごろから愛読している古代ギリシアの数学書『ディオファントス』の余白に書き残した定理だったという。フェルマーは余白に十一の定理を書き残しているが、それは次代の数学者たちによって次々と証明されていった。しかしこの定理だけは二十世紀に入っても証明されなかった。

それゆえに「フェルマーの最終定理」といわれるわけだが、実際にはこれは証明されたと同じと判断されて「定理」と言われていて、近代数学はこれをもとに進んだというのである。

この定理が、日本に初めて紹介されたのは明治三十年代のころで、東京帝大の数学者林鶴一が紹介したという。それ以後、この定理を解くために幾多のアマチュア数学者がこれに挑んだ。各国でも十八世紀、十九世紀、二十世紀とプロやアマの数学者が、この数式の解明に挑み続けている。フランスのアカデミーにはそういう証明書が次々と届いていて、ひとつひとつ丁寧にその証明が正しいか否か検証されている。日本ではどうなっているのか。私はこのことを調べたのだが、アマチュアの中には国会図書館に自らの解いた証明書を寄託している者がいる。私はそういう資料を読んで――むろん私にはそれが正しいか否かなどわかるはずもないが、そこに一人の人間の執念を感じた。

人は執念をもって生きる――そういう感想を持った。同時に私も、物書きという仕事を選んだなら執念をもって生きるとの覚悟を持つべきではないかと覚悟したのである。

この書（『ある数学狂の一世紀』）の反応のひとつに、神戸にある中高一貫教育の進学校の中学二年生から一通の封書を受けとった。

その手紙には、自分は数学の好きな一中学生だが、いつか数学者になってこの定理を解いてみせます、と書いてあった。巧みな文字でさすがに名のある進学校の中学生とは思ったが、すでに十三、四歳でこういう方面への知識をもっていることに驚かされた。

このときから今は四十年ほど経ているわけだから、この中学生もすでに五十歳になっているはずである。著名な数学者になったのだろうか、この書（今は『数学に魅せられた明治人の生涯』と改題されて、ちくま文庫に収められている）を見るたびにそんなことを思いだす。

5

もう一冊この期に刊行したのは、立風書房の新書である。この出版社が新しく一般読者向けの新書シリーズを刊行することになったというので、編集部のT氏から頼まれた。彼は新書だから一般向けにわかりやすい書にしてほしい、と言って、「昭和の檄文をまとめて解説を加えて一冊の書をつくりたい」と企画案を示した。

私は物書きとして出発してまもない時期ではあったが、大体は「今、何を書こうと思っていますか」と尋ねられて、この段階で関心を持っているテーマを伝えるのが一般的だった。編集者からこういう本を刊行してはどうか、と誘われたのは初めてであった。なるほどこういう仕事の進め方もあるのか、と知った。

T氏の示した企画案には、昭和という時代に起こった事件や事象に伴って、決行者たちが自らの意思を伝えるために書き残した訴え（ここには檄文や遺書、決起趣意書などが入るわけだが）を収めたいとあった。

これも勉強だな、と思いながら一ヵ月ほどでこの書を書きあげた。五・一五事件や二・二六事件、開戦詔書、天皇の人間宣言、あるいは抗日中国人の反日のビラ、戦後編では三島由紀夫の「檄」や赤軍派のよど号乗っ取り、あるいは首相官邸前で自決したエスペランチストの由比《ゆい》忠之《ちゅうの》進《しん》らの訴えを取り上げたのである。こういう書を書き進めながら、一方で五年も六年も時間をかけて書いていこうとする書もあれば、この書のように一ヵ月もしないで書きあげてしまう書もあるのだとわかった。なんだ、気楽なものだな、との思いがあった。

この書は『檄文昭和史』というタイトルで店頭に並んだ。

T氏は、この書は入口であり、さてこれからは骨太の書にとりくもうと誘ってくれた。編集者としては四十代半ばにさしかかっていたT氏は、まずこういう書で印税を払って生活に一定のメドをつけさせて、それから本格的な書にとりくませようと考えるタイプだとわかった。社会に出始めている物書きに対するそれが優しさだとの心配りをもっていたのである。だが結果的に、私はT氏と重いテーマにとりくむことはなかった。いろいろなテーマについて話しあったが、しかし実ることはなかった。編集者と執筆者の間にはタイミングというものがあるということもわかった。これも私には収穫となった。

ただ驚いたのは、こうした読み易い新書を著したことに私を支えてくれている人たちが、一様に不快な表情となったことだ。『月刊現代』編集部を訪れたときに、伊藤氏にこの一冊を「私の近刊です」と言って渡すと、伊藤氏は手にとるなり机の角に置いて、「保阪君、今、君はこんな安易な仕事をしていいのか。こんな本はそれこそ三日でも書けるだろう。そんな楽な仕事をしてはいかん」と強い口調で責めた。私はなにかまずいことをしてしまったのかとうつむいてしまった。

それは草思社に行ったときもそうだった。加瀬氏はその新書を見るなり、「保阪さん、あまり楽な仕事をしてはいけませんよ」と叱り、長谷川氏も手にとるなり、「これは一時間で読んでしまえるね」とあっさりと言ってのけた。心底から恥ずかしいと感じた。私の心中にある安易な方向へと逃げようとする自分の性格の弱さも知ることになった。

こんな手軽に本を書いていいのか、調べもせず、吟味もせず、取材も充分に行わずに気軽にまとめてしまうというのでは、確かに売文業者の仕事といってもよかった。このときに、私が書を刊行したときに「よく調べて書いたね」という言を誰からももらえなかったとすれば、自分が手抜き仕事をしているのだと受け止めることにした。ただT氏のために弁解しておかなければならないのは、氏はこれで取材費などの費用を捻出して、大きなテーマに取り組ませようとしていたことは自覚しておかなければ、と考え続けてきた。

このころ私の書の初版部数は『死なう団事件』にしても、『五・一五事件——橘孝三郎と愛郷塾の軌跡』にしても四千部とか五千部であった。幸い両書とも版を重ねたので一万部近くになったが、出版界ではそう簡単には単行本は売れるわけではないという時代でもあった。

さすがに講談社は、『ある数学狂の一世紀』を一万部刷り、そして広告費もかけてくれたのだが、再版になることはなかった。だがたとえ一万部でも定価千五百円として百五十万円が印税として入金することになり、私は、なるほど物書きというのは日常の月刊誌などの執筆が生活費であり、単行本はボーナスと考えればいいのか、とその生活の仕組みもしだいにわかってきた。

妻は神社の娘だったために給与生活者のペースで生活するという習慣を持っていなかったので、フリーの物書きの生活には容易になじんだにしても、「単行本の印税を生活費と考えてはいけないのよね。これはボーナスと考えることにするから、あなたは年に二冊は本を出版してほしいわ」と、家計簿を見ながらつぶやいていた。

私に関心を持ってくれていた編集者や物書き仲間から、『檄文昭和史』を著した私の姿勢は評判がわるかったのだが、しかし収入の上では生活の支えとなった。一万五千部を刷り、そして定価が八百円（と記憶しているのだが）なので百二十万円ほどになったのである。

そういうまとまった収入があったときは、子供たちに自転車とかゲーム機器、さらに百科事典などを買った。そのたびに幼稚園から小学校低学年だった三人の子供たちは、友だちの真似をしながら、「うちもボーナスがでたんだね」と口にした。友だちにも、「うちもボーナスがでたんだよ」と言っているのを聞いて、私も苦笑した。しがない物書きであるにしても人並みの生活は送っているとの誇りが、私の心中にもしばしの安らぎとなって落ち着くのであった。

〈良い仕事もしたいし、経済もしっかり固めておきたいし……。しかし将来のことを考えると決して今の状態に満足すべきではない〉

そんな気持を常に自分の中で確かめていた。一歩一歩、自分の思う通りの道を歩く以外にないが、しかし決して横道にそれてはならないと自分につぶやくことも再三であった。私は酒を飲む席にそれほど顔をだすわけではなかったが、それでもそういう席にまったく行かないというほど野暮でもなかった。

当然のことながら、そういう席で女性と親しくなる。むろん女性の編集者もいれば、店の女性の場合もある。こんなことを書くのはあまり気が進まないが、それでも私に関心を持つ女性もいて、それとなく誘いを受けることもあった。しかし私自身、心理的にそんな誘いについていけない自分をなんどか確かめることになった。

たとえば酒席などでも、ふいに〈家内は今、三人の子供たちの世話をしている。そんなときに私は……〉とつぶやいてしまうのであった。子供が幼年期から小学生の低学年のころには、そのような罪の意識がときに強く私を襲い、酒席に行くのが臆病になった時代もあった。

6

『月刊現代』編集部で担当の鳥居氏と会い、毎月二十日すぎにデータ原稿をもらい、一本の原稿を書きあげる。そういうデータをまとめる取材チームの原稿を読んでいるうちに、この人たちが取材という名目で月刊誌や週刊誌の土台を支えていると知った。実際に彼らはあらゆるところに「月刊現代記者」の名刺で取材に赴いていた。とくに感心したのは、たとえば教育委員会は形骸化しているという記事では、ある地方自治体の教育委員すべてに会っているし、医学部教授の非社会性を批判するときには、そういう傾向のある教授にもきちんと取材してくるのである。

「どうしてこんなに取材できるの。こんな人なんかよく会ってくれるね」

と、データマンのひとりに尋ねたら、意外な答が返ってきた。

「それこそ夜討ち朝駆けですよ。とにかく話を聞きたいと言ってねばるんです」

とまだ三十代に入ったばかりの記者は、とくに自慢するでもなく口にした。そうか、そういう努力の上にデータ原稿はできあがっているのか、それを私と編集者が、「こんなコメントは面白くないね」とあっさりはねつけているのだ。なにか申しわけない気もするのである。

こういう記事のつくり方――取材チームがあり、アンカーという立場の私が保阪正康の名で原稿をまとめていく。むろん私の署名になっているのだから、その原稿の責任は私が負うことになる。幸いというべきか、こうしてまとめた記事は名誉を傷つけていると訴えられたり、あるいは人格を否定しているといった抗議を受けたことはなかった。しかしもし裁判になったら、この責任はどうなるのだろう。執筆者になっている「私」に損害賠償を求められたらどうなるのか、ときにそんな心配もした。そのたびに取材チームの記者、あるいは編集部から、われわれはウラのウラまでとっているから決して訴えられることはない、と励まされた。

実は、こういう心配は東條英機の取材を進めているときのほうが大きかったのだ。高級軍人たちは正規のメディアからインタビューを受けることなどなく、マイナーな右翼系雑誌の取材で答える程度の体験しかないのが大半だったのだが、それだけに私の取材を受けてもどのように書かれるのか不安でもあったのだろう。「君、私の言い分もきちんと書いておくれよ。妙なことを書くと裁判に訴えることになる。そうしたら面倒だろう」とそれとなく牽制してくることもあった。

東條英機周辺の取材を進めていて、ときに日本の「見えざる部分」に出会うこともあった。東京・杉並にある元将官を訪ねて、昭和陸軍の誤りをいろいろ確かめたいと思って質問をくり返した。この元将官は、東條とそれほど良好な関係ではなかったが、かといって対立していたわけではない。彼への取材を終え、雑談を交しているときに意外なことを口走った。

「世間であまり知られていないけど、憲兵とか謀略に携わった軍人は、戦後社会では興信所を開いているケースが多いんだ。むろん私の部下だった連中の何人かもそういう仕事をしている。君が私に会いたいと言ってきたので、彼らに調査を頼んだら――いやもしかすると君は共産党かもしれないからね――そうしたら報告書があがってきたよ。君は別に共産党ではないね。父親は高校教師とあるよ……」

彼はその報告書をめくりながら、その調査報告書の内容を教えてくれた。そう言われて、私は幾つかのことで合点がいった。たしかにある時期に奇妙な動きが、私の周囲であったからだ。だがこうした調査が行われているとは知らなかった。しかしそういう動きに不気味さを感じはしなかった。

こんなことはありうるだろうな、とは充分に予測していたからだった。東條周辺の何人かの元軍人はまったく別の地下水脈ともいうべき情報機関をもっているのは、戦時下の彼らの動きを見ていると容易に推測もついたのである。次章ではそのことにもふれておきたい。

第五章　ある編集者との決別

1

太平洋戦争下の東條政権は、憲兵政治と謗られていた。その戦時指導を固めるために、憲兵や特高刑事を巧みに使って、国民を戦争に駆りたてたというのが、憲兵政治の意味であったが、それは私が取材を進めていた昭和五十年前後にもまだ充分に窺えた。

その将官を訪ねたときに、彼は私の身元調査を依頼していてその報告を親切にも教えてくれた。その内容は大まかなところでは事実であったが、しかし細部にわたっては幾つも異なっていた。たとえば私の家系には軍人がほとんどいない。強いていえば母の弟が海軍兵学校を卒業して海軍の若手士官であった程度で、その叔父も戦後は大学医学部に進み、医学の基礎研究者として身を立てていた。にもかかわらず私は、明治期のある軍人の遠縁にあたるかのような報告だったらしい。なぜこんな誤りが……と考えているうちに思いあたることがあった。

旧軍関係者の憲兵畑の人物に、東條政治の内実を確かめていたとき、この人物から「今どき東條の伝記を書こうなどというのは、君も軍人の家系の出なのだな。君の名前が明治期のある将校と同じだから……」と言われたことがあった。私は即座に否定したが、この人物からの情報ではないかと疑った。もしこの将官が、興信所の調査らしき結果を口にしなければ、私の知らないところでこのような情報が独自に動くのかと思い至り、心中で密かに苦笑した。

しかしこうした旧体制のさまざまな影を、この取材のプロセスで感じることは少なくなかった。あえてつけ加えておけば、昭和六十年代に入ってのこと、月刊『文藝春秋』で、当時伊藤忠商事の役員であり、中曾根政権下で行財政改革を進めていた瀬島龍三氏の人物論を書くために取材を進めていた折りに、私の周辺で起こった奇妙な動きと思い合わせると、確かにこの社会には旧体制の残した情報網や人脈の系譜が存在するのだと私なりに感じた。そのことに気づくと、この社会には直接見えないにせよ、巨大なウラ側の権力空間があるのかと考えたりもした。

昭和五十三年には、東條に関する取材も終盤を迎え、私の中でもしだいに東條の評伝を書く心構えが固まった。そのころの私は、四十歳に達するころであったが、どうあれ自分は文筆で立つ以外にないとの覚悟も固まり、単行本も四、五冊刊行していたからそれなりの自信を持つようになっていた。人を見る目も私なりにつかんだ。

やはり東條の取材のことにふれるが、百人、二百人とともにかく東條に関わりのある人物、あるいは東條を知る人物に話を聞いているうちに、人はどのようにして「人物」を語るかがわかった。昭和五十年代は、東條英機関係の取材、それにフェルマーの定理にとり憑かれた老人についての調査、加えて広範囲に日本近代史の知識を詰めこもうと暇を見ては国会図書館に通った。当時西武池袋線の桜台に住んでいたが、やがて国会議事堂前駅までの定期券を買って通いつめた。三年ほどこの変則的な通勤を続けることで、昭和史に関する著作の大半を読むことができた。私の大学院は国会図書館だったと説明することがあるのだが、それは本音でもあった。

ただ書物によってどれだけ知識を得ても、取材で味わう生身の人間の証言にはかなわないというのも実感であった。書物は人間の外貌を想像させ、内面を窺わせることはあっても、その人物の真実はつかむことができないこともわかった。

東條英機の「真実」を理解するために取材を続けるうちに、私は二つのことを学んだ。正確には人は人をどのような表現で語るかの発見ともいえた。その後の著述活動の中で、多くの評伝を書くことになったが、その発見はその折りの重要な尺度になった。二つのことと書いたが、それは私自身の人物鑑識眼にもなったのであえてここで語っておきたい。一物書きが四十代に入って身につけた人生観といってもいいからである。

そのひとつは、たとえば東條英機の実像を求める場合、関係者から話を聞きつつも、その話を位置づける尺度を持たなければならない。そこで東條英機をコアとして、まず第一次円をつくる。ここには家族、係累などの血縁関係と職務（社会的存在）を離れての基礎的な人間関係がある。次いで第一次円の外側に第二次円をつくる。少年期からの友人、秘書官、副官、直接に仕えた部下たち、つまり日常的に東條と接して、その人間性を見つめた人たちである。このあとに第三次円をつくる。これは東條と職務上接したり、陸軍士官学校や陸軍大学校の同級生、主に職務上の関係から東條を見た人たち、あるいは東條内閣の閣僚など、そして第四次円は東條が責任者だった折りの組織の人たちで、東條の訓示を聞いたとか、遠くから見たという人たちだ。第五次円は東條の時代に生きていた無数の庶民である。

この証言者はどこに立っているかを見究めて、その証言内容を位置づけていかなければ正確な人間像を描くことはできない。

国会図書館に通って、それまでに東條英機について書かれた書をすべて読んだ。といっても昭和十年代に栄華を極めていたときの人物論やそのスケッチが三冊ほどある程度で、戦後になっても四冊ほど書かれているだけだ。だがロバート・J・C・ビュートーの『東條英機』（上・下、時事通信社、一九六一年）がひとまず評論に値するとはいえ、あとは驚くほど陳腐で浮わついた書であった。こんな程度の評伝しか書かれていないのかと、むしろ東條に同情したほどだった。それほど魅力のない人物なのかとも思ったのである。

東條についての人物像もまた、かなりいいかげんであった。結論から書くが、小心で生真面目な軍官僚、そういう人物に国家を動かす権力を与えたのだから、昭和十年代の日本自体も不幸であったが、東條自身もまた不幸だったのである。

日本で質のいい評伝が書かれないのは、たとえば第一次円の人物の証言を第二次円、第三次円の社会的、歴史的な証言と一体化したり、意図的にそれを混合させて人物像を歪めているためである。私は、東條を語る人たちの口ぶりを聞いてそれがよくわかった。一例をあげておくが、東條英機のカツ夫人に、昭和五十三年のある時期に都合二十回は会った。もともと夫については外部に語らないと決めていた夫人（このときは八十代半ばにさしかかっていた）に会えたのは、次女の満喜枝《まきえ》氏の手づるに依った。

満喜枝氏は、私が東條英機という軍人、政治家を客観的に歴史上に位置づけたいと申し出たことに賛意を示し、多くの点で協力をしてくれた。だがともすれば、「父は家にあっては子煩悩でやさしい。だから誰にも慕われた」とのエピソードを語るのだが、それをそのまま国家指導者としての像と重ね合わせようとする。私はうなずきながら聞いていたが、辛うじて「私の書ではそういうことにならないかもしれません」と遠慮しつつ語った。あくまでも第一次円の枠内の証言にとどめておくとの意味であった。

それでも、「母はジャーナリストとか作家には決して会わないことにしています。でも保阪さんが、父に関心を持ったということを伝えて説得してみます」と言ってくれた。そして会うことになったのである。

東條の三女の自宅で、カツ夫人と満喜枝氏に何度も取材を続けた。のちに考えればこれは私にとって大きな財産となった。なぜならこのときに歴史的なエピソードを数多く聞くことができたからだ。

カツ夫人は真面目に思考を続けるタイプで、実直な女性だった。何度か取材を続けているうちに、ふと「タク（夫人は東條のことをこう語った）は誠実に生きて、真摯に指導者としてその職務を果たしたと思います」と言ったりもした。さらに「これはタクに仕えた人たちから言われたことですが、たとえば戦後になってタクを誇る軍人はその在任中から問題が多かったと聞きました。石原莞爾さんとか……」「本当の戦争責任はタクにあるのではなく、近衛さんにあるのだと私に戦後になって教えてくれた方もありますし……」といった言も口にしていた。

私はその発言の中に、東條の側近たちが戦後になって東條夫人に、「このことはこういうふうにお話しください」「東條大将を悪くいう人とは会わないほうがいい」、あるいは「歴史上の理解はこのようにされるとよいでしょう」というふうにあれこれ枠組みをレクチャーしていることがわかった。とくに特定の軍人（たとえば石原莞爾などだが）を悪くいうのは、明らかに旧体制の影がそのまま持ちこまれていた。そのことに私は密かに気づいたのである。

同時につけ加えておくが、東條夫人は東條の首相在任中にあれこれ人事に口を挟んだかのように言われているが、そんなことはまったくないことが私にはよく理解できた。ただ東條夫人はさすがに世事に通じていることもあり、第一次円の夫の姿をそのまま歴史的な人物像にすりかえたりはしなかった。

その点でこの夫人の証言は信頼できるな、と思いあたった。

2

私が夫人から聞きだした重要なエピソードは、昭和十六年十二月六日の深夜の首相官邸での話である。このことは東條の実像をはっきりと語ることにもなるので、夫人の証言としてやはり記録にとどめておきたい。私は夫人と以下のような会話を交した。

「こんなこともありましたよ。深夜のことです。タクは一人で寝室で眠りをとっておりましたが、私は末の娘と隣室で寝ていたのでございます。ある晩、隣りのタクの部屋から、押し殺したような泣き声が聞こえてきました。私は唐紙を少し開けてのぞいて見たのです。するとタクは布団の上に正座して、皇居のほうを遥拝《ようはい》しているのです。肩をふるわせて泣いているのです」

「大声をあげてですか……」

「いいえ、大声というわけではありません。子供がしゃくりあげるようなと言いましょうか……。私はあわてて唐紙を閉めました。見てはいけないものを見たという感じですから……」

「奥様はその姿をごらんになってどう思われましたか」

との私の問いに、「それは私も悲しかったですよ。たぶん戦争という道を歩むことになって、その責任の大きさにふるえていたのだと思います」と答えた。「それに……」と言い、ハンカチで目をぬぐった。その答えは私にもわかった。

「陛下が和平を望んでいるのにそれにこたえられなかった、という申しわけなさですね」

という私の問いにゆっくりとうなずいた。

東條取材ははからずも私自身に人間的な成長、社会性の広がり、歴史観の確立を教えることになったが、前述のようにもう一点、収穫を語っておきたい。

それは東條のような人物の取材（つまりその人間像を確かめていくときということなのだが）を進めるときに、必ず拮抗する組織、対立する人脈、さらには東條に加担する人たちや組織の中に中軸になる取材対象者を見つけることが重要だとわかってきた。

たとえば東條と対立関係にあった石原莞爾の側から見るときには、石原の秘書兼ブレーンでもあった高木清寿氏の証言を、何度も聞いた。高木氏とは終生、交流を持つことになったが、私は高木氏の口を通じて、石原の東條観を確かめた。

高木氏は、「東條というのは実にくだらん男で、将軍（石原のこと）を終生目の仇にし、あれこれ難癖をつけた。私は読売報知新聞の政治記者時代に、石原将軍を取材してその歴史観に打たれ、記者をやめて東亜連盟を動かし、石原将軍の秘書にもなったが、東亜連盟は赤化団体ということで、私らをアカ呼ばわりして逮捕したんだよ」というのが基本的な考えで、東條に対しては「あんな愚劣な奴が戦争指導をやるんだから日本は負けますよ」と冷たく突き放した言をくり返した。

実はそれが石原の本音であることも、容易に理解できた。

海軍の側で私が見出した軍人は実松譲である。実松は対米戦争開始まで、ワシントンで海軍の駐在武官を務めていた。東京・小金井の自宅に何度も通い、そして実松とも終生交流を続けることになったのだが、彼もまた東條と海軍大臣の嶋田繁太郎には強い批判を持っていた。実松は、昭和十三、四年ごろに日本がドイツの呼びかけで三国同盟を結んでいく道筋に激しい怒りを持っていたので、その批判の言は鋭かった。

「米内光政海軍大臣、山本五十六海軍次官、井上成美海軍省軍務局長の三人が反三国同盟で海軍を動かしたときに、私は三人の秘書でした。三国同盟はまぎれもなく戦争の道ですが、それに反対したことは今も誇りに思っていますよ」

と話しつつ、陸軍の謀略的体質にどれだけ苦しめられたかを何度も語った。「東條さんを評価していた海軍の軍人は、嶋田海相を始めほんのわずかです。その嶋田さんはエキセントリックな軍官僚で、私たち下僚がアメリカのラジオ放送を聞いて、日本軍の損害額なりを文書で持っていくと、『こんな日本に不利な文書なんか持ってくるな』と投げつけるんですから、それこそムチャな人ですよ」と怒りがまだ解けていない口ぶりであった。

実松は自ら著作を著していることもあり、海軍に限らず開戦前のワシントンの内部事情を詳しく教えてくれた。日本の駐在武官はこの年に入るとFBIから常に日常行動を監視されていたし、電話も盗聴されていたと明かした。あのアメリカと戦争するなんて……という口ぶりの中には、当時の日本が国際社会の中で、いかに孤立していたかが明らかになっていた。

第二次円の中には、陸軍省軍務局の石井秋穂や参謀本部戦争指導班の原四郎、そして憲兵政治については東京憲兵隊の大谷敬二郎や林秀澄など、東條を語る中軸の人物二十人ほどには、私はそれこそ一人につき十回は訪ねていってその意見を聞いた。こういう人たちは、当時の軍事について、あるいは政治についても克明に説明してくれた。私は物書きという道がこれほど面白いのかということをしだいに知っていった。同時に旧体制の構図がそのままこの時代に生きていることに何度も不思議な気がしてきたほどだった。

東條英機の評伝を書き始めたのは、昭和五十三年の秋からだった。2Kのアパートの一室を資料だらけにしながら、それでも夜になるとその資料を片づけて三人の子供たちの布団を敷き、そして子供たちを幼稚園、小学校に送りだしたあとは、また資料を広げて原稿を書いた。妻はそんな私の邪魔にならないようにと、練馬の区立図書館に行って、そこで本を読んでいたり、子供が幼稚園や学校から戻ってくるとプールに連れて行ったり、ときに休日には遊園地に行って、私が家で自由に執筆ができるような配慮をつづけた。

あるとき、小学校に入ったばかりの息子が妻に、「お父さんはシツギョウシャなの？」と尋ねたそうだ。妻が怪訝な顔になると、「だっていつも家にいる人のことをシツギョウシャって言うんだよ」と答えた。友だちが言っていたというのだ。妻は、なるべく昼は家の周辺を出歩かないようにしてね、と言うのだが、私が家で執筆に明け暮れている姿を見ると安心した表情になった。

こんな狭いアパートで執筆活動を続けるのではなく、いつか書斎を持ち、仕事部屋も持ちたいと考えるようになった。こんな状態で仕事をしていては、執筆の範囲にも限界があるのではないかと考えた。これはのちの話だが、ある推理作家は昼に家庭の空気に染まって執筆していれば、殺人事件の描写などできるわけがない、やはり家人が寝静まった夜に執筆するんだ、と洩らしているのを聞いた。なるほど、と思う半面、物書きはどういう場でいつ書くのかも大切なことだと知るようになった。

昭和五十三年の終わりであったか、東條英機の評伝をとにかく千二百枚の原稿にまとめた。私の心底には、取材の折りに「君は右翼か」と問われたときの屈折した思いがあり、どちらかといえば東條には批判的な、ときには冷たくつき放すような見方での表現も含まれていた。正直に告白しなければならないのだが、私は当初東條英機という軍人はなぜこれほど凡庸なのか、との思いを持って筆を進めた。もっと平たくいうなら、どうしても東條英機という軍人は好きになれなかったのである。

ただ千二百枚を書き終えた段階では、この枚数の中で動いている東條像はむろん私の描く姿であり、できるだけ客観的にとつくりあげたが、しかしそれでも心底からは好きになれなかったのである。

とにかく好きになってみよう、なかなかリズムがとれない、確かに人間としての動きも私には合わないのだが、それでも良いところもあるのだし……とつぶやきながら、東条の像をつくりあげたい気持ちもあったのだが、しかしその感情は最後まで昂揚もしなかったのである。

3

たぶん新しい年を迎えてのことだったと思うのだが、神宮前にある草思社への道筋で、風呂敷に包んだ千二百枚の原稿の重さを味わいながら、加瀬昌男氏にどのように評されるだろうかと思って不安でもあった。加瀬氏の心中には、私と異なった感情で、とにかく千二百枚を書きあげたのだから謙虚に読んでみよう、との思いもあるだろうと推測した。

編集室のテーブルにこの千二百枚の原稿を積んだときに、私は涙を流したい感情に捉われた。さしあたりこれが自分の人生の華なのだなという実感も味わった。私はコンテやレジュメがはっきりしていれば、原稿を書くペースは他の誰にも負けなかった。一時間に五枚のペースで書くことができたのである。

「では、二週間くらい時間をください。よく読んでみますから」

と加瀬氏は金庫の中にその原稿をしまいこんだ。そして冷蔵庫からビールをとりだして、私や編集部員たちのグラスについだのだが、私は大任を果たしたような、あるいはなにか新しい門出に出会っているような感動に包まれ、なんどか涙が流れそうになった。この千二百枚の原稿が、さしあたり私の全存在とイコールとなる重さでもあったのだ。

加瀬氏は編集部員たちと雑談を交しながら、この本をいかに売りだすか、その広告戦略を考えているようだった。草思社はこのころは徳大寺有恒氏の『間違いだらけのクルマ選び』がベストセラーになり、そのほかにもベストセラーの近くにまで及ぶ単行本を刊行していて、これもなんとか売るペースにのせようと企図しているようでもあった。

加瀬氏は、編集部にアルバイトに来ている女子大生にむかって、「君の世代では東條英機とはどういうイメージで捉えられているのかな」と尋ねた。するとその女子大生は、しばらく首をひねっていた。どんな答えになるのだろう、と私も案じた。するとその女子大生はためらいもなく、

「サイジョウヒデキなら知っていますけれど、トウジョウヒデキは知らない」

と答えた。西城秀樹という歌手なら知っているけれど、東條……などは知らないとあっさり口にしたのである。このときの五、六人ほどがいた編集室の雰囲気を私はよく覚えている。大体は三十代以上の編集者だったと思うのだが、一瞬冷めた沈黙があり、次に軽い笑いが起こった。一方で加瀬氏は怒りを抑えられなかったらしく、「君は常識がなさすぎる」と説教口調になった。その女子大生はどうしていいかわからずに、そして涙ぐんだ。

私は拍子抜けする気分になった。このエピソードはその後も仲間内でよく話した。奇妙な言い方になるが、それは聞く者のほとんどに苦笑を与えた。たぶんこの女子大生は昭和三十年代初め

の生まれになるはずだが、それにしても常識がないというべきか、東條英機の名前などまったく関係ない、知らないというのも決して恥ずかしい時代ではなくなっていたというべきなのかもしれなかった。

あえてつけ加えておくが、私は年齢が増していくたびに、この女性を笑ったことをしだいに恥ずかしく思うようになった。もしかするとこれはある世代が、次の世代を愚弄していることになるのではないか。もし私がはるかに上の世代から、乃木希典を知っているかと問われたときに、それを知らなかったというので笑われたら、私はどう思うだろうか。あんたたちとは時代が違うんだよ、なに言ってるんだ、と喰ってかかったかもしれない。ある世代がある世代を嘲笑してはいけないのだ、と私は老いるに従い考えるようになった。この女子大生には悪いことをした、と今は悔いている。

私は、加瀬氏に原稿を預けている間は、まさに試験を受けている受験生のような心境だった。加瀬氏は経済的にも社会的にも、私を支援してくれたが、その期待にこたえることができただろうかとの不安でもあった。二週間では読むことはできず、結局この期間は三ヵ月ほど延びてしまうのだが、その間、私はそういう受験生のような心境であった。余計なことではあるが、もしこの原稿が気にいらない、となって草思社で書籍にしないことになったら、取材費などは返還しなくてはいけないのか、との不安もあった。

4

昭和五十三、四年になると、私は『月刊現代』の仕事も極端に減らした。時間がとれないということもあったが、編集長が伊藤寿男氏から田代忠之氏に替わって、伊藤氏とはまったく異なった編集方針を採るようになったこともある。田代氏のもとで、私は新しい編集者とともに何度か原稿を書くことになったが、田代氏は百枚の長尺物をたっぷり時間をかけて、そして調べて書いたらどうかという編集方針を採っていた。

そういう大きな企画を考えてみないか、との誘いもあり、月々与えられたテーマで取材チームをつけて、今風の記事を書く仕事からはひとまず解放されたのである。同時に、『月刊現代』に限らず、注文があれば原稿を書くようになったが、たとえば『宝石』とか『潮』などの月刊誌でも、頼まれれば原稿を書いた。四百字詰めで三十枚とか四十枚といった原稿は、かなりの広がりを持った内容を盛ることができた。そういう原稿を書きながら各社にはそれぞれの記事作成のノウハウや心得があり、それを覚えたことはおおいに役立ったのである。

私は友人関係はそれほどの広がりを持っていなかった。それでは酒席を好むかといえば、それもあまり好むほうではない。酒を飲むくらいなら、家族と団欒を楽しんでいるほうがはるかにいい。

私は東條英機の評伝を書き終わったころに、とくに取材の予定があったわけではなかったが、京都に出かけたことがあった。本来なら家族づれでと思ったが、妻が、京都の学生時代の友だちに会ってくればというので出かけたのである。折りしも大学の演劇研究会時代の仲間が何人か集まることになっていたので、それにも出席したいと思っての旅行であった。

大学時代は一回生の終わりから、京福電鉄の一乗寺駅から歩いて五、六分のところに住んでいたので、私は久しぶりにこの地を散策した。私たちのころは一乗寺駅から詩仙堂にむかう道筋の両端はまだ畑が多かったが、しかしすでにマンションが建ち、街の様相は変わっていた。そんな街の一角をぼんやりと歩いていると、私を呼び止める者がいる。

「おう、保阪じゃないか」と長身の眼鏡の男性が近づいてくる。大学時代に同じ演劇のサークルで、装置などの裏方に精を出していたMである。卒業してからだからもう二十年が経っている。肩にキャンバスのような物を背負っている。

「詩仙堂付近の絵を描こうと思ってな」

とMは言い、「お主、東京じゃないのか」と言う。Mは岐阜のある地方の名家の出なのだが、相手を指すときにはなぜかいつも「お主」というのである。

この日、私はMと四条河原町界隈にある喫茶店やレストランを何軒か回った。Mは酒を飲まないのでもっぱら甘味の喫茶店などを歩いたのだが、大学を出てからの道筋を交わしているうちに、二人の間ではいつのまにかある話にいきついた。それはこの自伝の第一巻で書いた話だが、Mが夏休みか冬休みに実家に戻り、また京都に戻って来たときに、自らの家の蔵にある壺らしきものを持ち返った。カネがなくなれば売るのである。やがてカネがなくなって、Mはこの壺を然るべき古美術店に持っていったら、その主人にこっぴどく叱られて、あわてて故郷に帰りもとの蔵に戻してきたという一件である。

「おい、あれは家に戻しておいてよかったよ。有名な職人のつくった壺なんだ、値段もつけられないらしい。家宝らしいんだ。二束三文で売っていたら、わしは勘当だったよ。あの古美術商に感謝しなきゃいかん」

とMは言い、その来歴をひとくさり語った。私はその世界は知らないが、そういうものを平気で家から持ってきて売りとばそうとしたのだから、私たちの学生時代は無茶といえば無茶だった。

あまり書くことではないのだが、Mは美術出版社に勤めて、人に推される形で組合運動に入り、その委員長を引き受けて、賃上げだ、労働条件の改善だなどとその方面に力を入れているうちに、やがて会社にいづらくなり、そして今は退職して次の仕事に転じる準備の期間だという。時間があるので京都の街を歩いてはスケッチを描き、油絵を描きあげているというのであった。

「一枚買うぞ。自信作を売ってくれよ」

Mは、では京都郊外の八瀬《やせ》の風景画を買ってくれるか、と応じた。学生時代から幾つかの賞も取っているうえに、その絵は十一月の樹木の落葉が見事に描かれていると思えたので、ためらいもなく買うことにした。いずれ家を建てたら、おまえの絵を玄関に飾るさ、と言って、一ヵ月分近くの収入に相当する金額で買うことに決めた。その友情に驚いたのか、Mは学生時代の私の知らない――私にかかわるエピソードを教えてくれた。

「四回生のときに二回生のA子が夜、お前の下宿に泊めてくれとかけこんできたことがあったろう」「あった、あった」「あの裏の事情、お前知っているか」「いや、知らないよ」

そんなやりとりの中で、そういえばA子が「親と喧嘩をして家を出てきた。泊めてほしい」と夜に訪ねてきた光景を鮮明に思いだした。A子は京都では知られた仏閣の系列につながる家系の娘で、気が強く、いつも主役をとるか、それに準じる役を望んでいた。厳格な家庭で育ったらしく丁寧な口調の女性だった。京都弁の語尾が、今も耳についていた。私は演出とキャストという目でしか見ていなかった。Mによれば、あるとき酒に酔ったA子がMの下宿を訪ねてきて、私の下宿に連れていけと言ったそうだ。私に文句があるとか、保阪は生意気だとかひとしきり怒鳴ったあと、「今日は保阪の下宿に泊まる」とバッグにパジャマを入れていたという。

それでMは、私の下宿の前まで案内して帰ったというのだ。後日、A子はMに、「意気地のない男」と私を一言で語ったそうだ。

「お前、あの子に指一本ふれなかったんだろう」「もちろんさ。隣りの友人の部屋に泊めてもらったよ。あいつは俺の布団で寝ていたよ」「それで怒ってたんだな」

Mはもし A子と関係を持っていたらどうなったか、たぶんお前も、強引に京都に働き口を見つけられてこの街に落ち着いただろうな、そんな連中はこの街には何百人といるからな、と笑った。Mもそうなりかけたという話を二、三聞かされた。京都っていう街は不思議なところなんだよ、とMと私は笑いながら、木屋町の川沿いを歩いた。

私は京都の街の裏側を知らないが、確かにこの街には知れば知るほど人間の業のようなものが宿っていると思う。今も私は、この街に年に三回から四回は行くが、私たちの学生時代と変わらない、いつまでも続いている道のひとつひとつに折々の自分の姿が焼きつけられているような感を受ける。それがこの街を通じての私の精神遍歴でもあった。

あえてもうひとつ書いておくが、私が妻と結婚したのは昭和四十三年七月なのだが、そのころ貯金などもなく、せいぜい京都に行くのが関の山の状態であった。ホテルも大どころは満員だったために、岡崎にある中規模のホテルに泊まった。いつか私が物書きとして大成したならばパリでもロンドンでも、マドリードでも連れていくよ、と私は大見得をきりながらこのホテルを偶々選んだことを詫びたりした。翌朝、私たちはホテルを出て岡崎の周辺の街筋を散歩した。すると妻はいきなり、「私はここに小学生のときに来たことがある」と言いだして足早に歩き始めた。無言であった。私は急ぎ足でついていくだけだった。

やがて妻は、道路から少し坂になっている小道を降り、一軒の家の前に立った。ためらうことなくベルを押した。玄関に入った妻は、中年の女性と出てきて、「こんど結婚した相手です」と私を紹介した。私はなにがなんだかわからずに頭を下げただけだった。その女性が説明してくれた墓地を訪ね、ある墓の前に立つと妻は手を合わせ、しばらく泣いていた。私はうながされてただ合掌しただけであった。

妻の話では、あの家は実母の実家であり、実母は金沢の神官のもとに嫁いだが、家風が合わなかったのか、妻の幼年期に実家に戻されたのだという。自分は小学生のときにいちどだけ祖母につれられて実母の家を訪れたという。実母が病で亡くなったときであった。しかしそれがどんな家でどこにあるのか詳しいことは知らなかったという。ところがこの日朝に散歩しているうちに、自分はいつかここに来たことがあると急に身体中に記憶がよみがえり、そして実家に辿りついたというのだ。

「私もあなたと同じように神仏に強い信仰を持っていないけれど、これは実母が私を呼んだのだと思う」

と言うのであった。京都には不思議な霊力があるというのは、妻も感じているのだが、私も特定の信仰や宗教には関心を持たないにせよ、京都という街にはいるとなぜか、意思とは別に動かされている「自分」を意識するのである。その分、東京にはそういう霊力がなく、私はこの街は「人生と闘う街」「経済活動に参画する街」という思いをずっと持ち続けているのである。

5

東條英機の評伝について、加瀬氏から感想をきかされ、そしてつまりは私は加瀬氏と対立する形になったのは、やはり東京に身を置いていたからかもしれない。加瀬氏は、私の千二百枚の東條英機論を丹念に読んでくれた。さらに盟友の鳥居民氏にも原稿を回して意見を聞いていた。そのこと自体に、私は感謝しなければならなかった。草思社の編集部で、初めての話し合いがもたれた。昭和五十六年の春であったろうか。

「面白く読みました。エピソードも豊富ですし……。でも保阪さんの東條像というのはやはり戦後のイメージに立脚しているように思うのです。むろんそれはそれでかまいません。でもこの東条論は、大日本帝国の偉人でも歴史的人物でもない。まして戦後社会でも一方的に誇られるほどの人物でもない、その微妙なところをもうすこし描いてほしかったのですが……」

と加瀬氏は、付箋をつけた頁を開きながら、ここはこのほうがいいのでは……という具合に注意書きをつけていた。

さらに「これは鳥居氏の意見だが……」と言いつつ、東條もお粗末であるにせよ近衛文麿首相のとりあげ方が甘いように思う、とか、『西園寺公と政局』の引用部分が不的確ではないだろうか、とか多くの点で注文をつけられた。初めのうち私は、なるほどそういう意見もあるのかといった気持ちで、その指摘を聞いていたが、しだいに腹が立ってきた。そういえば私はこれまでにあまり他人に原稿に注文をつけられたことがなかったためか、鷹揚にという気分は薄れていった。〈これは私の名前で刊行される、私の著作ではないか。なぜあれこれ指図されなければならないのか〉

といった気分が高まってきた。加瀬氏にすれば、編集者と執筆者という関係で、いわば注文をつけるといった意識なのだろう。だが私は、著作はその執筆者のものであり、それにあれこれ口を挟む権利はないはず、というのが本音だった。それまで出版社にいたといっても、私は大体が執筆者の記述を尊重する姿勢に徹していた。それが当たり前ではないかと思っていた。

千二百枚の原稿だから注文はむろん細部にわたり、それは一時間や二時間で終わる作業ではなかった。加瀬氏の注文は、それだけ懸命に読んでくれたという見方と同時に、出版社の経営者としてベストセラーを刊行しているときでもあり、どのようにして刊行すれば売れるのか、という見方も含まれていたのであろう。そういう仕事上の使命感をそのまま素直に受けいれるほど私は大人ではなかったのである。

編集者と執筆者、その関係はどのようなものか。私は自分が編集者だった時代には、執筆者の考え方や意向をそのまま尊重することが当然であると先輩から学んだ。とくにその著者の基本的な考え方はどうあれ尊ばれなければならない。ただし事実誤認や史実の誤りがあったときは手直ししなければならない。もっともその場合とて執筆者本人の意向がまず最初に優先されるのが当たり前と考えていた。

ただそうは言っても、『月刊現代』のように編集部と取材チームが一体となっていて、たとえ私がその論稿の執筆者であったにせよ、基本的には編集部主導の記事に直されることはあった。しかしそれはチームとしての仕事である以上、当たり前として理解していたのである。その理解がなければ月刊誌の調査記事や告発の記事は書けなかった。その程度の常識はすでに私も身につけていた。

しかし単行本は違う、というのが私の意見だった。加瀬氏の注文に、私はとにかく「わかりました。では直せるところは直してみます」と言い、とにかくひとまずは家に持ち帰って改めて推敲することになった。実際に家で確かめていくと、なるほどとうなずける指摘もある反面、ここは譲れないなという点も少なくなかった。そういう点を箇条書きにして、ここはこういうふうに直す、ここは直すことはできないという具合に詳細なリストをつくったのである。

このころ私は四十歳を越えたばかりだったから、まだ血気盛んなという言い方ができた時代でもあった。正直に告白すれば、他人に自分の原稿を手直しされるのはまっぴらごめん、という心づもりもあった。それは若さであったかもしれない。あるいは自らの意見はどんなことがあっても他者からの意見では変わらない、あるいは変えないとの思いこみがあり、それが真の物書きとしての正道なのだという信念も持っていた。

「たぶん手直しのできる部分とできない部分があると思いますが、また一ヵ月ぐらい時間をおいてお届けいたします」

と約束し、私なりに整合性のある、そして納得のできる、なによりも訴求点も明確であるとの思いをこめて、詳細なリストを確かめたうえで、結局私は加瀬氏のいう手直しには一切応じないことに決めた。左に位置するジャーナリストや作家、逆に右に与するジャーナリストや作家のいずれにも見られたくない。この社会は東條英機に決して寛容ではない、私はその渦に抗する気にも、あるいは同調する気にもなれなかったのだ。

一週間後に、私は草思社の編集部ではなく、どこか別の場所で会いたい旨を伝え、それではというので東京・新宿にある京王プラザホテルで会うことになった。こういう会い方自体に、加瀬氏は私の答えを予想していたのかもしれない。日ごろの笑顔は消えていた。

私はどうしても手直しは納得できないこと、自分の記述のままに刊行してほしいこと、それが無理なら取材開始、執筆までの期間は五年近くになるのだが、この企画はなかったことにしてほしい、そして私は、もし何らかの形で経済的に返済しなければならないとすればそのつもりであること、などを一気に語った。私としては、ここに物書きとしての生存そのものがかかっているという覚悟もあったのである。加瀬氏は紳士的にあっさりと答えた。

「残念だなあ。せっかくの本なのに……。それに東條にもう少し温かい目を向けてみてやることも必要かもしれない、と思うけれど……」

実際にその声は落胆に満ちていた。しかし加瀬氏も一度手直しを要求してしまった以上、引くに引けない様子にもなった。この間の経緯について、加瀬氏亡きあとの今、あれこれ書くことはさし控えたいが、あえて私の側の欠陥を指摘するならば、私がもうすこし「編集者と作家」という目をもって事態に対応すべきだったとの自省を書いておくべきであろう。

このあと加瀬氏は私にもういちど考え直したらどうかというので、一週間後にやはりこの京王プラザホテルの喫茶室で会うことになった。しかし私の決意は変わらなかった。私の書いた原稿に基本的に一切手を入れずに刊行する、それが無理なら刊行はやめるという形にしたいとの申し出に、加瀬氏はつまりは納得した。ではこれまでの好意に対して、私はどのような対応をすべきなのか、それについて話し合った。ここまでくるとさして険悪でもなく、淡々とした話し合いになった。

結局落ち着いたのは、私はこの原稿を一年間は刊行しない、という一点だけで話し合いがついた。加瀬氏とすればこの期間に、自分で思うような東條英機論を誰かに書いてもらおうとしていたのかもしれない。私はこの稿を一年間眠らせておくというより、さらに追加取材、それに史実の再検討などを行うのに都合がよく、これはこれで納得できた。加瀬氏とは、まったく不本意ではあったが、意見の衝突のような形で決別することになった。

6

私はこの間に草思社で刊行するより、ほかの出版社にあたるというとくべつの動きはしていなかった。これも『月刊現代』での話になるが、伊藤寿男氏から田代忠之氏に編集長が移行するころに、どちらかの編集長から「何か書きたいものがあるか」と問われ、「ノンフィクションノベルを書いてみたい」と伝えたことがあった。どんな内容か、ということになり、私は東條の取材で出会ったある軍人の動きについて世間に知らしめたいと答えた。

昭和十六年十二月八日に、日本海軍が真珠湾を叩いて、そして太平洋戦争に入っていったが、実は東條内閣が誕生したのが十月十八日であり、この日から五十日ほど後に真珠湾攻撃が始まっている。その間に陸軍省の政策担当の幕僚はどういう政策起案をしたのか、陸軍省軍務局の高級課員石井秋穂氏を中心にその動きを調べた。東條を初めとする陸軍の高級幹部は別にして中堅幕僚の一人はどのような考えをもって日常生活を送ったのかをノンフィクションノベル風に書きたかったのである。

東條の良き幕僚として、石井氏は第二次円の中の有力な軍人であった。私は旧軍人といえば全体的に単純で、大局的な見方を欠く人物を想定していたが、少なくとも石井氏は違っていた。現実を冷静に分析して、東條や軍務局長の武藤章の命じるままに政策の起案を行ったのだが、そこにはあくまでも軍官僚に徹した頭脳と内面の呻吟を窺わせまいとする慎重なふるまいがあった。

私は何度か山口県の宇部に赴いて、石井氏に当時の話を聞いたのだが、その生活は、戦後は一切の公職に就かず、晴耕雨読に徹していた。

史実を証言するときも正座を崩さず、夏の暑いのにもかかわらず扇風機を止めた。兵士たちのことを思えば当然という素振りであった。そして「これは当時の体験です」「当時考えたことですが……」との発言と、「これから言うのは戦後になってアメリカから資料を取り寄せてわかったことです」と、その記憶を正確に区分して誠実に証言するのである。自らは名誉、権勢を求めず、質素な自宅に訪ねてくる者には親切に応対し、自分のかかわったことの歴史的責任を果たすと言って、偽りのない証言をくり返すのであった。

私は、石井秋穂氏のそういう姿勢に強い信頼感を持った。東條の取材で出会った旧軍人の中で、私がもっとも尊敬しているのはこの石井氏である。その石井氏の五十日間を追うことによって、日本が戦争に入っていったプロセスをはっきりさせておきたいと考えたのである。

担当者はこのときは鳥居輝明氏から、高橋忠義氏に代わっていたように思うのだが、彼はこのノンフィクションノベルに興味を示してくれた。これは『月刊現代』に百枚ほどの原稿でつごう三十頁余のノンフィクションとして掲載された。「破綻」というタイトルだったが、そのサブタイトルは「陸軍省軍務局と日米開戦」（現在はこの題名で中公文庫に収録）というもので、この稿はそれ自体で注目された。とくに能吏《のうり》である石井秋穂氏の素顔を丹念に追いかけていたので多くの人に読まれた。

私は、石井秋穂氏に会うたびに、人間というのは肩書き、学歴、それに経歴だけで判断してはいけないとの教訓をもった。もとより石井氏は陸軍大学校出身のエリート軍人だし、その軍人としての経歴も情報将校としての有能な能力を裏づけていた。中支派遣軍の情報参謀のときは、中国の国民党の暗号を解読して国民党軍の動きを事前に察知するという役割を果たしている。旧軍人だから大体はつまらぬ人物が多いといった先入観が確かに私にはあり、実にくだらぬ軍人も数多く見てきた。しかし石井氏と交友を深めることで、そのような性急な見方が誤りであることも知った。

『月刊現代』に掲載された「破綻」は、そのまま講談社から単行本として刊行された。東條は能吏のような軍官僚からどのように見られていたか、それをこのノンフィクションノベルは示したのである。結果的にこの書は東條英機の評伝を著す前の予備運動のようなものとなった。東條に仕えつつ、東條の情の性格には一定の距離を置いて、東條を温情味のある人間といった証言など決してしない軍人エリートの物語となった。

このノンフィクションノベルは、私に自信を与えた。高齢の読者からの、よく陸軍内部の組織図やその意識を理解して書いているといった反応から、この筆者は本当に四十代前半で戦争を知らない世代なのか、かつての事情を知るジャーナリストではないのかといった反響もあった。私はそんな反響を見ながら、密かにほくそえんだ。私の書いたことにほとんど誤りはないとの自信でもある。当の石井氏は「ノベルという目で見ればあたっているとはいえない面があるのは仕方ないのだろうが……」と言いつつ、太平洋戦争に入るプロセスに、改めて日本的な多くの問題があったことを認めてそれを丁寧に書面に託して、私の元に送ってくれた。

こういう体験を通して、私はしだいに陸軍内部のことに詳しくなっていった。もとより私は軍事学を学んだこともなければ、軍事について詳しく知っているわけでもない。ただ東條の取材を通じて、多くのことを手にいれた。軍事の知識や情報に通じるようになったのも、この体験を通してであった。

7

加瀬氏との間で東條英機の評伝を著すのを断念したのを機に、もういちど千二百枚の原稿を丹念に読んでみた。私にとってこのときの私の力を最大限に発揮している内容で、これ以上の作品は書けない、というのは自分でも改めて確認することができた。さてどの出版社で刊行しようか、千二百枚だから上下巻になる。それだけの大部の書を刊行してくれるところがあるだろうか。そんなときに伝統と現代社の社長である巌浩氏と知りあうことになった。

巌氏はもともとは日本読書新聞の編集長をしていて、昭和二十年代、三十年代には多くの論者を育てていた。もっとも巌氏は単純な左翼という人物には関心がなく、『伝統と現代』という季刊誌のタイトルが示しているように民俗学や歴史学でも、日本社会の伝統に深い関心を持つ論者を育て、あるいは発掘していた。その誌に原稿を頼まれたのがきっかけになったのだが、そのときの企画は、三島由紀夫死後十年の特集を組むので原稿を書いてほしいというのであった。そういえば私は、三島事件が起きてから十年を経た昭和五十五年に、あの事件は何だったのかを追いかけた書を刊行していた。

たまたま私は、五・一五事件の橘孝三郎を長期間取材している折りに、一部の民族派陣営の人と面識を得た。とくに元楯の会の会員であった阿部勉氏と親しくなった。阿部氏はときどき私に電話をかけてきて、「橘先生の志を継ぐために『土とま心』という研究誌を出すんですが、原稿を書いてくれませんか」と勧めた。私はあなたと同じ陣営ではないけれどと言うと、「そんなことは知っていますよ。でも橘先生を畏敬するという点では同じじゃないですか」と誘う。私はうなずいて、彼の刊行する研究誌になんどか原稿を書いた。

「先輩、元気ですか」とその後も彼は電話をかけてきた。なぜ先輩かと尋ねると、人生の先輩ですよ、僕は新右翼といわれていますけれど、左翼も右翼も嫌いなんです、保阪さんもそうでしょう、だから先輩なんです、と言ったりする。彼と会うととりとめのない話になるが、彼は、三島由紀夫の影響を受けていて、戦後民主主義の「偽善」が嫌いなんです、と強い口調になる。ときに阿部氏は、週刊誌などへの取材に、日本にはクーデターが必要だというような言い方をするので、常に公安警察にマークされているようであった。

『土とま心』の第三号か、第四号かの原稿をわたすために、渋谷の喫茶店で、阿部氏と会った。そのとき阿部氏は拳骨をにぎり、それを額にあてて、「今日はこれがつけていますので申しわけありません」と喫茶店の入口の席に座る中年男性に目を走らせた。それが何を意味するのか、私はわからなかった。「マッポですよ」と言う。私は、マッポの意味も知らなかった。「デカですよ」と言うので、やっとその意味がわかった。

その阿部氏が楯の会の元会長だったH氏を私に紹介してくれたのは、三島が決行前日にH氏に送った後事を頼む文書を十年を機に公開することになったとして、『土とま心』で全文を紹介することになったためだった。私は、それをメディアで自由に取り上げていいというお墨付きをもらったのである。そういう遺書を紹介しながら、十年目の楯の会の会員の様子や事件を起こすまでの三島と会員たちの動きを克明に追った書を編んだのである。

この書を執筆することで、昭和四十年代の民族派学生の動きも知った。とくに二・二六事件がどう継承されているかを知って驚くことが多かった。

巌氏は、私の関心を知って十年目にこの事件について、深く吟味してほしいと依頼してきたのだ。『伝統と現代』には珍しいニュース性のある特集であった。巌氏は、東條英機の評伝の刊行が頓挫したことを知ると、「では、うちで刊行してみますか。上下二冊になっても構いませんよ」と言ってくれた。

「あまり売れないかもしれませんけど……」という私のつぶやきに、「売れる、売れないより、こういう本が出る時代になったということを戦後民主主義の信奉者にも知らせなければならない……」とあっさりと答えた。

「ただ東條を誉めるような本は厭だよ。あれはだめな軍人だ……」

巌氏は昭和十八年十一月の学徒出陣のとき、東京帝大の学生だった。あの明治神宮の壮行会で、東條の演説を聞いた体験があるようだった。その体験がこの言に含まれていることを、私はのちに知ることになった。

第六章　昭和史を語るということ

1

昭和五十年代半ば（一九八〇年代ということになるが）、私の皮膚感覚では時代の空気がいつも曇天時のような灰色であったように思う。青空を仰ぐような晴天でもなければ、雨雲に覆われたうつうつとした空模様でもない。太陽の陽射しはすぐに雲に阻まれての曇り空という感じである。

年齢的には四十代に入っていくころだが、家庭では二人の娘と一人の息子に囲まれ、私自身は文筆家としての仕事自体には困らぬまでも何かもうひとつ自分の力を発揮していないもどかしさを覚えていた。酒や博打には関心はなく、日常生活自体は慎ましかった。そして日々は満足の中にあった。それなのに今にして思えば、曇天のような、という記憶は、この期の社会背景と、私自身が壮年期にむかって歩いているその心理状態にあったのかもしれない。

田中角栄元首相はロッキード事件によって逮捕されたが（昭和五十一年）、政治状況はその田中の派閥が極端に数をふやし、すべての政権が田中の影響下にあるとされた。日々の政治は、あらゆる政治的動きの裏側に田中や田中派（木曜クラブといったように記憶しているが）の影があるとされた。田中の資金力や恫喝は、自民党にとってやはり大きな武器となっていたのである。加えて社会も高度成長から低成長の時代にと移り、生活環境自体が少しずつ本来の日本社会の身の丈に合っている時代にと変わっていた。

あれだけ燃えあがった全共闘運動は、十年を経てほとんど落ち着いた。幾つも生まれた過激派セクトのなかには、このころにも内ゲバをくり返すグループもいたように思うが、私はその方面に関心は持っていなかったので詳しい情報は知らなかった。ただ赤軍という過激派が、労働者を中心とするセクトと合体して、連合赤軍となり国内外で世界革命を呼号しつつ、武闘路線を歩んでいた。こちらにも関心はなかったので詳しいことは知らなかった。

昭和五十年代半ばはどのような書籍が売れていたのだろうか。

当時の出版関係の資料では、昭和五十五年（一九八〇）は、山口百恵の『蒼い時』、五島勉『ノストラダムスの大予言』、それにツービートの『ツービートのわッ毒ガスだ』が一位から三位になっている。このほかに司馬遼太郎の『項羽と劉邦』（上・中・下）や池田大作『人生抄』が続いている。ベストテンの中に野末陳平の『自分のお金をどうするか』と『55年版 頭のいい税金の本』の二冊が入っている。

昭和五十六年（一九八一）は、黒柳徹子の『窓際のトットちゃん』がベストテンのトップになっている。続いて青島幸男の『人間万事塞翁が丙午』、田中康夫の『なんとなくクリスタル』と続く。やはり野末の税金本『新 頭のいい税金の本』がベストテンに入っている。この年のリストには、六位に加山雄三の『この愛いつまでも』、そのあとに田中澄江の『叱り方の上手な親下手な親』が見える。

この二年間だけで昭和五十年代を分析するわけにはいかない。それでも軽い教養書、平穏な日常が脅かされると説く書、そして税金に関しては「節税」の意味を問う書が売れている。なにも教養書が売れないから時代と社会は衰退しているなどというつもりはないにしても、どことなく軽いイメージ、論点をさりげなく歪める話し方、そういうテクニックを駆使した書が売れているということはできる。私があえて曇天という表現にこだわるのも、社会全体が重苦しい、息のつまりそうな時代環境のゆえではなかったかとの思いがあるからだ。

私は、草思社の加瀬昌男社長と縁を切った形になったのだが、千二百枚の原稿を改めて読み直して、東條に批判的な軍人の見解や昭和十九年七月に東條暗殺を試みた石原莞爾系の東亜連盟の会員たちの証言をさらに詳しく取材することにした。

というのもこの書を刊行してくれることになった伝統と現代社の巌浩氏が、加瀬氏とは逆に東條に一定の距離を置いた見解であることを望んでいたからだ。とはいえ巌氏は、単なる「左翼」紋切り型の見解は受けいれないとの立場だった。教条左翼や買弁右翼はごめんこうむる、ナショナリズムと正面から向きあっての戦後民主主義的見解ということになるだろうか。

巌氏は七高から東京帝大に進んだが、旧制高校時代から柔道に専念していた。それも生半可な柔道ではなく、柔術という本格的な格闘技に関心を持っていた。私が、東條暗殺の実行者として牛島辰熊《たつくま》氏にたっぷりと話を聞いていたことを伝えると、「自分も会わせてくれないか」と頼まれた。

昭和初年代、十年代の柔道少年にとっては、明治神宮柔道大会でなんども優勝をしていた牛島氏は、まさに憧れの的だったのである。私は取材がまだ不充分なこともあり、東京・目白に住む牛島氏に再度取材したい旨の連絡をいれ、巌氏と同行することになった。このときの模様をのちに巌氏は、自らの属する同人誌に細かに書き残しているのだが、実は内心では長年の憧れの人と会うために緊張していたというのである。私が、東條暗殺の内実などを確かめたあとに、巌氏は、牛島氏と柔術話をすることになっていた。

牛島氏には、私はつごう三回ほど会ったのだが、老いたとはいえ骨格ががっしりとしていて視線は鋭く、その口調は一語ずつしっかりしていた。そして「聞かれたことについて、自ら関わったことはすべて丁寧に答える」と言い、実際にかつての仲間や師（その中に石原莞爾も入るのだが）の名を口にするときは威を正した。その律義さに、私は信頼を置いた。

巌氏と牛島氏の柔道談義は、その方面にうとい私にはさして興味はなかった。二人が講道館柔道に対しては、「お嬢さん柔道」という言い方をして、そこに真剣勝負の気迫がないことをしきりに憂いていたのが、私の印象に残っている。帰り際、巌氏は私に「ありがとう、本当にありがとう」となんども礼を口にした。人は自らの少年時代に憧れを抱いた人物に、実際に会うとなるとこれほどまでに興奮するのかと、素朴に驚いた。私は牛島辰熊という名を、今も活字などで確かめると、この柔術家に最初に会ったときの次の言をすぐに思いだす。

「初めに言っておきたいことがある。私はあなたの取材に応じることにしたが、その前提として、天皇陛下を口にするときは必ず敬語をつけていただきたい。敬語なしで天皇陛下を口にしたら、その段階で取材は終わりとする。もうひとつ、君にもいろいろ考えはあるだろうが、石原将軍の名を侮辱するような口ぶりにはならないように……。このふたつを守ってくれれば、私はあなたに本当の話を話すことにしたい」

私はこのふたつの約束を守って、牛島氏との対話を進めたのだが、その姿勢にはどのような中傷、批判にもまったく動じないという毅然とした構えがあった。昭和五十年代半ばにさしかかるとき、まだこのような「明治人（牛島氏は明治三十七年生まれ）」が存在していることに、私は心が和らぐ思いを持った。東條英機の評伝を書くために、百八十人近くの同時代人に会っているが、牛島氏に会えたのは僥倖というべきであった。史実にも厚みが加わった。千二百枚の原稿の中に、牛島氏の証言を紹介できたのは、単に僥倖というより、誰かの導きによって得られた幸運というふうに、私は考えたのである。

2

今、私の手元にある『東條英機と天皇の時代』は、伝統と現代社から発行され、現代ジャーナリズム出版会が発売してくれたことになっている。むろん両社とも、巌氏の会社なのだが、この本を手元で抱きしめることができたことは、私の作家人生の真のスタートとの思いもあった。

奥付を見ると、上巻は一九七九年十二月八日に、下巻は一九八〇年一月三十日に刊行している。

二ヵ月ほどの間を経て刊行されたことになる。刊行時の思い出は——もう三十年以上も前になるわけだが、それほど鮮烈ではない。巌氏の会社の社員四人で、打ち上げの食事をしたことが記憶にある。

東京・市ヶ谷の会社近くのレストランでの、この書を編んでくれた二人の編集部員と営業の責任者、それに巌氏との食事は、この書がスタートしたときには考えられない形になったが、それでも私の心中には、自らの道を貫いたという誇りのような感情があった。部数は五千部であったが、なんとか再版になってくれればいいと願った。

「再版はいくんじゃないか」

と巌氏は励ましてくれたが、わかりやすい、読みやすい、そして時代の空気を反映している書が売れている店頭で、かつての大日本帝国の象徴ともいうべき人物の評価が、どれほどの人に手にとってもらえるのか、私はおおいに気懸りでもあった。

下巻の刊行された日、妻は食卓の横に上・下巻を積んで、「これはお父さんが六年も七年もかけて書いた本よ」と三人の子供たちに言って聞かせた。小学五年生の長女、三年生の長男、そして二年生の次女は、むろんこの本の意味などわからず、父親が食卓を書斎の机がわりにしてなにやら原稿用紙に書き続けた結果が、ここにあるとだけは知ったはずだった。私と妻はビールで、子供たちはジュースで、そして一家総出でつくったすき焼きを食べながら、私は下巻のあとがきの最後の六行だけを子供たちに読んで聞かせた。

そこには次のように書いた。

「最後に私的なことをつけ加えたい。私が、東條英機を書こうと思い、その資料リストをつくり、東條の年譜をつくるという基礎作業をはじめたころ、私の長女は幼稚園を卒園し、小学校に入学するころだった。その長女が、今春六年生になる。本書の最後の仕事である〈人名索引〉を編むときに、長女も一部分を協力してくれた。うたた時間の流れを感じつつ、この世代は私の時代をどのように受けとめるのか、しばし感慨に捉われた」

長女は、「あのカルタ取りのこと?」と笑った。索引を作成するのに、各頁に登場する人名をすべてカードに書き写し、そのカードをカルタのようにして部屋中に広げた。人名には平仮名を振っていたが、私が読みあげる名前をそのカードと照合して私のもとに持ってくるというゲーム、それが索引づくりであった。妻も子供たちも参加させて、つまり一家総出でこのカルタ取りを行ったのである。

長男と次女はまだその意味をわからなかったが、それでも「とうじょうかつ」とか「うしじまたつくま」などのカードを拾い上げては、私の元に持ってきた。この『東條英機と天皇の時代』は、一時は文春文庫に入り、そこで絶版になり、今はちくま文庫に入っている。類書が少ないためもあろう、加えて当時の私が取材した関係者もすでにほとんどが死亡しているとあって、この書は貴重な意味ももたされたのだが、依然としてちくま文庫では版を重ねている。そのたびに版元からは、重版見本が送られてくる。今は四十代に入っている長女とこのあとがきを読んでは、書籍の持つ生命力に改めて感心するといった会話を交すのである。

この書は、その後の文筆家としての生活を考えると、私にとっての重要なスプリングボードになった。この書を丹念に読んでくれた共同通信社会部の高橋紘氏は、昭和史を学ぶ、あるいは研究する仲間として終生の友人となるのだが、自分たちの世代は、東條英機を「悪の人」として教えられたのだが、どこがどのように「悪いのか」、そのことについてはまったく教えられなかったと言い、この書を丹念に読んでわかったよ、とくり返した。「でも、あの『あとがき』の最後の六行ね、自分にも同じ年齢の子供がいるから読んで泣いたよ」と洩らしたときには、私もなぜか涙ぐんだ。「書籍は強いよな」と二人は応じあいながら、とにかく活字で生きていく以外にないんだよな、われわれは……と同志のようにつぶやくのであった。

ところがこの書は、新聞、雑誌の書評欄にはそれほど取り上げられなかった。三十数紙誌に取り上げられた『死なう団事件』とはあまりにも対照的だった。やはり東條英機という悪名高き指導者への関心はそれほど高くはなかったということだろう。

初めに著者インタビューという形であったか、あるいは東條英機という戦時下指導者を同時代の者ではなく、次の世代に属する者が書いたという興味でか、私に連絡してきたのはドイツの通信社の日本駐在記者であった。彼は日本語が巧みで、日本のメディアでもよく知られた人物であったが、まず私の生年(一九三九年)を確かめて、第二次世界大戦の始まった年だと応じた。彼は、なぜ東條に興味を持ったのか、調べようと思った動機について詳しく尋ねるのだが、私は、次の世代として前の時代の指導者の姿を確かめたいと考えただけ、といった答を返した。二時間ほどあれこれ話したのだが、都心のホテルの喫茶室での時間は、私には初めての海外メディアからの取材であり、外国人記者はどのような関心を持っているかがわかって興味深かった。

ただドイツ人記者の次の言は、私にとって忘れがたい内容でもあった。

「ドイツでは、君の年齢の作家や研究者が、ヒトラーの評伝を書くということは考えられない。とてもそういう状況ではない。ヒトラーを客観的に見るなどということは、これからどのくらいかかるか、たぶんありえないだろう。日本人はそういう点はずいぶん東條に寛容なんだね……」

　この言が、私への皮肉なのか、それとも日本人の熱しやすく冷めやすい体質に文句をつけたのか、定かではなかった。ただヒトラーと東條の格の違いというものがあり、歴史上の本物のワルと偽物のワル、そういう違いがあるといってよかった。私はこのドイツ人記者の言に、どのような答を返したのか、今となってはもう覚えていないのだが、とにかく東條英機を書いて最初に取材に来たのがドイツ人記者ということだけは強い印象となって残っている。

　書評で今も記憶に残っているのは、『週刊朝日』で、法政大教授の袖井林二郎氏が書いてくれた一文である。等身大の東條像が次の世代によって書かれたと激賞してくれたうえに、ここで語られている東條像こそもっとも実像に近いのではないかと書かれてあった。書評というのはどのようなものか、ともすれば出版社の提灯持ちになりがちなのに、袖井氏の書評は意外なほど客観的に見ていて嬉しかった。この数年前に、袖井氏は『マッカーサーの二千日』という書を著していたが、その執筆姿勢は学者としての先陣をいく実証性を持っていて、ジャーナリストの素養が近代史研究者には必要になっていることを教えてくれることにもなった。

3

『東條英機と天皇の時代』は、昭和五十五年から五十六年にかけて、文筆家としての私の進む道を広げただけでなく、よき編集者との出会いも与えてくれた。いや編集者だけでなく、読者からの投書が私になおのこと励ましを与えてくれた。

ひとつの例を挙げることになるが、あるとき（昭和五十五年の春であったろうか）、歴史学者の家永三郎氏からの手紙が届いた。当時すでに家永氏は、文部省との間で教科書裁判を起こしていたように思うのだが、私の家永像はいささか偏頗《へんぱ》な、そして硬直した歴史観の持ち主という受け止め方であった。家永氏の『太平洋戦争』に目を通していたし、確かこのころは自伝風のエッセイなども書いていたのではなかったろうか。その家永氏が、この書を読んでの感想を長文の手紙にまとめ、出版社気付で私の元に送ってきたのである。

その手紙の内容は、今もよく覚えている。私の書庫にも残っているのだが、それを見なくとも内容をくり返すことができる。それほど私には印象が深かったのだ。

手紙には、家永氏の父の思い出が綴られていた。つまり家永氏は東條英機という名を耳にしたり、目にしたりすると、父親を思いだすということであった。氏の父親は、東條と前後するころに陸軍士官学校を卒業した軍人だった。しかし身体が強いほうではなく、加えて氏の手紙によれば、世渡りが上手なタイプとはいえず、軍内での栄達は望めなかったという。むろん自らの父親を語るときは大体がそのような表現を用いるとはいえ、家永氏の父親を見る目に、私は微笑ましさを感じた。

手紙は、父親は東條のようなタイプと異なって軍の体質に合わず、早い時期に軍人の道から離れたとも書いてあった。

この手紙を読み終えたあと、私は、家永三郎という歴史学者の心情に思いを馳せて、妙な感傷にひたった。なぜ一面識もないのに、東條英機の評伝を書いたとはいえ、そんなに簡単に心情を吐露する手紙を書くのだろう。もとよりこの書は東條を礼賛しているわけでなく、かといって月並みな表現になるが、「戦後左翼」の側の批判とは一線を画していると私も自負する。しかし私は家永氏に敵対する組織に属しているかもしれない、いや家永氏の言動に怒っているタイプかもしれない、そういう不安、不信を持たなかったのであろうか。

そう考えると、この歴史学者の人間性にお人よしのところがあるのかと考えたし、それゆえに時代の空気に合わせて生きるタイプかとも思った。密かにこの人物は憎めない愛すべき研究者と理解した。もっとも家永氏からの手紙は、よほど親しい友人や編集者以外には一切伝えなかった。その後、東京教育大で家永門下であった研究者とも知りあうことになったが、そんなときに小声でこの話を伝えると、「あの人には手紙魔みたいなところがあったんですよ」と教えてくれた。

東條側近の一人で、昭和十九年の戦況悪化のときにも東條を支えた大本営参謀・井本熊男氏からは、内容証明付きの封書を受けとった。どうやら抗議らしく、その封書全体が威圧感を発している。この参謀には二回から三回、長時間の取材を行っている。冷静な口調で、もし軍人の道に進まず、たとえば経済界に入れば、相応の地位に達するであろうことは容易に想像できた。厚さ二センチもあろうかという封書を手にして、この冷静な参謀は本文中のどの部分に怒りを示しているのだろうと、不安と興味が入り混じった感情を味わうことになった。しかし手にしているその重さを実感していくと、私は怖気づいてしまったのである。

〈強い抗議か、あるいはどこかを取り消せというのか〉

そういう不安のほうが強くなり、この手紙を開くのは明日にしよう、いや明後日にしようと一日延ばしにしているうちに、結局開くのを忘れてしまった。あまり開封する気の起こらない書簡は、こうして何年でも書庫の中で眠り続けるのであったが、このときから二十年余を経て、すでに当の参謀も死亡していたのだが、書庫の整理を進めているときに、この書簡を発見した。なにげなく開いてみたのだが、「よく書けている」という誉めの言葉に続いて、自分に関しての幾つかの間違いを訂正してほしいと細かに記述してあった。その訂正依頼はそれほど強い調子ではなかったが、それでも毅然とした文面であった。

クレームというより、好意的な助言だったのである。

昭和史に題材を求めたノンフィクション作品を書くと、必ず読者からの書簡が届く。多くは好意的であっても、この作品の事実経過は異なっているとか、著者の見解には一言言っておかなければ気がすまぬといった内容もある。私は反射的に「この手紙はすぐに開封」「この返信はしばらく控える」といった具合に分けていくのだが、あまり開封したくない手紙は、机の引きだしに投じたままにしておく。忘れるのを待つ、という意味にもなる。

読者からの手紙は大体が真面目な私的感想が多く、それがまさしく家永三郎氏だったということにもなるが、匿名の手紙になるとその内容は驚くほどの個人攻撃に満ちていた。東條英機の評伝を書いて初めて、匿名の中傷に満ちた手紙をもらうようになった。それまでの四、五冊の著作にはこういう反応はなかっただけに、なるほどその評価が大別されるときにはこの種のタイプの手紙が多くなることも知った。

やはりこの書に刺激されたのか、薄い封筒の匿名の手紙が届いたことがある。妻はその種の手紙には、神経質なほど気をつかい、もし妙な薬品でも入っていたらと決して家の中に持ちこまなかった。この匿名の手紙は、消印が北海道のある地方局になっており、私は北海道と聞くだけで自らの出身と重ね合わせて無警戒になるが、妻はそうではなかった。その手紙を開けるとき、私はなにげなくはさみで封を切り、中の便箋を開こうとして、たまたまその便箋を落としてしまった。二、三枚の便箋の折り目から薄いカミソリの刃が玄関前のコンクリートの床に落ちた。もし指でこの便箋を開いていたらカミソリで傷がつくような仕組みになっていたのである。

このことは私と妻だけの秘密にして、子供たちには決して伝えなかったが、それでもこういう危険と出会ってみて初めて「ああ、これが言論への暴力なのか」と実感できた。

仕事の面では、この一作で意外なほどの広がりがあった。昭和という時代をふり返るシリーズをだすのだが、東條の項を担当してくれないかとか、昭和陸軍について書いてほしい、という注文がふえた。さらに月刊誌も『月刊現代』や『伝統と現代』だけではなく、『月刊宝石』とか『現代の眼』『流動』『新評』などの編集部からも原稿の依頼が入ってきた。

4

昭和五十五年から五十六年、五十七年という時代でもっとも印象に残っているのは、保阪正康という物書きは、昭和史に関心を持っている若いジャーナリストだ、というイメージより、むしろ医学・医療に関心を持つジャーナリストだと思われていたことだった。私はルポライターという正体不明の呼称が大嫌いで、これは使わないでほしい、それならばジャーナリスト（それも「企業外ジャーナリスト」という言い方）で統一してほしい、と注文をつけた。ルポライターは、データを集める人たちの呼称ではないか、私は一本原稿（あるいは署名原稿）を書く物書きだとの自負もあった。

しかしこういう感情を口にだしてはいけない世界だ、とも薄々わかってきた。

あるいはフリーの物書きというのは、組織や団体、それに社会的規制の枠外にいるのだというので、服装もそういう枠に捉われるべきではないと考える人たちもいた。髭を伸ばし、ジーパンを履き、カジュアルな服装で自由にメディア空間を闊歩する――それがいかにも自由人の誇りであるかのように映るのである。私はこういう考えをとるまいと決めていた。

ビジネスマンよりもビジネスマンらしく、紺色の背広を着てネクタイを締めて、頭髪はいつも短めにして、一見するとビジネスマンの中でもきわめて実直な生き方をしているような外見にこだわった。日本の社会はこのような外見に甘い。友人たちが深夜、繁華街から外れて裏道を歩いているときに職務質問を受けることもあると洩らすのを聞きながら、その服装ならな、と内心でつぶやいた。長髪で鞄を肩にかけているようではあたりまえだろう、と思う。私は職務質問を受けたことなどまったくなかった。

実はこういう服装が、社会的な信用を増すというのも約束事になっている。

東條英機の取材の折りにも、背広姿とあれば誰もが——とくに旧軍人などは——丁寧に取材に応じた。会話もできるだけ尊敬語を使うようにし、取材する「私」と取材される「貴方」との間で、まず礼儀が通いあい、互いの尊敬の念を強固に固めることができたのである。いわば社会人同士の約束事といってもよかった。

『月刊現代』で、全国の八十大学医学部や医科大学の現状についてなんどかレポートを書いているうちに、私は大学医学部の構造が今もっとも先鋭的な形で功罪が問われていることに気づいた。明治期にドイツ医学を入れたときのままの医局講座制、教授権力が圧倒的に強く、「教授が雪が黒いといえば医局員も雪は黒い」と唱和する世界、開業医、臨床医が低く見られ、医学研究者の論文の数が優位を決める世界、インターンと称される六年の医学教育卒業後の無給医生活があたりまえとされる世界、とにかく医学・医療の世界は、この社会の一般的常識とはかけ離れた異空間でもあった。

この月刊誌の編集長だった伊藤寿男氏が、この世界に着目したのはやはり編集者としての勘がすぐれていたということなのだろう。ただ伊藤氏を批判するわけではないが、氏は、この世界を改革、あるいは変革するにはどうすべきかという視点は示さなかった。もしこの視点を持ち、そのような視点で記事を作成するなら医学・医療界の反体制的医師や医療人はそれこそ限りなく存在したのだから、彼らに原稿を依頼すればよかった。

伊藤氏にすれば、そういう記事は『現代の眼』や『世界』、あるいは『朝日ジャーナル』に任せておけばいい、うちは現実のありのままをレポートする、という立場だったのだろう。昭和五十年ごろから五十三年ごろまで、それこそ毎月のように、私はこの月刊誌で原稿を書き続けたと書いたが、その半数近くは「大学医学部・医科大」に関する記事だったのである。

田中内閣の時代に「一県一医大」構想が動き始め、筑波大医学部、浜松医科大、旭川医科大が開校し、医学部のない自治体の国立大学には医学部が順次併設されていき、新設の医科大も開校した。昭和五十六年四月に、琉球大医学部が開校して国公立大医学部としては五十一番目、私立医科大を含めると八十番目の大学医学部となり、これでひとまず「一県一医大」構想は現実のものとなった。

「一県一医大」が声高に叫ばれた昭和四十五年ごろは、大学医学部は五十校、そのうち国公立三十四校、私立十六校であり、毎年の入学者は四千三百五十人だった。それが十年余にして、入学者はほぼ八千人となり、一挙に二倍近くにふえたのである。私は、『月刊現代』誌上でこういう「一県一医大」構想（表向きは「無医村地区の解消」「医療の均等化」といった建前が叫ばれていたが）の推移を克明に描写していたことになるのだが、こうした建前とは別に、この社会には「医学部を必要とするホンネ」があることにしだいに気づいていった。

むろんこの建前は、経済大国になっていく日本社会がそれにふさわしい医学・医療大国になるべく環境を整備するのは当然であり、誰もが異論をさしはさめるわけではない。だが十年の間に一挙に三十校もふやすのはあまりにも異常であった。日本社会はときにこういう並外れたことを短期間に行ってしまう社会だ。私は講演で話すのだが、日本社会いや日本人は、ひとたび目標を設定したら、そこに達するのに短期間で、エネルギーを効率よく集中する稀有の民族だという例である。

そのひとつ。昭和六年九月の満州事変から昭和二十年八月の敗戦までわずか十四年である。曲りなりにも近代社会の平穏さを伴っていた国が、全国土が荒廃の地となり、最後には一国で七十ヵ国近くと戦争状態になるのに十四年である。もうひとつ。昭和三十五年十二月に池田勇人首相は、「皆さんの月給を二倍にしてみせます」と国民に約束して、いわば高度成長政策の号砲を鳴らしてから、この国と国民は一心不乱に走りだす。東京オリンピック、大阪万国博というときどきの通過地点で水分補給しながら、ときに景気が悪化することはあってもとにかくアメリカに次ぐ経済大国第二位の地位に達する。

ところが昭和四十八年十月の第四次中東戦争によって産油国が原油の輸出を止めると宣言するや、翌四十九年からは右肩上がりであった経済成長は一気にスローダウンしていく。高度成長は終わる。この間もおよそ十四年間である。

大学医学部が十年足らずで三十校もふえたのもこれに似ている。日本の医学・医療は、この期に量の拡大を急いだ。質はどうだったか、それがいつか問われる宿命を持った。しかもこの増設のホンネは、医学・医療の内部に入って取材をつづけていくことで幾つも知らされた。たとえば次のようなホンネである。

「日本の医師のほとんどは、息子を医師に、娘は医師に嫁がせたいと思っている。それが医科大増設の陰の力だよ」「開業医は莫大な資金をもとに病院を建てる。それを息子に継いでもらわなければわれわれは即破産する。ならば自分たちで医科大をつくろう」「田中内閣にとっての景気浮揚策は医科大増設ラッシュが鍵をにぎっている」「既設の大学医学部の人事の停滞を解消するには医科大を新設していかなければならない」

このホンネにふれて、私はそのひとつずつになるほどとうなずいた。

5

『東條英機と天皇の時代』を著してから半年ほどを経てからか、現代評論社出版部の山下勝利氏が突然私に連絡をよこした。電話で話しているうちに彼は北海道出身だなとすぐにわかった。その話し方に北海道人特有の抑揚がある。のちに彼は、栗山町の出身だと聞いて、私の予想があたったことを確かめた。

「うちの出版社で書籍を刊行することに抵抗はありますか」

それが池袋の喫茶店で、彼と初めて会ったときの第一声だった。現代評論社発行の月刊誌『現代の眼』は、いわば新左翼に通じる路線を編集方針としていたのだが、そのことを山下氏は、あなたは気にするか、という意味をこめての質問であった。「別に……」と私は答えた。新左翼に対して関心を持つでもなく、かといって無関心でもなく、社会現象の一光景と冷静に見ているだけだった。そのことを諒解したうえで、山下氏は大要次のような言を口にした。私の記憶をもとにして、会話を記しておけば以下のようになる。

『月刊現代』誌上での大学医学部の記事をずっと読んでいました。ずいぶん参考になりました。でも読みながら、保阪さんはこういう幾つもの事実を知って、なんだかおかしいな、批判しなければならないな、と思っていたはずです。うちで単行本をだしてもらえませんか。その書で保阪さんの批判、あるいは問題点を整理してみたらどうでしょうか」

「確かに批判は持っているけれど……その批判はあなたの社の編集方針とは違うと思う」

「いえ、保阪さんなりの批判を貫いていただいてかまいません。ただどうしても多くの医学研究者に読んでもらいたいので、新しい視点もいれたらどうでしょうか」

「どんな視点がありますか」

山下氏は、日本の大学医学部はやはり東大を頂点とするヒエラルキーがあり、それを裏づけるために八十大学医学部・医科大の教授・助教授陣はどのような構成になっているのか、それを調べてみたら面白いのではないか、と提案する。そのうえで実はそういうリストをすでに作成し始めていると言って、その図表を広げてみせた。北海道大学から琉球大学までの教授・助教授の出身大学リストを見ていくと、東大、京大出身者が圧倒的に多い。なるほどこういうリストを持って説得に来るというのは、なかなか優秀な編集者だな、と私は気にいった。

「刊行はいつを予定しているの。それに合わせてのスケジュールを組んでくれれば、原稿〆切は守りますよ」

と約束した。つけ加えておけば、この書（『大学医学部——80大学医学部・医科大学の実態』）は、昭和五十六年（一九八二）四月に刊行され、意外なほど版を重ねた。二年近くの間に五版、四万部ほど売れたのではなかったろうか。その後、この書は講談社文庫に収められたが、文庫版でも十万部を超えた。私は山下氏に感謝したのだが、物書きの生活はきわめて不安定であるにせよ、単行本や文庫が版を重ねれば収入が予想外にふえることを知った。

「物書きだって、典型的な水商売ですよ。一発あたれば考えられないほどの大金が入るけれど、まったく売れなければ雀の涙ほどの印税しか入らない」

編集者のそうした言は確かに事実だと身をもって知った。もっとも私が初めて「本が売れれば予想外に金が入る」と実感できたのは、この『大学医学部』なのだが、それとて数百万円で「大金」というわけではない。だが貧乏所帯にはこうした印税がまさに「福の神」だったのである。たぶん私の収入は、昭和五十年代半ばにはまだ同年代のビジネスマンの給与と比べると八割程度ではなかったかと思う。

ビジネスマンは、給与のほかに日々の労働が退職金に加算されるシステムになっているわけだが、私にはそれがない。単純な計算になるがそれを考えても私の収入は、ビジネスマンの年収の一・五倍は必要となるが、はたしてそこに達するまでにはどれだけの日々があるのだろう——妻とそういう話をくり返すたびに、私たちは妙な世界に足を踏みいれたなと笑い合った。

一人の物書きとして自立してそれなりの実績を積んでいくとすれば、自らの力だけではどうにもなるわけではない、自分の作品を通じてどれだけの編集者と交流を深めることができるか、つまり自らの波長と合う編集者と共同作業のような形で作品を書いていけるか、それが重要なことだと私も少しずつ理解できるようになった。講談社を始め大手出版社に人脈ができても、つまり親しい編集者ができても彼らのアドバイスやサポートがあってこそ物書きは成長していくのだと、しだいに私もわかってきた。

6

昭和五十七年の春であったろうか、文藝春秋社の浅見雅男氏からまったく突然に電話がかかってきた。このときまで文藝春秋社の編集者をまったく知らなかった。むろん機会があれば知りたいと思っていたが、それはいつの日か、もう少し商業性をつけてというときまで無理だろうとも思っていた。妙な表現になるが、私は見も知らぬ編集者に自分を売りこむという策は決してとるまいと考えていた。そんな人間関係で仕事をしても、一歩身を退くような感情に捉われ続けるに違いなかった。

浅見氏は、編集者としてぜひ会いたいという。私にとっては願ってもないことだった。東京・銀座の三笠会館の喫茶室で、浅見氏と名刺を交換したのだが、そのとき浅見氏は灰色のトレンチコートだったのを覚えているから、たぶん雨の日ではなかったかと思う。私は、ああこの人とは生涯、執筆者と編集者の関係だけではなく、友人として交わるだろうな、という予感のようなものを感じる。この年齢になっても、すでに編集者として退職しているのに友人として年に何回か会っている人たちとの、最初の出会いは大体記憶している。

老いるに従い感じるのは最初の出会いのときの会話によって、その後の関係が決まるということである。

浅見氏は、私の東條英機論の評伝を読んでいて、あのような書をよく書いたと思う、とまずは労をねぎらってくれた。それは私にとって、なによりの励ましの言葉であった。雑談の中で、浅見氏は——私の記憶に誤りがなければということなのだが、わが社は三十五歳になって大体がデスクという立場になるのですが、そのときに著者もある程度自分で選ぶことができる、それで私も今、『週刊文春』の編集部にいるのですが、著者を自分でと思い、保阪さんに連絡をとらせていただきました、という意味の言を口にした。

三笠会館の喫茶室の入口に近い席で会話を交した記憶があるのだが、この会話の「三十五歳になれば……」という言が、今も耳朶に残っているのを思うと、浅見氏より八歳上になるのだから、私は四十三歳だったことになる。

浅見氏との会話で、私は真の知識人という感を受けた。まずよけいな冗談話は口にしない。生きる姿勢が明確であり、自らの考えはどのような道筋を辿ってつくられているかなどをすぐに感じさせた。確かにこういう知的なタイプの編集者は少なくなかったが、しかしのちに知ることになるのだが、文藝春秋はこのようなタイプが多い会社との印象を持つようになった。出版社の言論とはそういうバランスが必要だということでもあろう。

私が浅見氏の依頼で最初に引き受けたのは、本来ならお互いに昭和史に関心を持っているのだから、その方面の記事をと思ったが、週刊誌を舞台にするとそういうテーマはすぐに思い浮かばずに、『大学医学部』の延長の素材にとりくんでみようということになった。浅見氏は身内に医師が多いこともあり、医療記事に関心を持っていたせいもあって、「医師の国試浪人の現実を追いかけてみたらどうだろうか」と提案した。

医学部教育を六年間で終え、卒業と同時に医師国家試験を受ける。この試験に合格して初めて医師となる。その後研修医期間があり、医師という職業人になっていく。このころインターン制度は廃止になっていて、研修医制度が導入されていた。とにかく医学部を卒業しただけでは「医師」にはなれない。国家試験に合格して初めて医師を名のれる。

ところが医学部教育六年を終えて国家試験を受けても、なかなか合格しない人たちがいる。「国試浪人」といわれる人たちだ。このころ密かにそのための予備校があるといわれていたし、新設私立医科大の中には多額の寄付金を払って入学した学力を持たない医学生も少なくないといわれていた。その実態を正直にリポートしてみてはどうだろうか、浅見氏と私はそんな視点を持つことで企画の骨格が決まった。

「取材スタッフもつけます」というので、三人の取材マンが一斉に取材に入った。私も中枢の取材対象者には直接会うことも決まった。医学教育の権威である慶応義塾大学医学部の牛場大蔵教授に会ったときのことは今も忘れていない。医学部の教員室を訪ねたのだが、日本の医学教育の第一人者と聞かされていた通り、その説明は多岐にわたり、そして今、何が必要とされているかを丁寧に説明する。

「医師というのは高い倫理性、技術、それに知識や人間的包容力などが求められるのですが、その目標にむかってどのような教育がなされるべきか、そのシステムを考えて定着させなければならないんです」

そういった説明に続いて、具体的な話は深みを増していく。興味を引かれたのは（今、取材メモを見てのことだが）、私がパターナリズムについて質《ただ》したときのやりとりである。医学・医療内部を取材しているうちに、この時代の医療環境の問題点はこのパターナリズムにあるといわれていることに気づいた。パターナリズムは、慈愛に満ちた父親のような一面的な父権主義をさすのだが、患者があれこれ疑問を質しても、「素人にそんな説明をしてもわからないでしょう」「患者はいわれたとおりにしていればいい」という医師側の態度で、患者への充分な説明やその意思を尊重する姿勢にまったく欠けていると問題になっていた。

「こういう習慣を医療現場から改めるには、今、必要なことは何だと思いますか」

「確かに医師の中には、患者は黙って言うことを聞きなさい、という考えの者もいます。一時代前の医師像ですよ。むろんこれとてヒューマニズムにあふれた医師もまたそのような態度をとることがあります。このことを根本から考えるべきで、それが今の医学教育の最大の眼目ですが、あえていえば、疾病に対して医師と患者が共に闘う、向きあうということになります……」

「医師と患者が共同戦線で、疾病と闘うというわけですか」

大柄な身体を黒い背広に包んだ牛場氏は、目を細めてこういう話に熱中した。たまたま母の兄である山田守英が旭川医科大の開校から関わり、学長を務めて新しい地域医療を目ざしている話になり、私はそのカリキュラムを見たことがあると前置きして、こういう大学からは新しい医療人は生まれるのだろうか、と尋ねてみた。すると牛場氏は、「山田先生は私となんどか新しい医学教育の方向性について話し合っていますし、従来とは異なるカリキュラムで教育を進めていくように思いますよ」と、伯父の熱心さを賞賛した。

「山田先生の細菌学者としての功績を、私は尊敬しているんです」

と言いだし、話はこの伯父の業績に移った。伯父がポリオの特効薬につながる研究を進めたことなどを知っていたが、牛場氏は「山田先生は単に医学者であるだけでなく、人文科学にも社会科学にも深い知識をもっている」と言い、自らの兄弟（外交官の牛場信彦氏らがそうなのだが）とも交わり議論することがあったと聞いて驚いた。伯父は私にとって、まったく別世界の人間と思っていたのに、歴史にも深い関心を持っていると知った。

牛場氏は伯父に、私のことを話したのだろうか、東京に出張で来たときに、その伯父に呼びだされてホテルのレストランで食事を共にしたことがある。旭川医科大がどういう医師をつくろうとしているかを語り、そのカリキュラムは少しずつ理想に近づいているとも洩らした。少し酔いが回って、私は「遠慮」という語をひとまず横に置いて尋ねてみた。

「昭和の初めに伯父さんが医学生、そして助手の時代にマルクスの本を読んでいたそうですが、共産党運動に関わったんですか」

「うん、読むことは読んだよ。こっそりと家の押入れに隠しておいてね。でも結局は納得できなかった。医学の基本的理論とは相容れないとわかった……でもあのあとの軍国主義の時代に細菌学の研究者であることは辛かった。私は幸い軍とは関係を持たなかったけれど、それがよかった……でもこういう話はあまりしたくはない」

私は細菌学とあの軍事主導体制の時代の話を聞きたかったが、現実にはそれは聞けなかった。いずれにしろ誰かを誇ることになるのを恐れてのことと窺えた。

7

浅見氏の企画は、国試浪人の現実を正確にレポートする点に眼目があったが、こうして取材の幅が広がっていくにつれ面白味が増した。ともかくも『週刊文春』誌上で、国試浪人の意外な現実を伝えたのだが、何年も国家試験に通らない医学部卒業生は、精神的に疲弊し、なかには明らかにノイローゼと思われる女性もいた。大学とは関係を持たず、社会から孤立している状態なのである。そういう姿に、私はどのような言葉もかけられなかったが、しかしその現実に大学の医学教育の歪みもまたあるように思われた。

週刊誌に原稿を書く楽しみのひとつは、その反応の早さにあった。大学医学部の事務局や、現実に国試浪人からの問い合わせや意見を聞いていると、国試浪人の実数がその大学医学部の実力を示していることも窺えた。

この国試浪人の存在に、現在の大学医学部教育の問題点が凝縮していると考えたのか、NHK

の「ルポルタージュにっぽん」でも取り上げたい、ついてはレポーターになって浪人生を訪ねてみるつもりはないかとの問い合わせがあった。正直にいえば、私はテレビというメディアにそれほどの関心はなかったのだが、ディレクターやプロデューサーと会っているうちに、いちどは出演してみるのもわるくはないと思った。それで引き受けたのだが、初めて番組づくりに関わってみて「テレビ番組制作というのは時間がかかるなあ」というのがなによりも強い印象になった。

打ち合わせは三、四回に及んだが、活字と違って「映像化」することがその役割であった。国試浪人の苦悩やその困惑、さらにその存在が社会に受けいれられていないことなどは活字では実に簡単に表現できる。しかしテレビはそれを映像化しなければならない。ディレクターたちはさすがにプロだな、と思ったのは医師の卵の浪人数が、国試予備校の名簿の厚さやそしてその名簿のある頁の写真（むろん個人名などは一切伏せられている）を何枚か組み合わせることで意外に多いことを知らせたのである。

確か二千人近くの浪人生がいたように思うのだが、その数字の大きさは、新設医科大の、とくに私立医科大の入試がカネで動いていたことをあらわしてもいた。そのツケが六年あとにはっきりと数字となっていたのである。

私はマイクを持って、浪人生を取材したが、顔をさらしてもかまわないという彼らは、医学部の学生時代に海外旅行に熱心だったとか、クラブ活動に熱を入れすぎた、とその理由がはっきりしていた。翌年はパスするという自信があり、一年どこかに寄り道した程度の認識であった。東大医学部のAさんはそういうタイプで、「いやあ、とくべつに国試のための勉強はしていなかったし……」と苦笑いになり、少し自分の遊びに時間を使いすぎましたよ、と平然としていた。実際に彼は翌年にパスしたと、私にも連絡があった。

テレビでの三十分間で、このメディアの真の怖さも知った。

私は四十代半ばであったが、社会的な関心、そして自らの意見はまだ社会的中心に位置するとは思っていなかった。とはいえ「社会的常識」という刃があり、それで現実社会を分析していくなら、相応にマスメディアの中心点に位置する意見は持ち合わせているとの自負はあった。ただ自らの感性や見解に反すれば、興奮気味に自説を話す癖もあった。

「保阪さんも若いなあ。もう少し大人になったら……」

と忠告されたのはそういう性格のためであった。私が内心で、こういう国試浪人に救いの手を伸ばさない大学当局に怒りの感情を持っていることは、画面を見ればすぐにわかるはずだった。その半面、ナレーションを読みながら、その表情には怒りがなく、「社会的常識」の枠内にいるのだというポーズが必要だとも知った。テレビに出演することで、両親や家族、それに親戚、友人たちには、なんだか一人前になったように受け止められた。

一方で、そういう楽しみに溺れると、原稿を書くことに怠惰になるのではないか、私は文筆家なのだ、との覚悟を決して捨ててはならないと自分に言い聞かせたりもした。

8

昭和五十八年十一月であったか、田中角栄のロッキード裁判での判決がでるころのことだが、その一ヵ月ほど前に『週刊朝日』のデスクであった蜷川真夫氏から連絡があった。東京地裁での田中判決を機に、『週刊朝日』編集部では別冊を刊行する予定があり、その中に特別記事を掲載して読者に読ませたい、考えさせたい、ついてはそれを書いてくれまいか、というのである。『週刊朝日』には、二、三回記事を書いたことはあったが、今回はそうではなく少々長めの記事だというのだ。

「田中さんの評判は今は散々なものがある。こんなときに後援会紙の『越山』には、とにかく田中さん、がんばれと励まし続ける田中ファンがいる。この二、三ヵ月の投書欄には合計三十人ほどの激励投書が載っている。この人たちのうち住所が特定できる人、すべてを訪ねて、あなたにとって、田中さんとはどういう人なのか、と尋ねてほしい。

田中という元首相を支える庶民の心理の底に何があるのか、それを長文になってもいいからまとめてほしい……」

蜷川氏は、あることを説明するのに実に要領よく、そして手際よく話を進めていく。社会部の有能な記者の立場から、田中角栄は日本社会のどのような倫理や規範を背負っているのかを確かめたく、新潟県の六日市通信部に希望して赴き、田中を生みだす共同体の体質について詳細な分析を試みた新聞記者であった。蜷川氏の言を聞いていて、言わんとする意味がよくわかった。私の関心もそこにあったからである。

「ええ、喜んでやらせてください」

と答え、この取材に一ヵ月は没頭してもかまわないと心に決めた。これまで体験したことのない新しい発見がある、とすぐに予想もできたのである。

第七章　田中角栄という鏡

1

昭和五十八年（一九八三）の夏、元首相の田中角栄を熱狂的に支持する人たちを訪ね歩いた。このころ田中はロッキード社からの買収資金五億円を受け取っていたとの理由で、ロッキード事件の被告として刑事裁判を受けていた。十月には東京地裁で判決がでる予定であったが、田中は政界に隠然とした力を持ち、自らの派閥を拡大させて刑事事件そのものを形骸化しようとの思惑を秘めての動きを公然化していた。

そのためもあったのだが、とにかく田中の強引な政治工作は、国民の反撥を買っていた。田中がしだいにその本音を顕わにすると、とくに女性は生理的な嫌悪すら覚えるらしく、田中を誇らなければなにやら政治的良識派には見られかねない空気が少しずつ明らかになってきた。田中はそんなことには一切頓着なく、ときにテレビの中で政治活動について語るときもあったが、人気のあるときは磊落《らいらく》に見えたその言動も、刑事被告人として見つめればどこか品位に欠け、落ち着きのない、狡猾な人物にしか見えなかった。

そんな田中に、その機関紙（『越山』）とはいえ積極的に投書をして「田中さん、頑張れ。私たちがついている」と励ます庶民には、田中に仮託する心理状態があったのだろう。その心理とはどのようなものか、つまりはそれをさぐる旅というのが、私の狙いになった。

この取材旅行は、当時四十代半ばにさしかかっていた私には大いに勉強になった。生身で呼吸している人たちの社会学を学ぼうというのが、私の目標にもなった。

月並みな表現になるのだが、私は物書きとして特定の思想や哲学、そして理念には距離を置く習慣を自らに課している。社会的な運動には関わりたくない、というのが本音であり、ある勢力やある人物と政治的な関係をもとうなどとはまったく考えていなかった。田中角栄という政治家に、とりたてて強い関心を持っていたわけではないが、首相を体験した人物が退陣からわずか三、四年で逮捕されるというのはどんなことか、という関心だけは持っていた。「田中さん、頑張れ」と声援を送る人たちを求めて、つごう十人余、全国各地を歩き続け、とにかく彼らの証言を聞くことができた。

それらの人物の中から三人の庶民を選びだして、そのスケッチを試みたい。私にとってなにしろ初めて会うタイプであったから、当初は興味半分で見ていたのだが、やがて実はこういう庶民こそ逞しく生きていると評すべきだと気づいた。私もこのような世知が必要なのかもしれないと考えたりもしたのである。

西日本のある小都市に住む人物、仮にMとしておこう。このMは、『越山』への投稿では、なにも田中さんがわるいわけではない、むしろこういう人物こそ、私たちの社会の英雄ではないかと、奇妙な独りよがりの論を吐いていた。

新幹線から在来線に乗りかえて、この街で降り、該当する住所付近までタクシーで赴いた。街の中心から外れた住宅街の一角に、公営住宅が並んでいてその外れにMの家はあった。その周辺で、「Mさんの家はこの辺りでしょうか」と尋ねたが、誰もが素気なく、あの辺りでしょうとか、私は知りません、と教えてくれない。あまり関係を持ちたくないとの表情が窺えた。

Mは、玄関を開けてすぐに見える居間で、テレビを見ながら酒を飲んでいる様子であった。すでに電話でアポイントをとっていたので、名を名のり、取材の意図を告げた。「まあ、あがれ」と部屋に通されて座布団を勧められたが、その座布団からは綿がはみだしていた。家族は不在のようであった。五十代初めなのに職業は無職になっていたが、どのようにして生計を立てているのかは窺い知れない。とにかく、「なぜ今、田中さんを支援しているのか」という私の質問に、一方的にあれこれ話し始めた。その内容はとりとめなかったが、当時の取材メモをもとにその話を紹介していけば、次のような意味の言を吐いている。

「田中さんは日本の英雄だよ。織田信長に匹敵する人物だ。わしは彼が政治に出てきたときの様子は知らないけれど、昭和三十年代には弟子入りを考えて上京したこともあるんだ。弟子入りというのは、人生の生きる姿勢を教えてもらおうということだ……」

「そのころの仕事？　いろいろだよ。もっとも長かったのは経済誌の営業と編集だ。日本経済の中心にいる人物を取り上げては激励する雑誌だ。AとかB（いずれも名のある経済誌の経営者であり、経営評論家）なんかはわしのポン友さ。今でも電話一本で話せるさ」

「田中さんとはよく連絡もとっている。どういう意味かって？　いやあ目白の田中さんの家によく電話をして、こんなときはこうしたほうがいいのではないかと助言するんだ。（直接、田中さんと話すのかとの私の質問に）あの人は忙しい人だから、大体は書生だよ。そのほかに二階堂（進氏、田中内閣時の官房長官）なんかに電話していろいろ教えてやるんだよ」

「田中さんをわるくいう連中は恩義を知らん連中だな。わしらのような経済誌で生きてきた連中は、ずいぶん田中さんに助けられた。わしはこの街に引っこんでからも事務所にはよく電話をする……。ときどき秘書から意見を聞きたいと言ってくる。今日も二階堂さんの所に電話をして、朝日が記事の件でわしに話を聞きたいと、わざわざ東京からジャーナリストが来ることになっている。二階堂さんは、よろしく頼む、と言っていたよ」

私はしだいにメモをとる手を止めた。ああ、この人は嘘とはったりで人生を生きてきたんだな、とすぐに想像することができた。言っていることの大半は妄想じみた内容なんだろう、と早々に取材を切り上げることにした。こんな人物に支援されている田中角栄が気の毒に思えてきたのである。取材を切り上げることを伝え、いろいろ意見を聞かせてくれてありがとうございます、と表面上の礼を言うと、いきなり、「これは謝礼はどうなっているのか」と尋ねる。

「取材謝礼は五千円ほどですが、いずれ版元から送ってくると思いますよ」

と答えると、今度は激高した口調になり、こんな貴重な話を聞かせたのにバカにするなと言いだす。取材したときの一般的な謝礼について説明すると、自分はまったく違う、そんな小物ではないと言い張る。そのくり返しが面倒になり、「では私がここで一万円払います。取材謝礼です。それ以上支払う慣習があるか否かは東京に戻って、編集部に尋ねて回答します。たぶんこれ以上はでないとなるでしょうが……」と答えると、自分には大物の政治評論家と同じ額を払えとくり返した。私はそれは無理だとはねつけた。とにかく納得させて領収書をもらうことになった。

いささかくたびれた机の引きだしからノートをとりだし、その一頁を破って領収書にするという。そのノートの一頁を破ろうとしたときに、ノートにはさまっていたハガキの束が畳の上に落ちて広がった。Mは別にあわてるわけでもなく、そのハガキを束ね、机の上に置いた。しかし私はそのハガキの裏に書かれている一文をすばやく見た。

「天誅！　貴様のような国賊は日本の恥だ。早急に考えを改めよ！」

という太文字が赤いマジックペンで書かれていたのである。これにつづいて一行か二行の文章が続いていたようだが、そこは読みとることができなかった。私は合点がいった。つまりこのMは、自分が気にいらない意見やテレビで不快と感じた見解を耳にしたなら、すぐにその人物の住所を調べてこのハガキを投函するのであろう。もし私がこういう文面のハガキを受けとったら気味がわるいと不快になるだろうが、実はこんな輩が面白半分に投函しているのか、とわかると、なんだか含み笑いをしたくなった。

帰りにMは電話でタクシーを呼んでくれたが、なかなか受けてもらえない。今はすべての車が出ていると言われているらしい。すると、「社長をだせ」とどなったりしていた。それでもとにかく一台、Mの家にやって来た。老いた運転手は、腫れ物にさわるように私を見つめていたが、

「Mさんって、昔は何をしていたんですか」と尋ねると、私がとくべつにそういう筋のつきあいではないと思ったのか、フッとため息をついて「この街で雑誌をだしていて、みんなが迷惑したんです」と教えてくれた。家族も誰もが離れていったという。駅で車を降りるときに、「あの人にこんな話をしていたと伝えたらだめですよ」と釘をさした。むろん私はうなずいた。

2

二人目は大阪の中小企業の工場が並ぶ一角で商店を営んでいたYである。Yは、田中と同年代で、それゆえに「田中に親近感をもっている」と話していたが、しだいに興が乗ってくると意外な打ち明け話を口にした。このことについては、拙著の『田中角栄の昭和』(朝日新書)の冒頭に書いたので、詳しくは書かないことにするが、要はYは、軍隊に徴用されて戦場に送られたときに、結核患者であることを演じ、そして軍隊から合法的に抜けだすことに成功したとの体験を持つ。つまり、「戦争なんかで死んでたまるか」という思いからこういう仮病によって軍隊から離れたというのである。

実はこういう話は私も元兵士たちからなんども聞かされているのだが、実際にYからその体験談を詳細に説明されると、合法的に軍隊から抜けだすためにどれだけ多くの人たちが仮病を用いたのかをより具体的に調べたいと思ったほどだった。

Yはいかに結核患者になりきるかを語ったあとに、「実はな、わしら兵隊っていうのは、こういう仮病の患者になりきれるタイプか否か、仲間を見るとだいたいわかるねん。田中さんはまちがいなく、仮病で軍隊を離れたタイプや。表向きにそうは断言せんけど、これは直感、いや嗅覚というか、それでわかりよる。まああまり大声で言わんほうがいいやろうけどな……」と説明をつづけた。

Yは、ほかにも自らの周辺にこういうタイプがいるといい、本来ならそんな恥じることではないけれど、まあ要領わるく死んだ同年代の者も多いんでね……と話をぼかした。

それにしてもYの話は衝撃的であった。あの戦争時代にこういうことを平気で行えるというのは、よほど度胸があるか、あるいは〈個人〉を〈国家〉と対峙させうるほどの市民意識をもっているということだった。

「要するにYさんは、あの時代に『臣民』ではなく、『市民』だったということですよね。シビリアンというわけか……」

「あんたらインテリはんはすぐにそんなむずかしいこと言わはる。それがあかんのよ。わしら、要は命が惜しいだけ。せっかく生まれてきて戦争なんかで死ねますかいな。そういうことや」

私は、このYの小声の言を、いや大阪の工場街のさして広くない喫茶店の一角で聞いたときの衝撃を今も忘れていない。その後大本営参謀だった瀬島龍三氏を二日間、延べ八時間にわたって取材したことがあるのだが、そのときに瀬島氏は「大本営の参謀というのはどこの連隊をどの戦場につぎこむか、そういうことも考えるわけだが、大阪の連隊は決して最前線には用いなかった」と証言し、「なにしろ彼らは兵士のレベルで戦闘の様子を読んで、最後まで決して戦わないからね」と補足した。

この言を聞いて、なるほどYの話は本当だったのか、とすれば田中角栄を見ての直感というのもあたっていたのではないか、と私は今は信じている。

ロッキード事件の法廷で、あれほど田中角栄が叩かれているとき、当時取材した意外な人物を語っておこう。関西地方のある地域の公立高校の生徒会長が、田中さん頑張れ、負けてはいけない、とその肩書きで投稿していたのである。高校生の投稿が珍しいというときに、それに「生徒会長」とあれば、この投稿がもとでこの地では問題が起こっているのではないかとも考えられた。

この生徒会長のTさんとは、バスの停留所で会う約束をした。彼には受験勉強の合い間を縫って一時間ほど道路沿いのレストランで取材をしたのだが、彼は屈託なく、「田中さんのように独力でその地位を確立した人は、たとえカネの力といえども、それだけの能力を持った政治家だと思う。自分は生徒会長をしていて人をまとめていくのがどれだけむずかしいかをよく知っているつもりなので、田中さんの指導力には感服する」というので投稿したのだという。

ロッキード事件についてどう思うかという問いには、そういう事件に田中元首相がかかわったか否かは軽々しく結論はだせないと答えたりもする。そのあとで、「先生たちはどう言っているのか」「校長から生徒会長の名で投稿したことで叱られなかったか」と尋ねると、「先生からはなるべくこのようなことはするな」と言われたとか、「校長からはとくべつに何も言われていない」という意見を聞かされた。

Tさんはとにかくこの投稿の意味について深い考えはなく、いわば芸能人へのファンレターのようでもあった。そのあっさりとした考え方が、私の世代には驚きであった。組合系の教師のなかには、田中は保守だから……と妙な言いがかりをつける者もいたという。とすれば革新派であれば、こういう投稿もかまわないという意味か、と彼はその教師に反論したらしい。

この一件はとにかく問題になることもなく、Tさん周辺では黙殺されているというのが本当の姿のようでもあった。

3

田中を支援する人たちの表情には、このほかにもまだ私にとって気になる形があった。この『週刊朝日』の特別号は、当初の頁数と異なって全体に短くなったために私に与えられたのも六頁であった。ただこの六頁の記事を書くことによって、私は、日本社会のある断面を知った。以上に述べた三人の姿は、それぞれのタイプを代弁していることには違いなかったが、〈田中角栄〉という鏡を通せば、日本人の多様な姿が浮かびあがってくることも容易に知ることになったのである。

ただこの取材を通じて、私は、田中角栄は日本社会の、いや日本人の何を代弁しているのか、そのことがうっすらとわかりかけた。それは戦後社会の復興という枠組みの中で、田中は国民の欲望を政策化することに成功したという事実であった。

私たちは、もっとお腹いっぱい食べたい、もっと便利な社会で生きたい、もっと立派な家に住みたいという日々の欲望の中で生きている。この欲望を充足させる、つまり政治で実らせる、それが田中が政治家として存在した理由でもあった。田中の演説は、要は、あなたたちの欲望を満たしてあげますよ、という点に焦点が絞られていた。そして田中は人気を得たのである。

ところが人の欲望というのは際限がない。ある段階で止めようとしてもすんなりと止まらない。欲望は肥大化する。その肥大化に田中はストップをかけられるのか、それがこの政治家の政治生命と関わりをもつのではないか、と私には思えた。欲望の肥大化のサイクルに巻きこまれると大変なことになるな、と私は妻とよく話し合ったものだ。

幸いだったのだが、私も妻もとくべつに高級な食事をしたい、いい洋服を着たいという欲望はもっていなかった。「贅沢したいと思わないけれど、貧乏だけは厭よね」と妻はつぶやくのであったが、さしあたりわが家はそのレベルでいいのだろうと納得していた。

著述家という立場に少しずつなじんでいくにつれ、ノンフィクションとかドキュメント、あるいはニュージャーナリズムといったさまざまな言い方はあるにせよ、自分は何を目ざすべきか、そのこともときに考えるようになった。同じ物書き仲間とほとんどつきあいはなく、それは私がそういうつきあいのルートを持っていなかったともいえるわけだが、いささか口はばったい言い方になるが、自分は自分の思う道を進みたい、自分の思うとおりの生き方で自分一人で自分の道をつくっていきたいとの覚悟を固めることでもあった。

昭和六十年前後になるが、私は確かにメディアからも原稿を書く機会を数多く与えられた。昭和五十年代初めには、講談社の『月刊現代』にほぼ三年余にわたって毎月原稿を書いたのだが、その後は当時刊行されていたほとんどの月刊誌から注文があり、しだいに月刊誌のもつ影響の大きさについても実感することになった。『世界』にも書くことがあり、『諸君！』でも書く。編集者からは、「保阪さんは右なの、それとも左？」と聞かれることがあった。私はそのたびに、「右の人には左、左の人には右と思われたい」と答えることにしていた。正直な話、右とか左といった二元的な分け方にそれほど深い関心はなかった。その理由は、昭和という時代に関心を持ち、太平洋戦争に興味を持っていると、右とか左という立場で論じるより、史実そのものを検証するのが先だと気づいたからである。

右といえば右の理論に、左といえば左の理論に、単純になびくようなタイプには決してなるまい、それほどすべてを簡単に読みぬけるなら、なんと人生は甘いのか、とも思った。加えて多くの編集者とつきあいが始まってみると、意外なことに単純に左翼理論を振り回すタイプは総じて人間の幅が狭いことにも気づいた。加えて読書量が少ないことにも気づかされる。逆に保守リベラルの発想を持つ編集者のほうが読書量も多く、事象の見方がなにより重層的であった。彼らと議論を続けているほうが得る知識が大きかった。

その意味では、私は文藝春秋社、講談社など幾つかの出版社の編集者との対話がなによりも参考になった。私の気の合う編集者はリベラル派に立つというバランスがあり、戦後社会のブレを抑制する働きを自らに仮託しているようで、私の体質とも合致することがわかってきた。

もとより出版社の人材は幅広く、思想的にもさまざまなタイプがいて、それが私には面白かったのである。また同年代の編集者とは、時代感覚を共有していることもあり、お互いの個人史を語りあうと意外に似たような体験（たとえば学生運動との関わりなどだが）を確かめあうことにもなった。

4

昭和五十年代半ばから終わりにかけて、ゴーストライターとして三冊の本に関わった。ある程度、著作を刊行していくと、ほとんどつきあいのなかった出版社などから、「こういうテーマで本を書いてみないか」と誘われることがあった。私は時間の余裕がないのでと断ると、二時間ほど取材に応じてもらってそれでゴーストライターに書かせるというのであった。私の本を他人に代作させるというのはまだ駆け出しの身なのにとんでもないことに思えたので、むろん断ることになる。

しかしある編集者は、「あなたは自分のだしたい本はそれこそ文藝春秋、講談社、新潮社などメジャーからだせばいい。でも出版社のレールに乗って金もうけを考えたいのであれば、ゴーストを使うなんて当たり前のこと」と何のためらいもなく言われた。

そのときもむろん断ったが、ゴーストライターに私の本を書かせるというのは何と恥ずべきことなのか、とこの編集者の言に対して怒りを持った。

私がゴーストライターとして書いた三冊のうちの二冊は、出版社に体よく騙される形になっていた（原稿料などを踏み倒されたのだが）。ゴーストライターなど引き受けるべきではないとの自

新刊案内

2015年8月

平凡社

戒を持つようになっていたのである。

いささか辛い告白になるのだが、私の書いた三冊は、一冊がある財界人の評伝、次いである外交官の伝記、三冊目はある戦争犠牲者の痛恨の記録になる。

財界人の評伝はある中堅出版社の編集者が独立して興した出版社の仕事、外交官の伝記はその一族が書きあげた書、この刊行もやはりある出版社の編集者が興した出版社の仕事であった。戦争犠牲者の記録は名のある良心的出版社の仕事であった。三冊とも私にとっては、取材を進め、資料を集め、そして時間をかけて書きあげた書であった。その出来栄えについては、人それぞれの見方があるにしても、相応の意味を持つ、当人たちには記念の書になったはずと、私には思えるのである。

このなかで財界人の評伝の仕事では一円のお金も入らなかった。口では「左翼の良心」を説く人物の本質を見たようで、一、二度催促の電話をかけた後、つきあいをやめることにした。どうしてこういう裏切りができるのかと一時は人間不信に陥った。左翼を自称する人を今も私は信じていない。外交官の伝記はある政党の代議士の名で刊行されたが、出版社からの支払いは当初の約束の十分の一という程度で、「本人（著者として名がでる人物）が内容に納得していないから」との理由を告げられた。

三冊目については出版社よりも、この戦争犠牲者の態度（いわばこの人も左翼だったのだが）に愕然とした思いがある。一度引き受けてこの書はしかるべくラインナップに入り、相応の売り上げにもなり、この人物も社会に知られることになった。昭和五十年代には相応の地位に達していた。しかし次々にくる注文を、私に回すのが当たり前のように口にして、「申しわけありませんが、A社での本も書いていただけませんか」とか、「B社の原稿も……」と言いだしたのには愕然とした。私はあなたのゴーストライターを引き受けるつもりはないので……と断ったが、その折りに「保阪さんは、世界の平和を願っていると思っていたのですが……」と言われたことがある。

自分の仕事を手伝うのは「世界平和のため」という、この独善の中に日本社会の「戦後左翼」の最大の傲慢さがあると考えるに至った。私の心中には、「ゴーストライター」と「戦後左翼の傲岸さ」に対する嫌悪が同居することになった。つけ加えておかなければならないが、この二点は今も生理的に嫌いであり、苛立たしい感情を消すことはできないでいる。

こういう感情は確かに、私自身の性格からくるもので一般的とはいえない。

しかし近代日本史、とくに昭和という時代を具体的に精査するようになって、私の心中にはしだいに「左翼政党」への同調や共鳴の意識は薄れていった。もともと私の「左翼びいき」は戦後民主主義擁護といった中途半端な思想を立脚点にしていて、太平洋戦争の内実を確かめていくと、あの戦争の批判すべき対象はどこなのかという点に、「戦後左翼」は鈍感であるとも思い至ったのである。

ひとつの例を挙げることにするが、私はこのころに一人の物書きとして少しずつ社会的な枠組みが広がっていったが、あるときにいわゆる平和団体と称する「左翼」の最高幹部と名刺を交換することになった。温厚で、そして万人に愛されたいというその幹部は、如才なく私の著作を挙げ、「読んでいますよ」と笑みをもらした。そういわれれば嬉しくもあり、当然なこととして笑みを返し、親しげに握手を交わしたりもしたのである。

しかしその名刺を受けとったときに、頬が震えてくるのを感じた。気味が悪くなったのである。その名刺には、肩書きや氏名の前に、「平和を愛する人は皆私の友人です」との一行が添えられていた。この一語が、この人物のモットーというわけだろうが、私は反射的に震えに襲われた。平和を愛する人は皆私の友人なんですよ、と平気で呼びかけるタイプに、信用が置けないと気づいたといってもよかった。

もとより昭和六十年ごろ、私の年齢は四十代半ばであったのだが、こうした語を素直に受けいれれば、この一節にはまったく誤りがないともいえる。そのとおりなのだ。だがよく考えてみればわかるのだが、この人物に愛されない、いわば嫌われるということは、そのまま「平和を愛していない＝戦争を容認するタイプ」となってしまうのである。つまりこの平和団体の最高幹部は、平和を愛するか否かは、「自分」が決める、つまり自分の気にいった人たちは「平和を愛している」ことになるわけだが、こういう独善が、この名刺そのものに含まれている。そのことをまったく考えてもいない。

私はこのころにはまだ自覚していたわけではなかったのだが、この体験を通して、初めて「左翼ファシスト」という語を意識するようになった。その後何年もかけて――そのことは昭和史の史実をより正確に精査することになってという意味にもなるのだが、なぜ「戦後左翼は主流になれなかったのか」という問いへの答えを自分なりに探しあてることになった。

ここでその答えを大まかに記しておくことにしたい。

戦後社会にあって、現在の憲法を守るという護憲派は、この憲法を「平和憲法」と評した。さらに護憲勢力や反政府団体や自らの組織について「平和団体」と呼称することを何とも思っていない。自分たちは平和勢力、それゆえに平和団体というわけだが、実はこの単純さの中に戦後社会の誤りがあったといえるのではないだろうか。私見を言えば、今の憲法は決して「平和憲法」ではない。むしろ「非軍事憲法」というべきである。大日本帝国が軍事憲法であったのに対し、現憲法はそれを否定した非軍事憲法でということでその性格がはっきりとしてくるはずである。その非軍事憲法をいかに平和憲法といった目標にむかって進めていくか、それこそが護憲勢力の重要な役割のはずであった。それなのにいきなり平和憲法と称してしまったために、まったく何の努力もせずに「平和」を手にいれてしまったことになる。

そこで努力は止まったのだ。護憲という旗しか振ることができなくなり、あげくのはてに「平和を愛する人は皆私の友人です」といった傲岸不遜な指導者が生まれてきたといえるように思えるのだ。

私は自らの来し方をふり返って、昭和六十年ごろに一人の物書きとして社会を見ているときに、この「戦後左翼」の群れに対して内心ではかくの如き人物になってはいけないと自戒した。私は保守の側に立つことに躊躇やためらいもあったが、しかしゴーストライターとして知った「左翼人」の胡散臭さやある種の言語空間をひたすら自分たちの思うままに操ろうとする人びとに強い反感と不快感を持つようになった。

5

さらにこの頃の思い出として、自らの恥をさらすようでもあるが、あるエピソードを語っておきたい。私は自分の書く世界が、あるいは書こうとしているテーマや題材が、ノンフィクションであるのか、ドキュメントであるのか、さらには評論として存在しうるのか、自分でも明確につかんでいなかった。書きたいことを書く、あるいは自分で思うとおりのことを書く、と決めていて、他人からあれこれ言われるのは初めから拒絶していた。私はあまり他人の助言に耳を傾けるタイプではなかった。

あえてこのころの心境を言えば、文筆業という世界の中で、あるいはその隅の一角で自分の旗を立てて自分なりに思うようなテーマに挑み、家族を養うことができるなら、それで結構、むしろ私は今の読者ではなく五十年後、百年後の読者に著作を手にとってもらい、「そうか、昭和という時代はこんな時代だったのか」と理解してもらえればいい、そんなふうにも考えていた。自分の世界に閉じこもって生きればいい、というのが正直な感想でもあった。

そんな折りにある出版社のAさんから、密かに打診があった。そのころはノンフィクションの賞といえば、大宅壮一ノンフィクション賞と講談社ノンフィクション賞があったように思うが、いずれにしろあるテーマを追いかけて書籍としてまとめてみないか、そして何らかの形でとにかく賞をとったらどうかというのであった。妙な言い方になるが、そうすれば保阪さんも編集者としての私もお互いにプラスになるではないか、と誘うのである。「別に賞をもらいたくてこの仕事をやっているわけじゃないし……」と私がひるんでいると、Aさんはあるノンフィクション作家の名を挙げ、「実はその作家がこのテーマで保阪さんに書かせたらまちがいなく賞をやれるよと言っている」と小声で囁いた。

そういえば確かにその人物は、そうした賞の有力な選考委員であるのも事実であった。ただAさんの示したテーマは、私がさほど興味の持っているものではなかった。いささか保守的に組み立てれば昭和史の中にある視点を持ち込めるにせよ、賞をもらうために——そして実際にもらえるか否かも曖昧であり、そんなテーマに取り組みたくはなかったのである。

Aさんには、そのようなテーマに挑むとも挑まないとも返事を返さなかったので、結局はうやむやに終わった。

それにそのころ私は、毎日新聞夕刊の文化欄のコラムに、日々のエッセイを綴る連載を週一回の割合で続けていた。そのエッセイに、「ノンフィクションとは何なのか」と題して八百字ほどの一文をまとめた。そこに日ごろ思っていることをかなり率直に書きあげたのである。

思いだすままにその内容を綴っていくなら、文学作品とノンフィクション作品の違いは奈辺にあるのだろうか、というのがその主旨でもあった。

文学作品については明治二十年の二葉亭四迷の『浮雲』に始まり、その後に営々として築きあげた文学作品の選択基準がある、従ってその評価にはそれなりに歴史的時間の積み重ねがある。

しかしノンフィクション作品はどうなのか。このジャンルが確立したのは、昭和四十九年に立花隆氏の「田中角栄研究」に端を発してたかだか十年ほどの歴史しかないではないかと書き、「要するにノンフィクションという分野にはまだ定まった基準、評価などありえないのだ。今はどんなテーマであれ、どういう表現形式であれ、とにかく自由に発表していいはず。それを賞と称して、同じ枠内にそれぞれの作品をはめこんでしまうというのは無理であり、そんな徒労にかかわっているよりも、まずは自分の書きたいテーマを求め続けるのが筋であろう」という意味のことをいささか強い筆調で書いた。

私としてはノンフィクション賞などというのは、現段階では「何でもあり」の世界なのに、それにタガをはめようとしているのはおかしいとの不満を綴ったのである。

毎日新聞の夕刊コラムにこの一文が掲載されたときに、Aさんから電話が入った。怒りの口調であった。なぜあんな原稿を書いたのか、というのである。あれではせっかくこちらも根回ししようとしているのにムダになってしまうではないかと言う。私はとくに弁解するでもなく、日ごろの持論を述べただけであり、それが都合わるければ賞などもらわなくてもかまわないと応じた。Aさんは電話のむこうで、「親の心、子知らずだなあ」と苦笑いを浮かべているときの口調であった。

第八章　瀬島龍三をめぐる真実

1

私がノンフィクションの分野の中でも評伝が得手なのかもしれないと思ったのは、瀬島龍三氏の評伝を書いたときである。昭和六十一年の春であったが、たまたま地下鉄の中で当時月刊『文藝春秋』の編集長だった堤堯氏と出会った。堤氏はひとつのテーマを追うときにはきわめて貪欲な姿勢になるタイプであった。単純にいえば左派リベラリズムに反感に近い感情をもっていたが、事象を見つめるときは政治や思想を軸に見るのではなく、「人間」に関心を示すのが私は気にいっていた。その堤氏が私の隣席に座るや、「どうだ、うちの誌で瀬島龍三の評伝を書いてみないか」と誘った。

瀬島龍三氏は有能な財界人として、中曾根内閣が進めた行財政改革の中心人物として扱われていた。戦前、戦時下の経歴は大本営の参謀としてのエリート軍人の道を、敗戦以後はシベリア収容所に「捕虜」として抑留された辛苦の生活を、そして昭和三十一年に日本に帰ってからは財界人としての道を歩んでいる。山崎豊子氏の『不毛地帯』の主人公壱岐正《いきただし》のモデルだともいわれ、その存在はある部分は神秘化され、ある部分は日本を代表する財界人として有能な指導者群の一人に数えられてもいた。しかし私の知識は「大本営の有能な参謀」という程度のイメージしかなかったのである。

「大本営時代の瀬島については調べるルートもあるし、相当わかると思います。でも財界人や行財政改革、はては中曽根内閣のブレーンといわれる点について、私はまったくの素人なんです。ですから大本営時代については書けますが、その他のことは……」

と渋ると、堤氏は「大丈夫さ。アシ（取材記者）をつけるから彼らに調べさせればいい。とにかくこの男は正体が不明なんだよ。一説ではソ連のスパイともいわれているし、逆にアメリカ側からもいろいろなアプローチがあるといわれている、不思議な元軍人なんだ。どうだ、やってくれないか」

堤氏は口を止めずに話しつづけた。文藝春秋の最寄り駅である麴町に着くと、「今日の夕方は時間ある？　ならちょっとうちの社に寄ってくれないか。担当もつけるから……」と口調が強くなった。私もうなずいた。堤氏にこれだけの情熱があるなら、この企画はうまくいくのではないかと、私の胸中はこの仕事への関心が高まった。

「調査報道だから取材費は相当かかるだろう。金はいくらでも使っていいから瀬島龍三という現代の英雄の実像を徹底的に調べつくしてみてよ」

堤氏は私と会うたびにそう励ました。取材は一ヵ月、二ヵ月ではなく、ある程度の時間をかけていい、専従の記者三人が常に取材に動くという体制が組まれた。週にいちどの会議では、しだいに瀬島の実像があきらかになっていく。私は瀬島氏の略歴を丹念に詰めながらこの人物の人生のヤマはどこになるのだろうと探し求めた。

人はどうあれ自分の人生のピークを持っている。そのときにこの人物の真の顔が姿をあらわすのである。たとえばある政治家が首相になったときをピークにするならば、彼はそれまでどのような表情で苦難に耐えたのか、そのピーク時にもし傲岸不遜な態度をとっているとするなら、それまでの歩みの中にどれほどの屈辱があったのか、そのような事実を調べるのは、私にとっては作家冥利ともいうべき楽しみであった。伝記を書く楽しみには、他人の人生を垣間見るスリリングな気持ちがあるのは否定のしようはなかったのである。

瀬島氏のその軌跡を追いかけているとき、私はこの人物は複雑な様相をもっていることに少しずつ気づいていった。

この当時のメディアでは、瀬島氏は山崎豊子氏の『不毛地帯』のモデルとしての神話が真偽とりまぜて一人歩きしていて、シベリア収容所でソ連による非道な拷問や弾圧にも耐えたかのように語られていた。

加えて当時大本営の参謀としての経歴が同世代の人びとに、あるいは肩書きを重用する人にどれほど過大に評価されていたか、そんなことも調べるにつけわかった。月刊『文藝春秋』の記者たちは、実に鋭い取材感覚を持っていた。

とくに昭和史を含め近代日本史に幅広い知識を持っているA君は、瀬島氏のその人生観や親しい友人、それに組織の中で瀬島氏に鋭い批判を持つ人物などを丹念に捜しだし、そのような人物に次々に取材を進めていたのである。

B君は、立花隆グループで、田中角栄研究の取材にあたったことがあり、許される限りの各種の資料や文書を行政機関から集めてきた。毎週の打ち合わせで、瀬島氏は文春の取材スタッフと編集者、それに私たちの前に少しずつその実像を浮かびあがらせてきた。

断っておかなければならないのだが、私たちは単にその対象の人物を丸裸にして、そのプライバシーを暴こうというのではなかった。現代日本を動かしているこの人物は、どういう思想を持ち、どのような社会観のもとにそのリーダーシップを発揮しているのか、そのことを確かめたかったのだ。

さらに言えば、行財政改革には中曽根内閣が設けた臨時行政調査会（臨調）が、内閣や国会を凌駕するほどの権限を持ち、「権力外の権力」という様相も呈していた。行政権、立法権を超えるほどの存在になっているかのように受け止められていたし、瀬島氏は臨調会長の土光敏夫を補佐しつつも、実際には三公社（電電公社、国鉄、専売公社）などの民営化に大ナタをふるおうとしていた。

そういう瀬島氏は、『文藝春秋』編集部が自らの周辺を取材していることに神経質になった節がある。マスメディアの中にも相応の人脈を持っていて、少しずつ私たちのもとに圧力というか、瀬島氏のルートからの接触が始まった。

昭和六十年代という時代、私は四十代半ばから後半に入っていくのだが、昭和史に関心を持ち、幾つかの事件、事象に関わった軍人などに取材を進めていたこともあり、旧日本軍の姿について少なからずの知識をもつようになっていた。瀬島氏は「大本営の参謀」というが、これが戦前、戦時下の日本でどれほどの存在であるかなども具体的事実で確かめたし、そしてそれを瀬島氏が巧みに利用して、社会的名声を得てきたことも容易に理解できた。

あるときの打ち合わせで、私は編集者や取材スタッフに、原稿の構想はしだいに固まってきたと告げ、それについて次のように説明したことがあった。

「瀬島は今、七十代初めだが、この人生を四つの時期に分けることができるように思う。第一期は、大本営参謀の時代、第二期はシベリア収容所に連行されていた収容所時代、第三期は日本に戻ってきて伊藤忠商事に入社し、役員まで昇りつめていく道、第四期は行財政改革という、日本社会の改革を陣頭に立って進めている現在、この四つを丹念に描こうと思う。ふつうの人は、『一人一代一仕事』だと私は考えているが、この人物は有能であり、自信家であり、そして参謀としての能力を持っていて、一人四代四仕事、という人生を送ろうとしている。そのバイタリティはわれわれの範《はん》にもなりうるのだから、多くのエピソードでこの稀有の人物を書いていきたい」

私の見解に編集者も取材スタッフも納得してくれた。このときまで私は評伝の分野で橘孝三郎や東條英機など歴史上の人物と、月刊誌で槇枝元文《まきえだもとふみ》（日教組委員長、総評議長）を始め何人かの社会的に活躍している人たちの姿を描いたことはあったにせよ、瀬島氏のような不透明な人物に取り組むことは初めてであった。

こうした打ち合わせのあと、編集長の堤氏は私を呼び、とにかく細かい助言を幾つも与えてくれた。そのなかには、「保阪君、妙なことを聞くけれど、君はカネと女性のことでは大丈夫か」といった質問があった。「どういうことですか」との問いに、堤氏は、「要するに借金だらけの生活をしているとか、妻以外に女性がいて家庭騒動が起こっているとかということさ。そうなれば瀬島ルートからの攻撃にあっさりギブアップしなけりゃならんからな」と応じた。

「この仕事に入って苦労した時代に借金をしたことはありますけれど、それは全部私の母親からでした。女性については妻以外にいるわけではありませんし、その点もご心配はいりませんよ」

堤氏は私の説明に納得し、「とにかく徹底して調べて、思いきり書いてほしい。ひるむなよ」と肩を叩いて励ましてもくれた。

このころにどういう経緯があったかは忘れてしまったのだが、堤氏と二人で新宿のバーで盃を重ねたことがあった。堤氏は話題も豊富で、私も心を許した会話を交したのだが、その折りに堤氏が話した内容は今も覚えている。たとえばなぜ共産党が嫌いになったか、については、自分の周囲に党のシンパがいてその活動に納得できなかったことなどを明かした。しかし私が興味を持ったのは、昭和三十五年六月十五日の朝、東大の駒場から国会議事堂までのバスが出て、デモに参加する学生を運んだ折りに、もとより堤氏はこれに乗らなかったのだが、樺美智子さんが乗りこんだのを見たという思い出話であった。

「あの日に彼女は亡くなったわけだから、その姿は今も覚えているんだよ」

堤氏は、確かに記憶力にすぐれていて少年期からのそうした思い出は、巧みな話術と相俟って聞く者を退屈させなかった。

「㋝のことだけど……」と、堤氏は瀬島氏のルートからどのような接触があるかも教えてくれた。私たちの打ち合わせでは、瀬島氏のことを㋝という言い方をして、なるべく本名は明かさないようにしていた。社長のもとに瀬島氏が直接面会を申し込んできて、もし本誌で取り上げるならマイナスの形での人物論にしてほしくないこと、できれば企画は中止にしてほしいことなどを申し入れてきたそうである。

しかし『文藝春秋』は、この点に関しては徹底していた。社長は、「編集権は編集長が握っていて、社長や役員がやめろといってもやめるような会社ではない」と応じたというし、逆にそういう圧力を聞かされると、私はむしろ苛立たしい思いを持った。当時、練馬区の一軒家の借家に住んでいたのだが、私の家を監視できる地に終日不審な車が止まっていたことがあり、妻は「家族に危害が加えられることはないの」と不安な表情になった。それでも私の仕事にあれこれ口を挟むことはなかった。

その辛抱強さは感謝すべき性格であった。

2

三人の取材チームは、結局は四ヵ月を超えて瀬島像をつくりあげた。正確にいえば、この期間は昭和六十一年三月から七月までの間だったように思うが、私にとってもこの期間は日々充実していた。瀬島氏が大本営参謀としてどのような軍務に携わっていたか、そのことを逐一調べてその内容が確認できたからである。旧軍人たちに会って、瀬島氏自身の語る思い出話に多くの偽りがあることも知ったし、かつての同僚たちも瀬島氏のこの時期の活動に、あまりにも戦争の時代への反省がないと怒りの口調で語る者も少なくなかった。

瀬島氏の取材を続けているときに、堤氏らの助言もあり、私は他誌には原稿を書かないことにした。その間になんらかの理由でつけこまれることになってはいけないとの思いがあったからだ。

五十人近くの旧軍人に会い、瀬島氏の故郷である富山県の出生地も訪ねるなど、取材の幅は広がったのだが、当時、ノンフィクションの世界では、調査報道が主になっていて、出版社（とくに文藝春秋社）は、取材費をつぎこむことが珍しくなかった。編集部では、「日本だけでなく、ワシントンのアーカイヴ（国立文書記録館）に行って㋝についてどのような資料が残っているかを調べてきてはどうか」とも勧めてくれた。私にとっても異存はなかった。こうして私は取材スタッフのY君とともにワシントンに向かい、ナショナルアーカイヴとメリーランド州にあるナショナルレコードセンターを二週間にわたって訪ねることにもなった。

その間二日ほどワシントンからニューヨークに向かい、伊藤忠商事の現地社員や日本のビジネスについて関心を持っているアメリカ人ビジネスマンたちに話を聞いた。

もとより私もY君も英語に堪能ではない。そこで現地の日本人の女性ジャーナリストBさんに通訳を始め、コーディネーターの役を頼むことになった。このアメリカ取材で、私たちはあまりにも多くの資料を手にいれてしまった。記録を残すアメリカの文書館は、日本の公的機関とはまったく異なる感覚を持ち、たとえばアーカイヴのエレベーターの中で女性職員が手紙の束をもって乗っているのを見て、Bさんが「これは世界各国からアメリカの文書記録についての問い合わせがあったことへの返事の手紙か」と問うと、眼鏡をかけたいかにもインテリというタイプの女性職員はうなずいたうえに、「世界のどこからも問い合わせがあれば許される限りはこうして返信をだす」と説明を始めた。尋ねられたことにはどんな質問にも、丁寧に答えようとの姿勢が感じられた。

私はアメリカへの旅は二回目であったが、ニューヨークは初めてであった。当時、ニューヨークの治安は荒れていると言われていたが、Bさんによればそんなことはないとのことで、私もY君もさして心配することなく街中を歩き回った。

それでも日曜日の地下鉄には乗らないほうがいいと言われていたが、私とY君は休日のウォール街に行ってみようと宿泊先のホテルから地下鉄に乗ってみた。すいた車内であった。進行方向の車輛の奥に黒人の大柄な男性二人が、中央付近に若い男女が、そして私たちは車輛の後ろ側に座った。突然、黒人男性の怒りの言が耳に入った。Y君と会話を止めて前方を見ると、薄汚れた青い背広の青年が足元をふらふらさせながら、手をだして黒人男性にカネをせびっていることが窺えた。

「お前にやるカネなんかない。早くわれわれの前から消え去れ」

と黒人男性はどなっている。その青年は電車が揺れるたびに身体が右に左に倒れそうになりつつも、中央部の若い男女の前でやはり両手をだしてカネをせびった。

手慣れた手つきで若者はその手に、すでに手ににぎりしめていたコインを渡し、そして早く向こうに行けと追い払った。私たちの前に近づいてきて手を広げてカネをせびる。ポケットに手を入れて現金を探すとピストルを持っているように思われるので、決してポケットに手を入れてはいけないと言われていたが、私はそれを忘れてポケットで小銭を探した。Y君が手ににぎっていたコインを渡したにもかかわらず、私にも無心する。

この青年と向き合って、視線を合わせたときに、その青年の目は明らかに何らかの薬物を用いていることを窺わせた。青白い顔の表情は脅えていて、そして救いを求めているかのようであった。私が驚いたのは紺色の背広のまま、日常をすごしていて、それが汚れてしわだらけになっているが、しかしそういう生活に入ったのはこの一ヵ月ほどではないかと思えるほど背広の生地はまだ新しいようにも見えた。

「……」

よく聞きとれない声で何ごとかを囁いている。薬のためか、目が充血していた。ポケットからドル札をとりだし、彼の手ににぎらせた。そして地下鉄が駅に停まり扉が開いたのを機に、二人は急ぎ足で電車から降りた。互いにフッと溜息をついたが、あの青年は何とつぶやいていたのかとの私の質問に、Y君は「日本人か、日本人は金持ちだろうという意味のことを口にしていたようですよ」と教えてくれた。

取材の裏話になるが、このような体験を含めて瀬島龍三氏の取材は私の人生に多くの示唆を与えてくれた。その意味ではこの仕事は大きく飛躍させてくれたが、そのことをさらに幾つかのエピソードで書いておきたい。

3

瀬島龍三氏の人物像を描くことは、この人物を重用した日本社会のさまざまな顔を浮きぼりにすることでもあった。昭和六十年を過ぎた当時、瀬島氏は七十代半ばであった。私と月刊『文藝春秋』編集部は、瀬島氏に直接取材を行うのは最終段階と決めていたので、それまでは瀬島氏の来歴、それに人物像をその周辺の人びとからたっぷりと聞くことにしていた。

こうした取材に瀬島氏は苛立ったのか、なんどか文藝春秋社を訪ね、なるべく自分など取り上げないでほしい、と経営陣に頼みこんでいるようであった。だが私たちの取材班はそうした動きに関係なく、瀬島氏の人物像の輪郭を次々に形づくっていった。取材記者がまとめてくるデータ原稿を読んでいるうちに、私はあることに気づいた。それは実に単純なことで、この人物は味方も少なくはないけれど、なんと敵も多いのだろうという実感であった。

もっとも瀬島氏のために弁解しておかなければならないが、かつての旧軍人の中で瀬島氏を語る人物の多くは、その心情の底に嫉妬やら羨望があったのは事実であった。

「彼は旧軍の参謀だから優秀なんだろうが、彼が関わった戦史にはとんでもないミスリードをした作戦もあったし、常に自分が仕える人に甘言を弄するので、上からはずいぶんかわいがられる人物だったね」といった類の話はよく耳にした。

実際に、瀬島氏は昭和十四年十一月に作戦部の作戦参謀に就いてから昭和二十年七月までの六年近く、このポストに座り続けた。ふつうは二年か三年で前線に出されたり、他のポストに転出するのであったが、瀬島氏はまさに例外だった。

その理由を多くの参謀たちを訪ねて聞き歩いたのだが、あれこれ理由をあげるにせよ、私がもっとも納得できたのは、軍官僚として有能であったという一事だった。どんな複雑な文書でも、あるいは説明を要する報告でも、最初の頁に、わずか五、六百字で手際よくこの文書や報告の骨子はどの辺りにあるかを書き残すのだが、そのまとめ方に抜群の能力があったというのである。どのような厄介な報告でも簡単にまとめてしまうという点で、上司からなんとも使いやすい、なんとも便利な軍官僚という評価があったという。

私は瀬島氏にいつか会うことになるのだろうが、そのときにどういう質問を発するべきか、視線をそらさずにインタビューができるかなど、自分が試されることになるとの決意も固めていった。それまでにも私は、多くのかつて要職にあった軍人に会っているのだが、実際に面談すると昭和五十年代は一人の老人にすぎず、とくに恐れを持つことはなかった。月並みな言い方になるが、肩書きが外れれば一人の人間、というのが私の実感であった。しかし瀬島氏は現実に日本を動かしている要人の一人であり、この人物はかつて要職を経た老人とは違うという緊張感があった。

『文藝春秋』編集部で瀬島氏の人物論をやるらしい、取材スタッフがあちこちに飛んでいる、執筆者は保阪という昭和史に関する著述があるノンフィクション作家のようだ、という噂がメディア内部でも広がっていったらしい。私の元に、瀬島氏の意を受けたと思しきジャーナリストが、「やめてはどうか」とか、「手心を加えるべきだ」と言ってきたりした。ある経済誌が、瀬島の人物論をやるのであなたに取材したい、と言ってきたりもした。この経済誌は、瀬島氏を賞揚する側に立っていたが、どうやら『文藝春秋』に対抗して瀬島氏の人物論の記事を作成し、私にコメントを言わせて、『文藝春秋』の人物論を骨抜きにしようとしているように思えた。むろん断わった。

4

昭和六十二年の春から夏にかけて、私は四十代の後半だったのだが、瀬島龍三の評伝を書くという仕事によって、文筆という世界だけでなく、この社会の知識や教訓を得ることになった。

それらの知識や教訓はつまりは私の血肉となっていったのだが、それまでの私の体験をあえて書いておくと、私のような立場でも、つまりノンフィクションやドキュメントを書くジャーナリストでも、ときに言論への圧力を受けることがあった。瀬島氏周辺から執筆をやめたらどうかという圧力を受けたときに、さして私がそのことを怖がらなかったのは、その種の体験がすでにあったからだった。

言論への圧力というのは、なるほどこんな形をとるのかと合点がゆく事実もあった。

瀬島龍三論に取り組む前のことだが、『週刊文春』であったろうか、これからは高齢化社会、いってみればシルバー産業が受けに入るだろうというので、そういうシルバー産業の実態を六回から七回、連載してみないかと誘われた。いってみれば「志の仕事」というのではなく、のんびりと売文の仕事をこなしてみたらという類の注文であった。日常の生活費を得るためにはこういう仕事は、むろん私には欠かせなかった。好きな仕事、自らに関心のある仕事しかしない、それで生活が成り立つのであればいいのだが、まだとてもそういう立場ではなかった。

このシルバー産業の企画では、ゲートボールの関連企業や高齢者向けツアーの実態、さらには老人病院のすさまじい錬金術、そして自伝や回想録などの自分史刊行を勧める出版界の現状など、そこにどれだけの「市場」が構成しているかを悲喜劇のタッチで描いた。妙な言い方になるのだが、こういうタッチの文章も書けるのかと自信をつけた仕事でもあった。

この取材のときにスタッフとしてついた三人の記者は、いずれも現実社会を寸断するのに鋭い目を持っていて取材してくる内容があまりにも深く、そしてエピソードも豊富なのに驚いた。たまたまこのときに、他の週刊誌で取材記者をしていたA君が『週刊文春』に移ってきて、「彼の仕事の採点をするつもりで使ってみてください」と編集部から頼まれていたので、あれこれ私が指示をだすことになった。A君は事件物に強く、どんな取材でもこなすタイプで、とくに刑事たちから話を聞いてくるのが得意だった。

海外での無銭旅行も体験していたためか、外国語にも強く、フリーの物書きと言ってもそれこそ個性の強い人が多いのだと、改めて知らされた。昭和五十年代後半からメディアの状況は、仕事の多様化により「フリーライター」のような肩書きでも身過ぎ世過ぎができる時代になっていたのである。

このシルバー産業の連載は意外に好評で、とくに老人病院の実態をさりげなく描いた回は読者からの反響も大きく、A病院の内情とかB病院の「老人患者はカネのなる木」といった実態など具体的に、いわゆる悪徳化した病院の凄まじさを伝える投書が日々届いた。社会では薬づけ、検査づけといった医療荒廃の語が乱舞し、老人病院はまさに受けに入っているというのであった。こうした投書があまりにも多いので——しかもなかには実名で自分の病床日誌なども添付してくる手紙まであり、編集部は、老人医療の現場は常識外れの実態になっているのではないかと疑うことにもなった。

編集部では、引き続き「老人病院の錬金術」に焦点を絞って連載記事をつくりたいがどうか、と持ちかけてきた。そこでA君が二、三ヵ月かけてそれぞれの病院を個別に調査することになった。

私としてはこういう記事で、老人医療の野放図な状態にメスを入れることができるなら、それはそれで結構という程度の認識であった。とくにシルバー産業の取材の折りに、悪徳病院では医師の控え室に、一人一人の医師が診察時にどれだけの保険点数を稼いでいるか、まるで自動車のセールスマンのような売り上げリストをつくっているという話をつかんできた。薬づけ、検査づけのやりたい放題、そしてその保険点数の売り上げの何割かは医師に還元されるシステムを採る病院の存在も知った。

私たちがこうした売り上げリストの写真を密かに入手し、それを厚生省の官僚への取材の折りに提示したら、その官僚はさすがに絶句してしまった。「こんなことまでやっているとは……」と言い、「マスコミは国民医療費の膨脹に歯止めがかからないことに警鐘を鳴らしてくださいよ」と媚びるようにつけ足した。官僚の意見に同調するのは気が進まなかったが、老人医療費の無料化という麗句の政策はその裏では大いなる退廃を生んでいたのである。

老人医療の荒廃を叩くことは、厚生省の官僚の手助けになる――しかしこの荒廃はひどすぎる、余命いくばくもない老人に医療機器を使っての余命調整、大量の薬を使い、「錬金化」していることは、私たちの正義感を刺激することになった。たとえ行政を応援することになろうとも、こういう老人医療グループ排撃のために連載企画を続けようとなった。たぶんこのころに担当編集者も含めて将来の自分たちの両親への医療が錬金化されてはたまったものではない、との認識もあったのだろう、まさに衆議一決であった。

5

四人の取材スタッフは東京、大阪、それに関東周辺の医療機関を次々に取材して、濃淡の差はあれ錬金化した医療グループが幾つか存在していることを突きとめた。その大所は医師の兄弟がそれぞれ個別に中核病院を持って弱小病院を吸収、合併、あるいは買収して関東周辺に巨大グループをつくりあげている医療機関であった。傘下には二十余の病院や診療所が収められていた。『週刊文春』の編集部には、関東近県の医療グループの名を具体的に挙げて、肉親（高齢者）に対していかに金もうけの治療が行われたかを内部告発する手紙も届いていた。

取材スタッフの「正義感」に火がついた。主要な役職である院長、事務長などに宛て編集長と執筆者の私の名で、取材申し込みを行った。私も中心人物への取材は進めていたので、このグループの兄弟には名前は容易に知られていった。

取材申し込みを行って三日ほど後の夜、母から私の元に電話があった。父と母はそれぞれ六十代、七十代であったが、札幌の郊外で年金生活を送っていた。とりたてて変化のない、健康状態もそれほど案じることのない日々であった。その母からの電話で、私は一瞬どちらかが病で倒れたのかと思ったほどだった。

母の電話は、次のような内容だったのである。

〈今日、父のところに教え子のNという医師が訪ねてきた。Nの兄弟は父に旧制中学時代に数学を習ったという。ちょうど戦争が終わってまもなくのころで、北海道の南部にあるその旧制中学(戦後は新制高校)には近在の向学心あふれる学生が集まっていた。この兄弟は熱心に数学を学び、夜はときどき教員官舎の父のもとに来て復習を続けたこともあったという。そのNが四十年ぶりに訪ねてきて、ご長男が文筆の世界におられるようで、今私たちの病院グループのことを書こうとされている、どうかお手やわらかに……と父に頼んだ。父は、私は息子とは一切関係ないし、どのような仕事をしているかもくわしくは知らない。だからそんなことを頼まれても伝えるわけにはいかない……〉

母の話を聞いているうちに、私は無性に腹が立った。

父は教え子たちから同窓会の招待状が来ても、決して出席しない。幹事役が家に訪ねてきて、ぜひ同窓会に出席してほしいと頼みこんでも、それでもめったに玄関に出ないのだが、たまたま出た折りに、

「あなたたちと私との関係は、あなたたちの十代のときに一年か二年、数学を教えたという関係です。そういう関係をなつかしく思う人と思わない人がいる……私は思わないので出席はお断りします」

と拒絶の意思を伝えた。この言を父の傍で聞いていた母は、赤面したまま俯いていたという。そういう父のもとに、文筆業の息子が書く記事に手心を加えてくれとNは依頼に行ったことになる。病院長の身で、日々多忙でありながら、札幌にまで出かけるというのは相当にやましいのだ、と私は逆に強い怒りを持った。断っても置いていったというお土産はすぐに送り返し、今後はどのような連絡があっても一切面会するな、と母に頼んだ。

この一件は、編集部員や取材スタッフにも伝えた。私は心底から怒り、「これまで以上に徹底して取材してほしい」とスタッフを励ましたのである。こういう原初的な圧力は、むしろ逆効果であることを教えなければならない、と編集部と私は意思統一を図った。

それまでの文筆業という仕事の中で、大仰にいうのだが「言論への圧力」に類する行為がなかったとはいわない。しかし直接に私の仕事になんの関係もない両親の許を訪ねたという一件は、逆に何倍も筆調が強くなると私も自覚した。

この体験は、瀬島氏の取材などの折りにもそのまま生かされた。瀬島氏はむろんその立場があ

るのだろうが、文藝春秋という出版社の経営陣に懇願とか要請といった形で圧力をかける一方で、幾人かのジャーナリストを使うという二面作戦を用いているのだと知った。老人医療グループはきわめてわかりやすい単純な方法、瀬島氏の場合はさすがに国家権力そのものと一体化している部分があり、私の周辺に幾つかの罠をつくっているのも感じられた。

ただ私に直接暴力が及ぶような恐れはなかったが、〈私〉に関して徹底的に調べている動きはなんども感じた。私はこうした圧力を「言論の弾圧」と騒ぎ立てるつもりはまったくなかった。考えてみればわかるが、他人の日常を社会常識というバランスの中で批判する以上、それに取材対象者が抵抗するのは当たり前のことであり、ただそこに暴力が介在しなければいいだけで、そういう圧力に怖がらない、あるいは脅えないというのは、こちら側の必要条件なのだ――と改めて考えた。この伝でいけば、瀬島氏の圧力は直接に肉体的な恐怖がなかっただけに、私は今もそれなりの節度はあったと理解している。

6

瀬島氏周辺の取材を通じて、文筆家として感得したものはあまりにも多いが、あえてふたつのことを指摘しておきたい。その第一は、旧軍人の中にあるあの戦争に対する受け止め方の違いにはっきりと気づいたことだ。そして第二は、ワシントンのナショナルアーカイブや、メリーランド州のナショナルレコードセンターという資料の宝庫に赴いて、アメリカ政府の資料、記録文書に対する真摯な態度を知ったことである。あえてこのふたつを書き残しておくが、この体験によって、私の中に眠っている「歴史を旅する面白さ」を知ったのである。それは現在に至るまでの私の財産であり、私にとっての人生上の柱を組み立ててくれることにもなった。

その第一の点について語りたいのだが、旧軍人の中にはあの戦争に対してまったく自省のない者も少なくなかった。自省したから許されるとか許されないという意味ではなく、太平洋戦争そのものへの責任感が人によって濃淡があるという言い方をしてもいい。

ある師団司令部にいた高級軍人は、「もし君に息子がいるなら、そして戦争で死んでほしくなかったら、なんとしても防衛大学校に入学させるんだな。昔の陸軍大学校ということになるけれど、ここに入っていればまず死ぬことはない。なぜなら決して前線には行かないからだ」と別に隠すふうでもなく口にした。

こんな意見は凡庸な軍人たちがもっとも気軽に口にする言だったのである。戦争でなんで死ななければならんのか、というのは実は高級軍人の偽らざる言でもあった。指導部に列した軍人の子弟には案外戦死者が少ない。それはなぜなのか。ある高級軍人は、「そりゃあ、戦地に行かないようにいろいろ手を打つからさ」と洩らした。その方法にどんな遣り方があるのかは明かさなかった。

そういう軍人の中で、大本営情報参謀だった堀栄三氏に会えたのは僥倖であった。奈良県西吉野村（現・五條市）に住んでいた堀氏は、そのころ大阪のある私立大学のドイツ語講師を務めていた。すでに公職は離れていてのんびりと過ごしていた。大学講師は青年と接することのできる、老いてからの息抜きの仕事であった。

私が堀氏のもとを訪ねたのは、堀氏から証言を求めるためだった。その証言は戦後四十年を経て歴史的事実についての軍人間の論争を促すためであった。その歴史的事実について、書物の上ではよく確かめてはいたが、証言で耳にするのは初めてのことだった。昭和十九年十月の台湾沖航空戦について、瀬島氏は大本営の参謀としてきわめて不名誉な行為を行ったと、戦後になって堀氏にその心中を吐露していたのである。その証言を確認するために、堀氏の自宅を訪ねたのであった。

この台湾沖航空戦は太平洋戦争の歴史の中で特異な受け止め方をされた。そのことを初めに語っておくと、アメリカ海軍のハルゼー提督率いる太平洋艦隊の第三艦隊の艦載機がこのころに沖縄、奄美大島、宮古島などに攻撃を仕掛けてきた。これに対して、大本営は連合艦隊司令部や傘下の航空母艦の航空機、それに南九州の基地に控えていた第二航空艦隊の爆撃機がすぐに反撃した。この台湾沖航空戦は日本軍の大勝利で、アメリカ海軍の太平洋艦隊主力に大打撃を与えたとして、「大本営発表」はそれこそ連日（十月十二日から十六日まで七回の発表）にわたり、その戦果を公表したのである。アメリカ海軍の航空母艦十隻をはじめ戦艦、巡洋艦などを次々に爆撃、大破、沈没せしめ、「敵兵力の過半を撃滅、輝く陸海一体の偉業」を国民に伝えつづけた。

真珠湾攻撃以来、日本軍はこういう戦果を挙げたことがなかった。日本国内は負け戦が続くなかで、それこそ久しぶりに勝利の快感に酔ったのである。

ところがこれが偽りだった。まったくの虚報で、アメリカ海軍の空母にはまったく損害はなかった。この誇大な戦果をもとに日本軍はルソン決戦をレイテ決戦に急遽変更したが、逆にアメリカ軍に徹底した攻撃を受けてレイテは玉砕の地となっていく。十万人余の日本兵がこの虚報の犠牲になった。

台湾沖航空戦の誇大な戦果がなぜ大本営の中で検証されなかったのか、その不明朗な事実が明らかになったのは昭和六十一年のことで、『歴史と人物』誌上で「比島決戦を誤らせたもの」というタイトルで、元大本営参謀の朝枝繁春氏が、台湾沖航空戦の戦果は事実ではない、よく点検されたしの電報を大本営に打った情報参謀がいるといって堀氏を紹介していた。堀氏はこの座談会に誌上参加し、瀬島氏がシベリアから戻ってまもなくの昭和三十三年に会った折りに、「自分はずっと悩んでいた。あの時の電報をにぎりつぶしたのは私だった」と告白されたと語った。それによって瀬島氏が肝心の電報をにぎりつぶしていることがわかったのである。

堀氏の自宅は「皇居跡」である。後醍醐天皇が吉野に逃れてこの地に隠れ住んだときの「皇居」であり、国の重要文化財の指定を受けている。私が堀氏と対話したのは、別棟の私宅であった。堀氏は、私が事前にかなり詳細に調べていたこともあって、三十年間洩らさなかった史実を初めて詳細に語った。当時、大本営の情報参謀だった堀氏がどのような経緯で、台湾沖航空戦に疑問を持って上司に電報を打ったかは拙書（『瀬島龍三——参謀の昭和史』）で確かめてもらう以外にないが、私は堀氏の次の言だけは今も記憶にとどめている。

「あの戦争には多くの反省点があります。台湾沖航空戦の誤った情報によって、作戦も変更になりました。それで十万人の兵隊が死んだのですから……。やはり大本営の作戦、情報にかかわった者は正確な史実を残すべきだと思う。私自身、旧軍人仲間から批判されるかもしれないが、やはり史実は語っておきたい」

この台湾沖航空戦に関して、私は何人もの旧軍人を取材したが、大体は隠したがっていることがわかり、憮然とした思いもあった。そのなかで堀氏はとにかく次代に真実を伝えようと覚悟したのである。

直接の当事者である瀬島氏はどのように答えるだろうか、私はこのときに最終的に瀬島氏を取材する折りの光景をなんども思い浮かべた。そのうえで、史実というのは、つまりは「人間像」の所産なのかと妙に納得する気分にもなった。

もうひとつ、私の得がたい体験を語ってみたいのだが、ワシントンのナショナルアーカイブに行って連日、資料や記録文書を調べているうちに、アメリカという国のすさまじいまでの実証主義に驚かされた。とにかく大日本帝国から新日本へ移るころの文書や東京裁判の記録文書などがすべて整理されてあった。メリーランド州のナショナルレコードセンターにも何日間か資料検証のため入りこんだのだが、そこではアメリカ軍は日本のある町の町内会の名札まで押収して記録として保存していた。マッカーサー元帥に宛てた日本人の手紙などもそのまま保存されていて、自由に読むことができた。

ある人物がマッカーサーに宛てて、私の町の誰某は戦時中には鬼畜米英と言っていたのに、アメリカ軍がくると私たちに星条旗を振れ、と言っています、こんな連中に罰を加えてください、と手紙を書いている。そういう手紙を、それこそ四十年余を経て私たちがアメリカの公的機関で読んでいる。戯れに手紙なぞ書くものではないと私とY君は苦笑いを浮かべたものだ。

瀬島氏についてのアメリカ軍による調査内容を調べる折りに、「S」の人名項目の箱をとりよせて読んでいくと、やはりSで始まる大物右翼のファイルが出てきた。ところがそのファイルをめくっていくと、カミソリで見事にある部分が切りとられていた。推測すると昭和十三年、十四年ごろの彼自身の活動を記入したと思われる箇所であったが、イタリアのムッソリーニに魅かれての右翼活動を続けていたと思われる記録であった。これらの人名項目は「SECRET」のスタンプが押してあったが、私が請求すると公開すべき年代に入っているせいか、そのスタンプに斜線を引いて私に手渡してくれる。

ということは、と私はつぶやいたものだ。GHQ内部の者に手を回して都合のわるい部分は切り抜いたのかもしれない。Sという人物の手際のよさに驚かされた。

この記録文書の調査にあたっていた私たちは、瀬島氏が、東京裁判に検事側（ソ連側）の証人として出廷するために、急に命じられてハバロフスクから東京に飛行機で飛んできたとの証言が、まったく偽りであることを知った。何の準備もなく、ソ連側に連れてこられて、ソ連に都合のよい証言をさせられたと述懐していたのだが、まったくの嘘だったのである。

瀬島氏は関東軍の草場辰巳中将と松村知勝少将の二人とともに、ソ連側の証人になることに同意し、ソ連の保養地に連れていかれ、そこで法廷での証言の練習をしていたのだ。そのことを草場は詳細な日記にまとめていて、ソ連の飛行機で東京に連れてこられて裁判に証人として出廷する前日に、青酸カリを口にして自殺している。草場は初めからその道を選ぶつもりで日本に戻ってきたのである。彼の日記にはそのような心情が丁寧に書かれてあった。

草場の自死後、アメリカ側はソ連側からこの日記のコピーを入手して英訳、そして東京裁判用の記録文書の中に入れていた。ソ連は、われわれが殺したわけではない、とこの日記を提供したようであった。英文に訳された日記を読んで、瀬島氏はどのような状況になっても表情を変えずに、そして現実を否定していくタイプに思えてきたのである。

7

昭和六十年の秋から冬にかけて、私たちは最後の詰めを行い、そして取材網から洩れている人物がいないかを何度も確かめた。

瀬島氏の側からはインタビューに応じると連絡があり、質問項目を提出してほしいとの意向も示された。そこで私が作成した質問項目は、四十項目に及ぶ膨大なもので、それも「大本営参謀時代の思い出について」などといった内容ではなく、たとえば「台湾沖航空戦での電報にぎりつぶしはなぜだったのか。なぜそれを堀栄三氏に告白したのか」といった具合に細目にわたった。

その質問項目を届けたあとに、瀬島氏から編集部に、「質問が細かすぎる」との苦情もあった。しかし私たちは通り一遍の質問ではなく、瀬島氏の折々の心情を、あえていえば日本の軍官僚としての優秀さが「シベリア収容所」でも、「伊藤忠商事」でも、そして「臨時行政調査会」にあっても有能な士たりえたという事実は、充分に検証に値するという答えを返した。

瀬島氏に会ったのは手元のメモを見ると、昭和六十二年三月二十三日と二十五日の二日間で、それぞれ四時間ずつ延べ八時間に及んだ。東京・永田町にあるキャピタル東急ホテルの一室で、このホテルは瀬島氏が私的な事務所としても使用していた。このとき瀬島氏は七十五歳で、私は四十八歳であった。「君が保阪君か」と瀬島氏は名刺を交換するや、じっくりと私を見つめた。

その最初の出会いのときの私の印象は「えっ」という驚きであった。

瀬島氏の視線には闘争心がなかったのである。微妙な言い方になるが、むしろ弱々しいとの印象さえ受けた。人は一生の終わりに近づくと、誰もが対象を見つめる視線が弱くなるのかもしれないと率直に思った。私と同行したのは月刊『文藝春秋』の記者のY君とカメラマンであったが、瀬島氏は実に丁寧に、「どんなことを尋ねたいのか」と言い、「質問項目の第一項からひとつずつお尋ねしたいのですが……」と応じると、瀬島氏は「わかった。答えよう」と話し始めた。

この八時間のインタビューで、私は瀬島氏の胸中がしだいにわかってきた。質問自体はこれまでどのメディアからも受けたことのない内容だったのだろうが、それでもできるだけわかりやすくとの姿勢であった。

しかしまもなく瀬島氏の会話にはある特徴があることに気づいた。それは本質にふれる質問には、できるだけ細部を強調してその本質をぼかすという話法であった。そしてもうひとつは、相手の知識に応じて、答えの内容を変えるという手法である。

たとえば、「あなたは昭和二十年八月十九日にジャリコーワで極東ソ連軍のワシレフスキー元帥と停戦交渉を行ったと言われます。これは停戦交渉ではなく、ソ連側の命令を示達されたということではないでしょうか。このときに八項目が決まったと言いますが、その八番目が、今の防衛庁戦史部の戦史叢書では、『略』となっています。実際はどんな内容だったのでしょうか」との質問に、瀬島氏はまずワシレフスキーというのはまだ四十代だったとか、スターリンにその能力を買われていたといった話を長々と続ける。

そして今度は自分たちが新京からジャリコーワに行くときの飛行機の手配の話、その道筋にはすでにソ連軍が電話線を引いていたとか、そういう話をやはり延々とする。なかなか私の質問には答えてくれない。

その説明に質問を挟むと、話はますます本筋から離れていくので、私はうなずいて聞いているだけにとどめる。そして答えは「停戦会談というのはわれわれが思っていたこと」で、両者の合意ではなかったことがわかるという具合であった。

もう一点の相手の知識を確かめたうえで、答えを変えるというのはすぐにわかった。たとえば瀬島氏は、「昭和十六年十二月一日に陛下にお会いするために宮中に行ったときに、その日は雪が少し降っていて、それをみながら自動車の中から、ああやっぱり戦争になったかと思ったよ」と証言する。まだ三十代の有能な参謀がたった一人で陛下のもとに行ったように思われる。瀬島さんというのは日本陸軍を動かしていたんだと推測したくなる。実際にこう受け止めている人がいて、私は啞然としたことがある。

「そのとき杉山参謀総長の鞄を持って宮中に行ったわけですね。車中で杉山さんはどういう話をされたのですか」

と尋ねると、単に一軍官僚として上官の鞄持ちでついていったことがわかる。この役は瀬島氏ではなくても、たまたま作戦部にいる参謀が、杉山から「これから陛下のところに行くから、鞄に書類を詰めてついてきてくれ」と言われただけなのである。

こういうやりとりを八時間くり返すなかで、私は瀬島氏がしだいに好きになった。尊敬の感情とは異なるが、実は人間味丸出しのところが気にいったのである。

後日譚を書いておくことになるが、この書（『瀬島龍三——ある参謀の昭和史』）は、大宅賞の候補作品にノミネートされたが、その選評で、立花隆氏が、「著者は実は瀬島というタイプの人間が好きなのではないか」と書いていた。確かにこの書は、瀬島氏を弾劾した書になったが、私はこういう人物は決して嫌いでないこともまた八時間の取材時間の中で感じとったのである。

二日目の取材を終えたあとに、瀬島氏は私だけを呼び止め、部屋の一角に連れていき、「君はあの戦争のことをよく勉強しているね。堀君との話は、あれは堀君の錯覚だとしてほしいね。私はよく覚えていないんだ……。まあ、これからはときどきは僕のところに遊びにきたまえ。いろいろ面白い話もあるから……」と囁いた。自分の陣営に入れということだろう。

私は、「多くの点で私も勉強になりました」と丁重に挨拶をして別れた。

もしこうした甘言を口にしなかったら、私は瀬島氏はひとかどの大人物だと思って畏敬の念を持っただろうが、こんな姑息なことを口にするのかと幻滅を感じた。

ともかく昭和に生きた参謀の実像を描くという筆調で百二十枚の原稿にまとめ、担当編集者である木俣正剛氏に手渡した。二日間、集中的に書いただけに、幾分荒っぽいところはあるにせよ、私としては得心のいく原稿となった。

「百二十枚は少し長いので、幾つかの箇所はばっさり削除しますよ。情け容赦ないかもしれませんが……」

まだ三十代半ばの木俣氏はそう言って、この原稿を百枚ほどに縮めた。私はどちらかといえば、単行本育ちなので四百字で三十枚といわれても少々長めに書いてしまう癖があった。したがって雑誌原稿では、冗長な部分も出てくる。木俣氏はそうした冗長な部分を見事に削除していた。

私はこのころ月刊誌によく原稿を書いていたが、有能な編集者は全体に原稿を縮めるのが巧みだった。それだけ読書家が多いということでもあるのだろう。著者よりもはるかに多くの知識に精通していて、誉め言葉になってしまうのだが、原稿を書くときの示唆は明確であった。木俣氏もまた瀬島氏の人物像の中心軸が浮きぼりになるように原稿の密度を高めていた。

8

四百字詰めにして百枚ほどの瀬島氏の人物論は、月刊『文藝春秋』の昭和六十二年五月号に「瀬島龍三の研究」と題して掲載された。同誌は毎月十日に発売になるのだが、さっそくその日から読者からの電話やファクス、それに投書などが続くことになる。瀬島氏は当時、その人生においてもっとも輝くときを迎えていたともいえるが、はからずもこの企画はそのピーク時の姿に、過去の動き、とくに多くの点で不信感が持たれている大本営参謀の姿に、疑問符をつきつけることになった。

あえていえば瀬島氏を論じることは、そのまま近代日本の現実を再検討することにもなったのである。

このころの時代状況を改めてその当時の新聞や雑誌で確かめていくと、五月三日には朝日新聞阪神支局の編集室に覆面姿の暴漢が侵入し、銃を乱射して記者一人が死亡、もう一人が重傷を負っている。この事件のころに瀬島龍三氏というあの時代の主役に異議を申し立てて、ノンフィクションという分野の中で評伝を書くことへの関心を強めていたのだと思いだした。とすれば、この言論弾圧事件について私自身の立脚点を重ね合わさなければとも考えるのであった。

もうひとつ、私たちの耳に入ったある事実も書いておかなければならない。

やはりこの年、ココム（COCOM、対共産圏輸出統制委員会）では自由主義陣営は戦略物資を共産圏へ輸出してはならないと決めていたが、昭和六十一年に東芝機械が原潜のスクリューを製造できる船舶推進用プロペラをソ連に輸出していたことが判明して大騒ぎになっていた。この組織にはNATO（北大西洋条約機構）加盟の十五ヵ国と日本などが加わっていて、いわば東西冷戦下の戦いの一面を演じていた。

東芝機械のこの輸出は、自由主義陣営から批判され、通産省は五月十五日にこの企業が共産国への輸出を一年間停止するよう処分を下している。私はこんな記事を新聞で読んでもさして気にならない。というより、まったく関心はなかった。しかし月刊『文藝春秋』の私の記事がこのような事件に利用されたことに驚いた。つまり私や編集部の意図などとまったく関わりなく、こうした記事自体がひとり歩きすることを知ったのである。

ある全国紙の記者が訪ねてきた。

そこで彼は、今なぜ瀬島氏を批判的に取り上げる記事を書いたか、と尋ねてきた。誰かの差し金ではないのか、というのであった。私は、そんなことは文藝春秋社の編集部に確かめるべきで、私がそういう事情は知るわけはないと答えた。顔見知りの通信社の記者が、今アメリカの議会で面白いことが起こっていると伝えてくれた。彼はワシントン支局からのニュースだと前置きして、大要次のような話をしたのである。

〈アメリカの下院の全議員の郵便受けに、日本の有力誌が中曾根内閣のブレーンに共産主義的人物がいて、その人物論を取り上げたと、君の原稿を英訳して撒いた者がいる。アメリカでは、瀬島氏はソ連に通じていると思われているらしいよ。シベリア収容所で赤化したとか、あるいは東京裁判でソ連側の証人に立ったことなどからそう見られているらしい……〉

そういえば、と私は思いだした。日本の公安関係筋のなかには、瀬島氏がソ連に通じていると頑なに信じている者もいたし、逆に瀬島氏は『文藝春秋』編集部が自分の周辺を取材している段階で、ある人物の名をあげ、「彼がやらせたな」と口走ったという。私はそういう構図には疎く、その情勢を読みぬく力はなかったが、ただ当の本人に興味を持ったから書いただけ、というのに、世の中とは面白いものだなあとつぶやく日々を送った。

瀬島氏に対してはどちらかといえば批判的な空気が当時の社会の底流にはあったらしく、この原稿はいつ単行本になるのか、との問い合わせが多いことにも驚いた。

すぐに本にしなければと私も焦ったが、百枚の原稿を書くために頭の中には瀬島龍三論のひとつの世界ができあがっていた。百枚もあるのだからあと二百枚ほど書き増しして一冊の単行本にすればいいではないか、というのはまったくの素人考えで、私はまず頭の中にできあがっている百枚の瀬島龍三論を壊さなければならなかった。解体することによって初めて単行本を書くという地点に立つことになる。解体するのも時間がかかることであり、それが一ヵ月や二ヵ月ではできないことを知らされた。

文藝春秋出版局の編集者・藤澤隆志氏は、そのあたりのことをよく心得ていた。そのためにしばしば会って目次をつくることから始めていくことになった。ほぼ一年近くかけて単行本として上梓することになったのだが、その間、藤澤氏は私が書きあげていく原稿に、幾つかの付箋をつけて事実関係の弱いところや論理の飛躍している部分などを丹念に指摘していく。そのことによって、しだいに隙間のない濃密な瀬島像ができあがっていった。

著述家というのは机で原稿を書いているときは確かに孤独であるが、しかしひとたびそれを最初の読者である編集者に手渡した段階から少しずつ社会的存在になっていく。一冊の単行本になるときには、そこにあまりにも多くの人たちが関わっている。印刷、製本、取次、広告、宣伝、書店などの大河の中を、自分の本が流れていき、一日に数百冊の書籍が刊行されていて私の一冊はたとえ泡つぶのようなものであっても、それは人びとの日常と大いに関わっているのだと、私はこのときに初めて肌身で知ったのである。

9

昭和六十二年十二月に瀬島龍三氏の評伝は単行本として上梓された。紀伊國屋書店や東販などのベストテンに、この書が入っていくことに驚かされた。二万、三万から五万、六万と部数は伸びていった。印税が入ったといっても私たち家族はとくに贅沢をするわけでもなく、ちょうど三人の子供が中学生から高校生に、そして高校生から大学を目ざす年齢になっているときだったので、妻は、「とにかく貯金しておくのよ」と言って、生活が派手に傾くのをなによりも嫌った。

なるほど、神社の娘というのは生活が質素にできあがっていて、それをとくに不満と思わないのだなと改めて感心した。私は四十代後半になっていたから二十代の編集者と会食するときには、「君は独身か」と尋ねて、そうだと聞かされると、「おい、結婚するなら寺社仏閣の娘がいいぞ」と勧めるのが口癖になった。

「なぜですか?」「まず月給という習慣を持っていない。質素である。礼儀正しい。敬語の使い方を知っている……。それに、正座をする習慣があるから座りダコがある」「文句ないですね」「君も探せよ」「どうやって探すんですか」「毎朝午前六時ごろに、神社やお寺にお参りに行けばいい。そのうちに信心深い人という噂が立つさ」「でもそこに年頃の娘さんがいないとだめですよね」「そりゃあそうだ。そんなことは事前に調べろよ」——。そんな会話をしているうちに、私はふと神官の苦悩を思いだすことがあった。

妻の父親は明治生まれの古いタイプの神官であったが、私が結婚してまもなく、夏祭りの手伝いに行ったとき、金沢周辺の村々にある社を訪ねて祝詞をあげるのに同行したことがあった。山間の戸数がわずかの社を訪ねたりもするので、その日は一日、そういう社回りにつかわれる。山道を二人でゆっくりと登っているときに、義父は少し間延びする金沢の方言まじりに言った。

「こんな山道を疲れたといって登るのは幸せなことだ。あの戦争のときは、出征する村の青年たちに戦勝祈願のお祓いをしたり、祝詞をあげたりせにゃならんかった……。それが神官に課せられた役割でね。まあ、国から給料のような形でお金をいただいていたから、断るというわけにはいかない。そういう青年の中には戦死した者もいる。戦後になって、この山道を登って田舎の杜に行ったとき、お宮さん、うちの息子は死んだ……あんたに祈ってもらって生きて帰ってほしかったのに、お宮さん、恨みます、と言われたときは辛かったね。あんなことは二度とこりごりだ……」

ふだんは政治の話など一切しない義父がこのとき初めてその胸中を口にした。私は戦前、戦時下に神社に課せられた役割についてはほとんど知らなかったのだが、この義父の言を耳にしたときに、神官たちの心情はさまざまであるにせよ、田舎の共同体に根を下ろしている神社は、むしろその共同体を守るよりも破壊する役割を与えられたのかと、言葉がなかった。

この義父の言をもとにして、私はナショナリズムとは何か、ナショナリズムには上部構造と下部構造の違いがあり、下部構造の共同体に伝承している倫理や規範は守らなければならないとも気づいた。ナショナリズムというテーマについて考えるきっかけにもなった。

とくに瀬島氏と義父は明治四十四年と同じ年の生まれで、ナショナリズムというテーマを考えるときに二つのタイプを代表していることに思い至ったのである。

瀬島氏の評伝を書くことで、私は著述業という世界の階段を一歩上がったことに気づいた。いささか手前味噌のような表現になるのだが、原稿執筆の依頼が一気にふえたのである。テーマは多岐にわたるが、むろん昭和史に関わる各種の素材、明治・大正・昭和の三代に生きた人物の生き方、編集部が考えた企画に合わせてのレポートや評論、数えあげればきりがない。私は酒を飲むほうではなかったが、それでも出版社の編集者たちとの交流の中で新宿のゴールデン街にも連れて行かれた。私の行きつけの店は——といっても編集者たちに連れられていくのだが、「ナベさん」という店だった。

この店のマスターは福島出身で、『週刊読書人』の編集部にいたと聞かされたが、文芸評論を書くという顔もあり、客は出版関係が多かった。私もよく議論をしたり、噂話に興じたりした。しかし酒好きになれずに、そういう議論にも飽きると、大体は午後九時か十時ごろには店を出る。ただ文藝春秋社や講談社などの編集者と飲むときは談がはずんで、十二時をすぎてしまうこともあった。私はある量以上は飲めないので酔うということはなく、議論を交していても冷めた部分があり、議論に熱中することはできなかった。

昭和六十年代ごろ、ゴールデン街に行く編集者とは別に酒食を共にして楽しかったグループは、文藝春秋社の浅見雅男氏、藤澤隆志氏、それに講談社の阿部英雄氏、共同通信社会部の高橋紘氏らとの席だった。大体は四谷の中華料理店で会って食事をして、そのあと少し上品なバーで洋酒を飲むというつきあいであった。

高橋氏は皇室担当も務めたうえに、昭和史に関心を持つ記者で、こうした席では、「二・二六事件の青年将校の指導的リーダーは誰か」を論じたり、「東條英機の歴史的罪が問われるとするなら、それはどんな点か」などの議論を続けた。

非礼な言い方になるが、新聞記者はむろん専門分野については深い知識を持っているにせよ、昭和史などにはそれほど強い関心を持っていない。このジャンルではしばしば特ダネに類する報道が行われるが、そんなときに新聞記者の取材を受けることもあったが、その質問を聞いていて、この人はあまり史実を知らないなとつぶやくこともあった。しかし高橋氏は、昭和天皇の侍従のほとんどに会って史実を確かめているので、その知識はくわしい。

さらに占領史研究会の有力な一員であり、アカデミズムの側とも交流を持っていた。私と知りあってからも名古屋支社や仙台支局長、メトロポリタン放送の報道局長などを歴任したが、それでも私たちとは定期的に会っては昭和史の知識を披瀝しあったり、社会情勢を論じたりした。

たぶん高橋氏の紹介ではなかったかと思うのだが、共同通信社文化部で書評を書くことになった。書評というジャンルに私は興味を持っていくのだが、その端緒は共同通信社に書評を書くことで始まった。やがてN記者の依頼で毎月二冊から三冊の本を読み、それをもとにしてのエッセイ風書評を書いてみないかということになった。取り上げる本も私が書店で自在に探して面白いと思う本ならばどのような書でもかまわないという条件であった。月に二回の約束で書き続けた。

高橋氏のルートというわけではなくても、共同通信社の取材や原稿依頼は決して断らなかった。

なにより共同の発信によると、全国の地方紙に掲載されることが多かったからだ。

エッセイ風の書評は、四年近く続いたのだが、当時岐阜の妹宅に身を寄せていた母は、地方紙に私の記事が掲載されるのが楽しみで、それを切りとってはスクラップブックに貼っていた。私は親孝行ができることを喜んだ。

あるとき、浅見氏から「秩父宮殿下の評伝を書いてみないか」と勧められた。浅見氏は旧華族の研究を進めていて、会社では一切私的な研究に時間は使わずに、土曜日、日曜日に限って各地の図書館などを調べて、研究を続けていた。そのような原則的な立場を崩さないことに、私は畏敬の念を持っていた。その浅見氏の勧めであったにせよ、即座にはうなずけなかった。

なぜなら昭和天皇の弟宮である秩父宮殿下について、昭和史の中ではその位置づけが不明確であった。皇族であり、陸軍の軍人でもあり、二・二六事件では黒幕のような言われ方もしているし、戦後は、発言する皇族として、民主主義体制そのものを礼賛し、象徴天皇に深い関心を持ち、共鳴していたのである。このようなタイプの皇族について書き進める自信がなかったし、なにより取材対象をどこまで広げるべきか、しかも皇族の内部に取材はできるだろうかといった不安もあった。秩父宮妃殿下への取材が可能なら、その評伝を書けるようにも思った。

「妃殿下への取材が可能なら、ぜひ書きたいですね」

という私の言に、「では取材申し込みをしてみましょう」ということになった。昭和六十二年の秋ではなかったろうか。つまり私が、瀬島氏の評伝を単行本として書き終わったあとだったように思う。浅見氏の説明は、私にとっても納得のゆくことだった。秩父宮殿下を評伝としてなぜ書かなければならないか、昭和史解明のためにとにかく納得したのである。

さっそく私なりに評伝を書く準備に入った。秩父宮について書かれた記事はすべて集める。雑誌の記事が中心になるが、新聞記事にも目を通していく。その発言についても報じられている内容はスクラップに貼りつけていく。

そのあとで、私の用いる手法、本人を核として第一次円、第二次円、第三次円、第四次円をつくっていき、誰を取材すべきかのリストを作成する。そこで死亡した人の名は外していく。私はほぼ二ヵ月ほどでこうした作業を終え、何人かの人物に話を聞いて歩いた。昭和天皇の侍従だった岡部長章氏や近衛文麿の女婿だった細川護貞氏などの証言を得て、宮中内部での秩父宮の位置も少しずつわかってきた。

史料を丁寧に読んでいるうちに秩父宮殿下に強い親愛の情をもった。これほど真摯に生きた人物はいるか、という驚きもあった。そんな思いを固めている折りに、浅見氏から「妃殿下から取材に応じる旨の連絡があった」と伝えられた。小躍りしたい感情を味わったことを、今なお忘れられない。

第九章　昭和の終わりと平成の始まり

1

昭和六十年代から平成に入って、そして現在に至るまで私は常に「文藝手帖」を持ち歩いている。文藝春秋発行のこの手帳には、「寄稿家住所録抄」があり、文筆家が五十音順に収められている。この住所録抄に私の氏名、住所が掲載されたのは、昭和六十三年（一九八八）からであった。一応物書きとして認知されたことになるのだろうが、このころからこの手帖に日々の私の予定、さらには折々の心境、ときにこれからどのような仕事に取り組むかなどを克明に書きこむことになった。

今でもこの手帳に予定を書きこんでいるので、これが手元になかったら私はまったく動きがとれない状態である。朝起きてこの手帖を見なければ、この日のなすべきことがわからないというのが現実だ。

この稿を書きながら昭和六十二年からの手帳の束を改めて繙《ひもと》いてみると、毎年一月一日の項に、今年はどのようなテーマに取り組むか、私の人生は今どういう形で動いているかなどを真剣に書きこんでいる。昭和六十二年の一月一日には、除夜の鐘を聴きながら書いたようだが、「午前零時十五分記」とあり、こんなことを書いている。

「一昨年（昭和六十年）を機に、私にとって実りが多い年に入ったように思う。なぜそう思うかといえば、父の死によって私自身に気持の変化が起こったからだ。父は他人に誤解されるタイプだった。本当は気の優しい、しかし芯のある男だった。自己表現が下手で、とくに自らの意思を適切に伝えるのは苦手だった。たぶん数学教師として数学にしか関心がなかったからだろう。父とは諍いを起こすことが多かったが、今にして思うと私は父と同様に常に孤独を実感していた。……父よ、その孤影を私はいつか書き残す」

「昭和六十二年には、『新潮45』の連載（「自伝の書き方」）を書籍にしよう。『大学医学部』は五月に講談社から文庫になることも決まっている。私だってもう四十七歳だ。四十代はあと三年で終わる。今、除夜の鐘が鳴っている。今年は徹底的に自分と闘い、その闘いの中からいい作品を書き残したい。そして家族のために家を持たなければならない」

こんなことが書いてあった。昭和六十二年は毎月必ず月刊誌に原稿を書いていて、月間に百枚余を書くのがふつうだった。同時に自分の書きたいテーマも追いかけていた。とくにこの年からは昭和天皇の弟宮である秩父宮雍仁親王の生涯を著すことに時間を費やしていることがわかる。秋からは本格的に取材に入っている。

情報のルートは今なお言えないのだが、実は秩父宮家関係のある団体が、殿下が亡くなられたあとの昭和二十八年に、ゆかりのある人たちを片っ端から訪ね歩いてその思い出を集め、それを謄写版にまとめた殿下を偲ぶ六百頁に及ぶ証言集がある。この証言集を参考にしてかまわないとの諒解で、自在に閲覧することができた。

当時はまだ昭和陸軍の関係者も、将官クラスも含めて存命者が少なくなかった。そういう将官たちの秩父宮を見つめる目がそのままこの証言集には描かれていた。

それゆえか秩父宮殿下の五十年の人生の歩みを追いかけているうちに、私はしだいにこの皇族に強い関心を持つようになった。昭和天皇とは一歳余の違い（明治三十五年六月二十五日生まれ）だが、幼年期から行動を共にしている。伯爵の川村純義のもとで育てられた折りの各種の記録を読んでいくと、兄宮はおとなしく、秩父宮はきかん気の幼年だったことがわかる。これは川村純義の述懐なのだが、同じ兄弟でもこれほど性格が違うかというほどの開きがあったとの証言も残されている。たとえば二人が悪戯で障子を破ったとすれば、兄宮は注意されるとすぐに「ごめんなさい」と謝るのに、秩父宮は叱った養育掛に逆に悪態をつくというのであった。

秩父宮には次男坊としての気の強さがあったということになろう。

こうした一般には知られていない史料を読みこみ、さらに秩父宮の副官や部下であった軍人たちの証言を聞いていくと、秩父宮の五十年のその軌跡がごく自然に頭に入ってきた。

昭和十五年夏の富士山での大演習で、雨に降られる中でひたすら兵士たちの指揮にあたっていた秩父宮は、この日の夜から発熱し、医師の診断を仰ぐとクルップ性の結核であることがわかった。以来昭和二十八年一月四日に亡くなるまで、赤坂の御殿や御殿場に建てた秩父宮家の別荘で療養生活を続け、目まぐるしく動いた昭和という時代を、まるで傍観者のように見つめたのである。

秩父宮の一生は、微妙な立場であった。昭和天皇の弟宮だから、兄宮になにか不測の事態があったら、皇位を継がなければならない。しかし日ごろは、兄宮にとってかわろうなどといった不穏な考えはもってはならないと教えられる。天皇になりうる可能性もあるのだからその心構えを身につけなければならない、しかし自らその地位に就こうという考えを持ってはならぬという教育方針であった。

秩父宮はその教えをよく守った。孝明、明治、大正天皇は皇子がただひとりで、そのまま帝王教育を施せばよかったわけだが、昭和天皇には三人の弟宮がいた。そのためか宮内省には次男以下にどのような方針でいかなる教育を行うべきかの特別なカリキュラムはなかった。すべて試行錯誤であった。その矛盾がそのまま秩父宮に負わされたのである。

元老西園寺公望は、皇太子と一歳下の弟宮との対立によって争いがくり広げられることになったら、それはまさしく「壬申の乱」の様相を帯びる、そのことを何よりも恐れていた。とくに秩父宮が国家改造運動を目ざす青年将校たちから担がれることがあってはならないと、ことあるごとに周囲の人たちに説いていた。

2

私が秩父宮像を求めて取材に歩いたのは、昭和六十一年から六十二年（手帳を改めて確認すると、関係者の誰某にいつ、どこで、何時間会ったかなどを丁寧に記していた）、とくに六十二年の夏ごろまではこの取材に没頭した。仙台に、大阪に、長野に、と関係者を求めて歩いた。「秩父宮殿下の評伝を書こうと思っているんです」と言うと、誰もが「ぜひ書きなさい。殿下の本当のお心持ちはなかなか世間に伝わっていないんです」と励ましてくれた。

東京・八王子に住んでいた森田利八氏は、すでに八十代に入っていたが、娘さんとの二人暮らしで私が訪ねていくと、いい話し相手ができたとばかりに殿下の考え方を丁寧に説明してくれた。森田氏は麻布の歩兵第三連隊（歩三）で、殿下の部下だった将校であり、ときに秩父宮の住む御所に招かれて会話を交わしている。二・二六事件のときに弘前の連隊から東京に駆けつけ、兄宮と共に事件の鎮圧に奔走する秩父宮はしばしば御殿に森田氏を呼び、「歩三はどうして参加したのか。止められなかったのか」「安藤（輝三）に自決しろと伝えよ」と命じている。森田氏はその密命をもって、安藤がいる反乱将校の司令部を訪ね、秩父宮の怒りを伝えた。

「安藤は、沈痛な表情をしていてね。秩父宮殿下にはまことに申しわけない、とお伝えください、自決のことは充分考えております、と言った。私は反乱将校の同調者ではなかったから、安藤が日ごろから磯部浅一や村中孝次らと接触するのを注意していた。そのことを知っていたから、安藤は殿下にメッセージを託したときは声をあげて泣いていた……」

森田氏は、老いた身をソファにゆだねながら目をつぶり語る。

昭和天皇はこの年（昭和六十二年）の四月二十九日の天皇誕生日祝宴中に倒れたのだが、森田氏はその療養のニュースが流れる画面を見ながら、「君、秩父宮殿下が兄宮に逆らって青年将校の味方だったなどと書かないでくれよ。それでは殿下に申しわけが立たない」と私に向きを変えて何度もくり返した。

秩父宮殿下の評伝を書く仕事に、寝食を忘れて没頭したのには幾つもの理由がある。このころ私は四十七歳から四十八歳になるときであったが、秩父宮が五十歳の折りに結核で病死しているのに強い関心をもったためだった。しかも死後に発見された遺書には、たまたま自分は皇族に生まれたがゆえにそれほどの苦労もなく育ったと前置きして、自分の遺体は「勢津子（保阪注・妃殿下）が諒解するならば」結核医療のために解剖してもかまわない、遺体もまたとくに宗教上の制約はなく焼いてもかまわない、と一市民の目での持論を展開していた。

秩父宮のような生き方に、私は強く魅かれた。どのような立場であれ、「一市民」としての目をもって生きるというのが、人生の核になりうるのではないかと何度かうなずいた。加えて人はどういう環境であれ、自分を見つめる目を持っていなければ、生きるに値しないとの強い自信をもつことになった。

もうひとつ、秩父宮殿下の生き方を追いかけていて、私が魅かれた理由があった。秩父宮は明治三十五年の生まれで、陸軍士官学校の卒業期は三十四期である。大体が明治三十四年生まれか、三十五年の生まれである。はからずもこの期こそ太平洋戦争時の指導部の末端に位置していた。いわば太平洋戦争を現場で動かしたのはこの期でもあった。思いつくままにそういう軍人の名を挙げていくなら、赤松貞雄、石井秋穂、西浦進、服部卓四郎、堀場一雄らの名前がすぐに挙がる。彼らは徹底した軍官僚とリベラルな軍人（対中戦争に距離を置いた軍人ともいえるが）とに分かれる点に特徴があった。正直にいうと秩父宮はリベラルな軍人の系譜につながっていたのである。その時局認識が、私には快かった。

ただ私が興味を持ったのは、この世代からが近代日本の知性を身につけていったのではないかと思えることだった。一九〇一年生まれ、つまり二十世紀の幕開けの世代の宿命を感じた。

私の父が肺がんで亡くなったのは昭和六十年七月であったが、その病床に私は、父の思い出の地や姉の友人などを訪ねて歩き、その面影を聞いてきて届けた。その折に東京女子高等師範学校（東京女高師）を大正十年に卒業した父の姉は、卒業後まもなく結核で亡くなったのを知ったが、その姉の友人たちを訪ねて写真を入手したことがあった。

といってもいずれも八十代に入っている老人たちだが、相応の地位のある人たちに嫁いでいただけに落ち着いた老後を過ごしていた。大学教授夫人だったという父の姉の友人の一人が、「私たちの学年は皆、明治三十五年の生まれで秩父宮様がお生まれになった年ですのよ。同級生には宮様の傍でお仕えになった方のお嬢様もいたんです」と洩らした。その名前は聞かなかったが、こうした証言もあって、私は秩父宮に関心を持つようにもなっていた。

3

取材がほとんど終わる段階で、秩父宮妃殿下に会うことができた。赤坂の御所を訪ねて話を聞いたのは昭和六十三年九月ではなかったろうか。

浅見雅男氏とともに宮家を訪れた。私たちには取材上で、三つの条件がつけられていた。第一は本文中でも、妃殿下とお会いしたことは一切書かないとの約束であった。第二は、インタビューの中でも政治上、あるいは人物評についての質問は行わない、そして第三は、取材時間三十分というのが、宮家の事務官からの注文であった。むろん私たちもそういう政治的な質問を行うつもりはなかったのである。

通された応接間のテーブルには、殿下のことをお調べになるにはぜひこのような書も読まれますように……と、殿下の好まれた登山、ラグビーに関する書、そして各種スポーツの書に登場する殿下を記した書があった。「自由にお使いください、と妃殿下はおっしゃっております」という事務官の言に、妃殿下もこの評伝には相当に関心をお持ちなのだということを知った。

七十代の妃殿下は清楚な感じであった。応接間は窓が大きく、中庭の芝生には秋雨がゆっくりと降りそそいでいた。初めは殿下の思い出話、そして弘前での楽しかった話などが落ち着いた口調で語られた。私はメモをとっていたが、妃殿下の話はメモにとりやすい、わかりやすい、と感じた。印象に残ったのは、

「殿下は本当にお忙しい方でした。皇族のお務め、軍人としてのお仕事、それにさまざまな団体のお仕事もありました。私がもっと補佐すればよろしかったのかもしれません……」

と自らを責めるような口調になったことが私の記憶に残った。ちょうど昭和天皇が病で倒れているときでもあり、「とにかく激務は避けなければなりませんね」とも話していた。妃殿下はふっくらとした表情で、視線は柔らかく、私たちの質問にもかみくだいて説明してくれた。三十分はまたたくまに過ぎた。私はいささか焦り気味になり、つい次のような問いを発した。

「秩父宮殿下は昭和十六年十二月当時、日英協会の名誉総裁をされていらっしゃいました。それだけに十二月八日に日本軍が、アメリカのパールハーバーを叩いたというのは相当に気にされていらっしゃったのではないでしょうか」

質問を続けながら、「しまった。これは政治的な質問ではないだろうか」と冷や汗がでてきた。いや背筋に汗が一筋流れていくような感じさえした。妃殿下はしばらく視線を中庭に降る雨に走らせていた。それから諭すような口調になった。

「あのころ、つまり昭和十六年ですね。九月、十月とよく雨が降ったのですよ。それで殿下と共に、今年はお百姓さんが大変ね、これほど雨が降るとかえって作物がとれないのではないでしょうかって、そういう話をしたんです」

私はこの答を聞いてほっとした。私の質問をたしなめるでもなく、「政治的な発言には答えません」と一蹴するわけでもなく、巧みに話をそらしてくれたのである。私は内心で、妃殿下に感謝していた。インタビューを終えたあとに、浅見氏と話し合ったのだが、妃殿下の答は、あの年の雨に託して真珠湾開戦時の両殿下の心情を語ったのだろうか、それとも私の質問をたしなめるかわりにそれとなく話題を転じたのだろうか、そのどちらなのだろうと首をひねった。もとより私たちは前者だと考えたかったが、うかつに答を出すわけにもいかないという点で一致したのである。

その後、昭和天皇の侍従だった岡部長章氏に、この回答はどのような意味なのだろうかと尋ねてみた。岡部氏はためらうことなく、「それは保阪君自身の問題だね」と答えた。そしてつけ加えた。

「皇族の方はそういう答え方をするときがありますが、それをどう解釈するかはあなたの問題、ということだ。真珠湾攻撃に不快の念を持ったことを、あなたにむけて正直に語ったと考えてもいいのです。でももし将来、このことが問題になったときに妃殿下に迷惑をかけてはいけません。すべてあなたが責任を負うということです」

岡部氏の言は、なるほどとよく理解できた。皇族の方と話すときはこのような言い方に馴れることだ、とも考えることになった。その後現在に至るまで、私は何人かの皇族の方に話を聞く機会があったのだが、その折に決して政治的な質問はしてはならないとの鉄則と、その言葉の解釈には自分が責任を持たなければならないことを強く意識した。

4

私の手帳を見ると、昭和六十三年の七月、八月、九月はひたすら秩父宮殿下の評伝を書きつづけている。八月二十九日から四日までの一週間は、「とにかく秩父宮殿下の評伝を書き続ける」とあるし、次の週もまた「ひたすら書く。秩父宮殿下の思いに共鳴すること多し」などとも備忘録に綴っている。このころに毎日新聞の夕刊学芸欄に「視点」というコラムがあり、そこに二週間ほど連続して四百字から六百字の原稿を書いている。その原稿を書く以外はほとんど連日、秩父宮殿下の像を固めていくことになった。

原稿を書くという仕事は、つまりは四百字詰め原稿用紙に筆一本で、私の思う世界、いや私の考える空間を構築していくことであった。それは哲学者であると同時に未知の世界にとびこんでいく冒険家のようでもあった。東條英機や瀬島龍三の評伝を書くのとは異なって、秩父宮殿下の像をつくりあげるために、毎日机にむかってペンを走らせることが決して苦痛ではなかった。

九月十二日夕方、私は文藝春秋社を訪ねて出版局部員でノンフィクション担当の藤澤隆志氏に四百字にして五百八十枚の原稿の束を手渡した。あと残り四百枚ほどになっていた。残り四百枚を書こうと思えば三週間ほどで容易に書けた。それなのに書かなかったのには理由があった。奇妙な表現になるが、私の心理は秩父宮殿下に強い畏敬の念を抱く状態になっていて、容易にその心理からはなれることができなかったのだ。たぶん秩父宮がお亡くなりになる昭和二十八年一月に至る半年の動きを書くのは辛く、涙なしには書けないだろうとも考えた。その時間を先延ばしにしたかったのである。

九月二十日のテレビなどの放送によると、この日の未明に昭和天皇が倒れ、容態がよくないとの報道があった。これも私の手帳から引用するのだが、九月二十三日から二十五日まで、私は天皇の病状が気になるなかで、秩父宮殿下の評伝の最終章を書き、すぐに藤澤氏のもとに届けた。私の中に、昭和天皇の体調はすぐれない、もう崩御になるのだろうか、早く秩父宮殿下の評伝を書かなければとの焦りが生まれた。崩御が近いというので各メディアは、どういう形でかは別にして、予定稿づくりに入っているようだった。週刊誌二誌と地方紙などから「天皇関係の記事を書いてほしい」との依頼があった。予定稿は、昭和天皇の軌跡とともに、私が興味をもっている二・二六事件と天皇との関係、開戦と終戦時の怒りといったテーマであった。ほかに月刊誌からも原稿を書いてほしい旨の依頼があった。

昭和六十三年の十月ごろから、テレビは昭和天皇の健康状態を定期的に伝えることになった。血圧はどの程度で、下血しているとかいないとか、それほどくわしく伝えるべきかと思うほど無礼な報道であった。

新聞や週刊誌などもそれに応じて早まったニュースを流すのであったが、私の手帖の十一月二日の項には、「朝陽という元号の説、有力とのこと」などとある。事実か否かなど知る由もないが、朝陽という元号がどのようなルートで流れだしたのだろう。「平成」と比べてみると、「朝陽」のほうが直截すぎて、心理の広がりがないようにも思えたのである。

今にして思えば奇妙な年の瀬であった。昭和天皇の容態が悪化しているとのことで、テレビ、ラジオはニュースのたびに天皇の血圧やら下血、嘔吐の状態を逐一伝える。その一方で社会全体が派手な歌舞演曲を避けるというので、地味な番組が流されていた。私の記憶ではなにやら社会全体が小声でひそひそ話をするかのような雰囲気であった。

師走の私の生活は、仕事それ自体は順調に維持していて、たとえば『新潮45』や『週刊現代』『オール讀物』などに原稿を書いたり、ときに短期連載を続けていた。

秩父宮殿下の評伝は最終的に千枚を超える長編になり、それを手直しする段階に入っていた。担当の藤澤氏は丁寧に読んでくれて、この部分はわかりづらい、もっとくわしく書いてほしいとか、ここはもう少し省略したほうがいいのではといった具合に付箋をつけて原稿の一部を戻してきた。十二月の下旬に、昭和天皇の容態悪化が伝えられるなかで、池袋の一角に借りたマンションの仕事場に閉じこもり、その弟宮の一生を綴った原稿の手直しに入っていた。

千枚以上の原稿になると五百頁近くの書籍になる。せめて四百頁ほどの書にしたい、というのが藤澤氏の希望であった。

もともと私は単行本を書いて物書きとして育ったので、短い原稿より長く書くほうが得意であり、好きでもあった。性格なのであろうか、一頁の中に空白があるよりびっしりと活字が埋まっているほうが安心であった。書店の店頭で書籍を手にとったときも、頁全体に活字が埋まっていると、なんとはなしに「得をした」と思う癖があった。逆に改行の多い、余白の目立つ書籍を手にしたときは、「損をした」と考えた。

そういう癖があるためか、ともすれば改行の少ない頁が多くなりがちで、藤澤氏は、そういう私の癖を見抜いたのか、的確に次々と注文をつけた。編集者にこれほど注文をつけられたことはなかったので、ときに苛立つこともあった。きつい言葉の応酬もあった。

十二月の終わりのあわただしいときに、文藝春秋社の編集部で、二人で夜を徹して「ここは直すべきだ」「いやこれでいい」とやりあったこともあった。苛立ちを通りこして原稿を破って、そのまま家に帰りたくなるときもあった。

朝方の社内には誰もおらず、二人で編集室で原稿の手直しに励むのは、私の記憶では後にも先にもこの作品のときだけだった。

仕事部屋に戻ったのは午前八時ごろであったが、そんなときに仕事部屋の電話が鳴り、藤澤氏から「少し言いすぎたところもあったが、気をわるくしないでほしい」と伝えられたときには、苛立ちや不快さも波が退くように消えていった。

5

昭和天皇の崩御は昭和六十四年一月七日の早朝であった。この報を耳にしたときに、私の心中に起こった感情は複雑だった。二十代初めのころ、いわゆる「左翼思想」にかぶれたときは天皇という存在にそれほど深い関心はなかった。むしろ天皇個人を見つめる目とは別に、天皇制は日本人の心理を閉塞化する因ではないかと思った。しかし、天皇制打倒というスローガンに納得しなかったのは、むしろ日本人は天皇制がなくなったにしても必ず別の類似形をつくりあげて、自らの責任について深く考えることを拒み続けるに違いないと考えたからだ。

秩父宮殿下の評伝を書き進めているとき、おぼろげながら天皇制とは何かを肌で実感したように思う。祭祀の継承者としての天皇という存在と近代日本の政治的実権者、あるいは政治システムの統治者という側面とが重なり合って混合しているのだと気づいたのである。この場合の祭祀の継承者という考えを辿ると、そこには天皇は「神の末裔」という信仰が浮かびあがってくる。日本の天皇制はその信仰を政治システムと重ね合わせたために統治のもつ合理性が曖昧模糊としたものに代わったといえた。

おぼろげながらこういう考えを持ったときに、秩父宮の生涯を書くことの意味を初めて理解したのである。

秩父宮が遺書の冒頭に、「僕は五十年の生涯をかへり見て唯感謝あるのみ。特殊な地位に生れたと云ふだけで限りない恵まれた一生を終へたと云ふ外はない、平々凡々たる一人の人間だが。」と書いた意味はまさにその点にあったのだ。秩父宮は、兄宮と異なって「自分は神の末裔ではない」と遠回しに語っていたのである。

昭和天皇の崩御は、そのような意味を教えた。いや教えたというより実感させたというべきであった。私は仕事部屋にあってどこからか原稿注文があるのではないかと待った。午前七時すぎに北海タイムス社の塩口喜乙氏から電話があり、「明日の朝刊から昭和天皇の歩みをポイントを絞ってまとめてみてくれないか。五回の連載にしてほしいんだが……」と依頼してきた。塩口氏とは久しぶりの会話であり、その声はすでに七十代近くになっているにもかかわらず張りがあった。

塩口氏は朝日新聞政治部のやり手記者だった。昭和三十年代、四十年代の宏池会を担当していたから、この派閥の相談役でもあった伊藤昌哉氏とは親しかった。その縁で『自民党戦国史』をまとめるのに私が伊藤氏へのインタビューを引き受け、そして塩口氏が社長を務めた朝日ソノラマ社から単行本として刊行に至ったのである。塩口氏は政治部記者のあと、『朝日ジャーナル』の編集長なども務めたが、定年になり関連会社の朝日ソノラマの社長に就任した。その会社出身である私は、しばしば編集部に出入りしていたが、その縁で塩口氏との交流が始まった。塩口氏の口調は一見乱暴なのだが、その実酒を飲みながら話をしていると、正邪の区別が明確で小気味のいい会話となった。

朝日ソノラマ社では大当たりの企画もだした反面、まったく当たらない企画も進めたので全体に赤字をふやすことになった。それでも「社会的に実のある作品をださなければ出版の意味はない」と言い、「おい保阪、うちの社で君の代表作となるような本をだせよ」と誘った。いや文藝春秋社で秩父宮の評伝などを刊行する予定だというと、とにかく斬新なテーマを探してうちの社で……とこの会社に顔をだすたびに口にした。

編集部の後輩の西村順之助氏は、一般書の担当責任者だった。その西村氏が、「昭和から平成へ」というタイトルで、昭和天皇の病状を見つめる社会の目や世相の変化を次の時代のために記録しておくといいのではないかと言い、「そういう本なら書き下ろしでやってみよう」と応じて原稿を書き進めることになった。

塩口氏は朝日ソノラマ社を退いたあと、札幌に本社を置く北海タイムスの編集局長兼専務となった。北海道に住んだことはないが、とにかく新聞の編集が好きでたまらないのか、この地方紙のオーナーの誘いに乗って、札幌に単身赴任で乗りこむことになった。

その折りに塩口氏は、西村氏に編集局長というポストで自分を支えてくれないか、そうすれば自分は編集担当の役員として大所高所から新聞づくりに力を注げるのだがと誘った。西村氏は現状ではとても札幌に転居することはできないと断ると、札幌出身の保阪はどうだろうか、物書きとして脂の乗っているときだから無理だろうな、と言っていると伝えられた。私は塩口氏に会って、厚意は感謝するものの編集局長になどとても就けないと断った。ただどんなときでも協力はします、といっても私の協力は原稿を書くぐらいの力しかありませんけれど……とも伝えた。

塩口氏はその言葉を覚えていたのだろうか、昭和天皇の歩みを五回ほどに分けて書いてくれ、一回十枚近く書いていい、新聞の一頁の半分ぐらいは使うから、とも言っていた。私はその申し出に感謝しつつ、五回分の原稿をまとめてファクスで送った。塩口氏は、「これからときどきうちの紙面に書いてみるか」と強い口調になった。

6

昭和六十四年一月七日は一日、仕事場に閉じこもっていた。実は私には密かな期待があった。

昭和天皇崩御の報を受けて、幾つものメディアから取材やら原稿依頼が殺到するのではないかと考えていた。殺到する、とまでは言わないが、しかし相応に私の名は知られているのであり、注文はないわけはないと思っていた。実際に文藝春秋社や講談社が刊行する雑誌の別冊などにはすでに寄稿していたが、七日から二、三日は電話の前にいなければとの自惚れもあった。しかし現実には、塩口氏を初め数人の編集者から短い原稿を書いてくれないかという程度の依頼だった。手帳の一月八日の項には、「一日家にいる。意外、自らの力の現実を知る。そのことに少し疲れる」と書いていた。

私は錯覚していたのだ。いや少々生意気になっていた。たかが少し名前が知られているという程度で、コメントやら原稿の依頼やらが殺到するというのは、あまりにも己の実力について自覚が足りなかった。〈そうか、どのメディアとも浮ついていてもいいから人気がでるように、つまりあちこちに顔をだして八方美人のようにふるまわなければならないのか〉という思いであった。いってみれば大衆的人気を持たなければ自らに商品価値はつかないのか、との自覚であった。ならば自分はそんな大衆的人気など決して持つまい、いや、いつの日かメディアのほうから追いかけてくる日をつくってやるさという決意だった。

昭和天皇崩御によって、昭和という時代にはひと区切りつくことになる。これまで私自身、昭和史に関心を持つ、といっても、生きている時代そのものが「昭和」であった。その時間帯の中で昭和を考えるということは、同時代の中で時代の軸を見つめるにすぎない。ところが「昭和」が終わるということは、その時代そのものが固定化されたことになる。動かない。停止したままの状態である。この不動の昭和史を見つめるということは、見つめる目に歴史観そのものを持ちこまなければならない。同時代史から歴史に、この停止した空間を見つめる目を移動させていく、それが私に課せられた役割だと覚悟した。

そのことに気づくと、朝日ソノラマ社の西村氏との談論の中で生まれた「昭和から平成へ」という単行本企画は意外に面白いのかもしれないと思った。原稿依頼の注文とは別に、この独自の企画を少しずつ原稿にまとめていくことにした。

昭和から平成に移行していくときに、昭和天皇に殉じて自決する高齢者がいるだろうか、と西村氏と国会図書館に出かけて地方紙の社会面を調べてみた。明治天皇に殉じた乃木希典のような忠君がいるのか、いや少人数であれ存在するのではないかと私は考えたのである。ところが現実にはそういう人物はほとんど見あたらなかった。

多くの新聞記事にふれているうちに、実は竹下内閣や治安当局は、殉死者がでるのではないかと神経をとがらせているとの記事が目についた。実際に極端な尊皇主義者のなかには昭和天皇に殉じる「追い腹」を口走る者もいたというのである。政府が案じたのは、日本のイメージが近代に達していないかのように受け止められることにあった。まるで江戸時代の切腹が連想されると恐れたのであろう。

西村氏は、何日か国会図書館に通いつめたあげくに、一枚の新聞記事を私のもとに持ってきた。

「全国の地方紙を調べたんですが、ほとんど見あたりませんよ。ただひとつ、この記事がそうなのでコピーをとったんですけど……」

その記事は今も印象に残っているのだが、和歌山県のある町に住むKさんという老人が昭和天皇の後を追って自宅の納屋で縊死したというのである。Kさんは昭和天皇崩御のニュースをテレビで確かめてから七時間後に自決した。サインペンで書かれた遺書には、「陛下と同い年生れであることを誇りに思っていた。軍隊経験をした時から、陛下に命を捧げる決意だった。陛下が崩御されたので、念願のお伴をする」とあったという。遺書はもう一通あり、それには「かしこくも天皇さまと共に生き冥土もお供に行くぞうれしき」との和歌が添えられていたそうだ。

このKさんの殉死は、かつての軍人勅諭を信条とした一老兵士が、自らの死をもって、その証を立てたと解釈することもできた。かつての職業軍人よりはるかに筋がとおっていた。

「このことについてどう思う？　右翼の尊皇主義者より、左翼の反天皇主義者よりも、Kさんのほうがより純粋に生きたということだよね」

西村氏のその言葉に、まったく同感であった。いや正直にいえば、私の心理の底には心情左翼風の残滓が眠っていたが、そういうものを吹きとばす衝撃があった。Kさんのような人が、つまり誰にも迷惑をかけずに自らの気持の中でひっそりと天皇に思いを寄せている人こそが、本物の尊皇主義者なのだろうな、と私たちは語りあった。

このときにまとめた書は、私が初めて試みたエッセイ風の同時代史読み物といっていいのだが、昭和天皇から平成の天皇への移行を見ながら、天皇制に強い関心を持つ社会の空気をテーマにしていた。むろんそのきっかけは、秩父宮殿下の評伝を書いたことによるのだが、この書『秩父宮と昭和天皇』は平成元年四月に、七百二十頁もの大著として刊行された。当初の予定に反して、結局大幅に加筆する形になった。天皇の弟宮ということもあり、加えて崩御のあとでもあり、意外によく読まれた。とくに皇室関係者の間で読まれた。ある皇族から「読ませていただきました。殿下の素顔をありのまま知りました」とのメッセージが届き、内心で嬉しく思った。

そういう心境でもあったせいか、殉死したKさんを単純に非難するつもりはなかった。やはり心中では、Kさんに対して、「あなたの人生はそれなりにわかる」と歴史的な意味をこめてつぶやきを洩らすのであったが、しかしそのことを表向き口にはしなかった。

私は、政治的には天皇制権力を前面にだすシステムではいけない、そうなればかつての軍部のようにこのシステムを形骸化する勢力がでてくる、という立場である。しかし天皇個人には祭祀の継承者として、いわばこの国の伝統と文化を代表する存在としての意義を認めている。いや認めるべきだと思う。畏敬や尊崇というより、伝統を守るその心理的な像として、私は天皇への感情を持つ方向に進んでいく。

Kさんは口先だけの尊皇主義者よりはるかに真面目な「臣K」という存在と考えていいであろう。もっとも平成の天皇はこのような考えを必ずしも受けいれてはいないように思え、そのことを考えると私たち個々人と天皇との関係はそれぞれの独自性によるということになろう。

この独自性が日本の天皇制のよき意味となる。皇国史観を一方的に押しつけられるのは「反対」というのが私の立場でもある。

西村氏は、〈昭和から平成〉と題してまとめた書を『検証 平成維新――さまよえる日本が見える』とタイトルをつけ、平成二年（一九九〇）五月に刊行した。しかしさして注目されなかった。

『秩父宮と昭和天皇』は、講談社ノンフィクション賞にノミネートされたとの連絡がこの社の担当者から連絡があった。『瀬島龍三』のときもそうであったが、こういう人物評伝は好き嫌いがあるので賞をもらえるとは思っていなかった。非礼な言い方になるが選考委員の中には、皇族の評伝なんか意地でも推さないと洩らす者がいるとの噂を聞いていたので、まったく当てにしていなかった。こんな選考委員のために本を書いているわけではない、おまえさんなんかに推されてまで賞なんかいらない、それが正直な感想だった。

昭和史に焦点をあてても左翼的なポーズでなければ認めない、という古典的左派から私は批判の対象になっていることを知っていた。そんな奴に負けるか、と心中でつぶやいたものだ。

選考の当日、講談社の担当者、そして文藝春秋社の藤澤氏から相次いで連絡があり、「残念だが駄目でした」と聞かされた。とくに賞を目当てに書いているわけではないから、あまり気にしないでください、と応じた。二人はそれぞれ自分の言葉で慰めてくれた。この日の私の手帳の一節をそのまま引用すると、「だめだったと聞かされたが、とくにがっかりしたわけではない。二人とも妙に慰めてくれることに奇異な感がした」と書いている。私のほうが慰められることに驚いたのである。

7

平成元年は、私にとって幾つかの人生上の体験があった。四十九歳から五十歳になるときで、社会的には壮年世代として相応の責任が課せられる年齢だし、著述の世界ではとくに賞をとっているわけでないにしても中堅世代と思われる状況に置かれていた。原稿依頼の注文は次から次へというのはいささかオーバーであるにしても引きも切らない状態になり、経済的理由のために広告関係の原稿やゴーストライターのような仕事には一切手を染めなくても生活は成り立っていた。

東京・練馬から埼玉県中央部のある街に一軒家を求めて越した。私は毎月十五万円ほどのローンを組むことになったが、それは容易に返済できたし、三人の子供たちの大学や高校の授業料を捻出するのも苦しくはなかった。

仕事が順風満帆になったとはいえ、私としてはもっと自分の専門領域を広げる仕事に取り組まねばとの焦りもあった。

編集者に連れられて新宿ゴールデン街や飲み屋に顔をだすことが重なった。そういう席で編集者と政治、経済、文化の話に熱中するのは楽しいことではあったが、しかし私が取り組まなければならない仕事とは何か、そのテーマを見つける旅を続けていたのである。心中には歯ごたえのある仕事がしたいとの思いがあり、それはどんな仕事なのかを自らで確認する旅でもあった。

私は酒の量を重ねるタイプではないので、飲み屋にとってはあまりいい客ではない。それを自認しているからひとりではほとんど飲みに行かない。講談社の『月刊現代』の仕事をしているときに、そのデータマンだった女性が、新宿に安くて気軽に飲める店があるといって紹介してくれたのが、花園神社の脇にあるKという店であった。八人ほどがカウンターに入れるという小規模な店で、熊本出身のママが一人で切り盛りしていた。気軽に入れる店だったので、一人でよくこの店に行くようになった。

この店には出版社の編集者も来るが、あるテレビ局の広告部員やディレクター、音声などの裏方が個人でふらっと顔をだす。そういう連中といつのまにか心置きなく会話ができるようになった。意外なことに、この店で同志社大学の学生時代の演劇研究会（劇研）の三年先輩にあたる林晴生氏に会った。林氏は大学を卒業したあと日活に入り、映画俳優にもなったのだが、もともとは劇作を書くタイプだったので、その後脚本家に転じて、ＴＢＳの人気番組だった『七人の刑事』の脚本を書いていた。その一方でいじめによって自殺した北海道の少年の話を徹底して調べて上梓してもいた。もとより私は、この先輩の名を一視聴者として、あるいは一作家として遠くから眺めていた。

その林氏は、そこに出入りするテレビ局のワイドショーやそのほかの番組の構成を行ったり、あるいは小さなプロダクションをつくっての制作活動を進めていた。

あるとき一人で、一時間ほどビールを飲んで時間をつぶして帰ろうと思ってこの店に入った。午後七時すぎである。すでに先客がいて、三人ほどがビールを飲みながら雑談にふけっている。私がカウンターの端に座って注文したときに、「おう、保阪じゃないか」と声をかけてきたのが林氏であった。黒縁の眼鏡をかけていたが、整った顔は学生時代と変わらず、その声もまた私はよく覚えていた。私は演出助手であったが、キャストの林氏の台詞をプロンプターとして補佐したこともあったからだ。

「君がよく活躍しているのは劇研仲間から聞いているよ。この店によく来るのか」

と林氏は言い、ビールをついでくれた。学生時代、私が一回生のときに林氏は四回生であり、先輩、後輩の間柄ではそんなに気軽に口をきける関係ではなかった。私は居ずまいを正し、緊張がなかなか解けない。林氏に質問されるたびに、「はい」とか「元気にやっています」「林さんの作品は読んでおります」などと丁寧に答えた。

同席していたのはあるテレビ局のディレクター二人であった。ひとりは教養番組を担当しているといい、私の作品を読んでいますよと言って、とくに瀬島龍三の評伝は面白い、東條英機のもよかったと誉める。私と同世代のそのディレクターは、「テレビに関心はないか。何か書いてみるつもりはありますか」と誘った。林氏は、「保阪は目下活字の世界につかっているんだろう。映像の世界にはこないほうがいい」とそれとなく釘をさした。

「林さんは今は映像の仕事が中心でしょう、そこまで言わなくてもいいのに……。テレビを一段下に見ているんだな、相変わらず」

などと言われながら、林氏は、「保阪の書くものはテレビ向きではないよ」と彼らを近づけまいとしていた。

このときの会話が、私が林氏を畏敬する理由になっている。性格からいって、おまえはテレビのもつ媒体の特性になじめない、家でコツコツ原稿を書いているほうが似合っている、それがおまえの進む道だ、そこから動いてはいけない、と諭していたのである。

Kというこの店で、それこそ三十年近くも会っていなかったのにたまたま会ったこの先輩が、これほどまで私の性格を理解してくれていることに驚いた。一回生のとき、私は京都の大将軍の下宿に住んでいた。林氏もこの近くに自宅があり、クラブ活動が終わると午後十時すぎには白梅町までの市電に乗り、そこから私は下宿に、林氏は自宅に、あるところまでは共に歩いた。そんなときに林氏から、「なぜ札幌から京都に来たのか」と尋ねられたことがあり、私は「本当は京都大学に行きたかったのですが……仕方なく同志社に」と答えると、彼は大笑いし、「自分もそうなんや」と応じた。そういう光景が浮かんできて、今カウンターに座りながら、そうか、あれから三十年余をすぎてこうしているのか、とつぶやきながら、林氏の前でなつかしさと人生の出会いを味わっていた。

「次は何を書くんだ？　保阪の評伝は面白いからなるべく人物論がいいんじゃないか。実は僕の親父も軍人でね、インパールなんかにも行っていたらしい。それに祖母が明治時代の女官だったから皇室内部のことは小さいときから聞かされたよ」

林氏の言にうなずきながら、「林さんは旧軍人の生態そのものを書かないんですか」と問うと、「いや、僕はだめだ。軍人というのに生来反感があるんだ」と答えた。

私は新宿のこの飲み屋で、林氏と三十年ぶりに会ってまた交流が始まったのだが、林氏は後輩ということで私の書を読んではこんなところが足りない、ここが面白かった、と助言してくれた。私も林氏の番組にはできるだけ協力して、昭和史に関する情報提供の役を担ったが、林氏は自分たちの同世代、あるいは自分より古い世代の劇研の大先輩を次々と私に紹介してくれた。

そこには人形劇「こぐま座」を起こした伊藤義彦氏やある民間放送の役員だったT氏なども含まれていた。そういう人たちの会合では、私がもっとも若く、事務的な仕事をさせられたが、それはそれで楽しい役割だった。

ほかにKでは、ある女優と一緒に入ってきた佐岐えりぬ氏と出会った。故中村真一郎夫人であり、詩人であり、フランス文学の翻訳者でもあった佐岐氏は、Kのママから同じ同志社卒ですよと紹介されて話しているうちに、劇研の大先輩であることがわかった。「昭和二十一年、二十二年と戦争が終わったころに同志社の大学部でも劇研が復活したのよ。でも女性があまりにも少ない、それで私のように当時同志社高女の学生だった者も急遽呼びだされて、いろいろな役をやらされたの」と、佐岐氏はゆったりとした口調で話すのが印象的であった。

佐岐氏は同志社大学を卒業したあとはフランスに渡り、ソルボンヌで文学を学んできたとあって、その方面の知識はくわしかった。むろん私の得手な分野にはほとんど興味はなかった。しかし大学が同じで、しかもクラブも同じ、と人間関係の基本が原型になっていることは、的確な表現か否かは別にして、会話が実に円滑に始まるのだと実感できた。

私はいわば行きつけの飲み屋、ツケのきく飲み屋というのはまったくもったことはなかったが、Kはしだいにツケもきくようになった。ここで林氏とか佐岐氏、さらには同じ大学出身の編集者と知り合いになり、なるほど飲み屋というのはこういう利点があるのか、ということがわかった。それまで飲み屋で始まる人間関係にはまったく興味がなかっただけに、なるほどとうなずけた。

8

林氏は作家として評伝を専門にしたらと勧めてくれたが、しかしその範囲にしぼって自らの著述活動を進めていくつもりはなかった。月刊誌などから持ちこまれるテーマに、直接関心がなくても新たに取り組んでみると、意外な発見があったりした。

たとえば『プレジデント』という月刊誌で、当時自民党の幹事長で、飛ぶ鳥を落とすほど勢いのある小沢一郎の人物論を書いたことがある。それも四百字で五十二枚にも及ぶボリュームであった。編集部では小沢氏の錬金術から人脈まであますところなく調べあげておいて、そういう資料を手に、私も編集部員とともに小沢一郎氏に会ったのである。編集部員は小沢氏が世田谷の土地を手にいれるまで、土地転がしのようなことを行ったのではないかと疑いをかけ、さかんにその種の質問を行った。

逆に私は、小沢氏の政界遊泳術とその政治思想の解明に努めたいという思いがあって、質問を続けた。私の印象では、応接室で小沢氏は半腰のような姿勢になっていた。確かに丁寧に答えはしたが、しかしその答えに誠意があるとは思えなかった。

土地転がしの点は強く否定していたが、私がその種の質問には関心がないのを見てとったのか、私のほうを見ながら、「そんな土地を転がすような転売方式なんか、私には関係ありませんよ。とんでもない」と答えたりした。しかしこのときはこの代議士はこの点がウィークポイントだとは知らなかった。

こういう一本原稿を書くときも――政治家とか評論家などの意見を参考にするのであったが、書き終えてみれば私には幾つかの血肉がついて思考が深まっているのだと実感できた。つまり昭和史を調べるということは、二時間ほどのインタビューで昭和史のエキスをどのように汲みとるかという闘いであった。とくに小沢一郎の弁舌は自らが強調したいことは躍動する口調になる。それが相手に説得力を与えることになる。小沢氏は私より三歳下になるのだが、今にして思えばいちどは首相にさせてみたかった政治家だった。

平成元年の終わりであったか、朝日新聞出版局から刊行されている『月刊ASAHI』編集部の中野晴文氏から連絡が入った。この誌にはこの年も昭和天皇の素顔を書いたことがあったが、中野氏は、そんなことではなく、新しい企画をやってみるつもりはないかというのである。朝日新聞社の喫茶室で会ったのだが、中野氏とは『週刊朝日』の時代からつきあいがあったので、気軽に話すことができた。

「昭和という時代が終わったことでもあり、改めて昭和陸軍とか昭和海軍をきちんと描写して書き残しておきたい。どうだい、そんな仕事に取り組んでみない」

中野氏は笑うと目が細くなり、なんとも憎めない表情になる。

この中野氏の言を聞きながら、いつか来るべきときがきたな、実は私のライフワークとはこの仕事ではないか、つまり戦後民主主義という教育の枠内で忠実にそれを受け継いだ私の世代は、やはり昭和陸海軍を正確に検証することで日本社会の負の部分を見なければならないという役割がある。それが戦後民主主義世代の宿命だと語ったのは、やはり朝日新聞社出版局の私とまったく同じ世代の編集者であった。そうか、そのときがきたのか——と内心で叫んだ。

「これを連載させてくれるの？　どのくらいの期間書かせてくれるのか」

「いや二年でも三年でもいいよ。昭和陸軍のありのままの姿を二年、二十四回、海軍のありのままの姿を二年、やはり二十四回というのはどうか」

中野氏は史料集めなどには、編集部も全面的に協力すると約束した。

第十章　人生の岐路に立つ

1

のちに振り返ってみれば、あのときが岐路に立っていたのだなとひとりつぶやく時がある。岐路というのは良い意味でも悪い意味でも言えるのだが、要は人生の行く末を決めた時だったなとの実感である。

ぼんやりと過去を思いだすと、私が一人の著述家として生涯を貫けたのは、たとえば処女作『死なう団事件』（れんが書房）を刊行したあとに、当時の草思社の社長だった加瀬昌男氏の訪問を受け、「昭和史に取り組んでみないか。その第一弾として東條英機の評伝を書かないか」と誘われたのは確かに僥倖であった。実際に東條という軍人政治家の実像を追い求めてわかったのだが、評伝を書くというのはもとよりその人物を描くことであるにせよ、つまりは自分を語ることだったのである。

そのことに気づくと、吉田茂や田中角栄、さらには後藤田正晴、瀬島龍三、そして昭和天皇や秩父宮などの評伝や人物論をまとめることができたのは、東條英機を書くために学んだ手法に負うところが大きかった。このような人物に出会うときに、私には何が欠けているか、〈私〉という眼鏡に映るそれぞれの人物はどういう位置づけになるか、などを考えるきっかけになった。評伝を書くのはその楽しみと、ときに怖さを自覚することであった。

一方で、私が昭和陸軍や戦友会、さらには軍事集団、学徒兵という組織単位への関心を深めたのは、当時『月刊ＡＳＡＨＩ』編集部に籍を置いていた中野晴文氏の勧めがきっかけであった。中野氏がどのようにして企画会議を通したのかは定かには知らなかったのだが、昭和から平成に移って、昭和を象徴する存在として陸軍という巨大な組織に注目したのであろう、とにかくこの軍事集団を戦後民主主義体制で育った世代として確認してみようではないかと私を説得する。

中野氏は昭和十九年生まれで、私と世代が近く話が合った。氏の示した企画案を、私はためらいもなく受けいれた。このテーマを書くのは私の世代の務めであり、誰かがいつか取り組まなければならないと信じていた。そのような責任感を与えたのはやはり朝日新聞の記者であった。

昭和六十三年であったか、『週刊朝日』誌上で、広島に原爆が投下されてから七十二時間後に長崎に原爆が投下されたのだが、この七十二時間にどんなことがあったのか、戦争を止めることはできなかったのかという視点で、五回の連載ドキュメントを書いたことがあった。

これを読んだ朝日新聞社出版局の編集者の及川武宣氏から、この視点で一冊の本にまとめられないかと勧められた。たとえば昭和二十年六月八日の御前会議は、和平に応じるかのように装いながら、戦争も進めるという案を論じているが、この経緯をよく調べると、ひとつの言葉（戦争継続といった語）が、ふたつの意味を持たされていることに気づくのである。ひとつの言葉がふたつの意味をもつ、そのおかしさを嗤いたかった。そういう稿を加筆して『敗戦前後の日本人』と題して刊行した。

及川氏は私と同年の生まれ（昭和十四年）なので会話が途切れずに進む関係にあった。

この『敗戦前後の日本人』を刊行したときに、及川氏とささやかに会食で打ち上げを行うことになった。その席に松本恒雄氏もやってきた。初めての出会いであった。松本氏もやはり同年の生まれであった。五十代初めのころになるが、松本氏は長崎支局などで記者生活を送ったあとに身体をこわし、出版局に移ったと言っていた。そういえば松本氏は痩せ型で、一見して体調を崩しているように思えた。

三人で築地の朝日新聞社ビルの隣りの中華料理店で食事をしたのだが、このときのやりとりが人生の岐路に進む際のひと押しになった。その意味で、どのような会話をしたかをよく覚えているのだが、同年代で話していると、私たちはすぐに終戦後まもなくの食糧難や大学時代の「六〇年安保」の話題に行きつく。あのころの思い出は、食べ物がなくて苦労したな、と話題は尽きることがない。

私たちはひととおりそのような会話を交したあとに、やはり「戦後民主主義というのはいったい何だったんだろうね」という話題に落ち着く。私の小学生時代や高校、大学時代の仲間と会っての思い出話も大体がそこに行きついた。ただ及川氏や松本氏との会話は、そこからが異なっていた。

では私たちの世代はどんな教訓を次の世代に語っていくべきか、及川氏も松本氏も編集者だったから、どういう本をつくって次の世代に託していくのか、そのことを熱心に語った。やはり戦争を清算し、戦後をスタートさせたという歴史的経緯を残さなければ意味がないというのが、ふたりの共通の思いだった。私も内心でそのような骨のある仕事がしたいと思っていた。しかしそれには生活を安定させたうえで、時間をたっぷりとかけてそういう筋のとおった仕事がしたいと願ってもいた。ところが松本氏は不意に、私を正面から見つめて、

「保阪さん、これはぜひ取り組んでほしい仕事なんだけど、昭和の陸海軍という組織、そして軍人たちがあの戦争を起こしたのだけれども、この連中は何を考えていたのか、その点を丸裸にしてほしい。僕らの世代は、この方面の理解が曖昧になっているから、戦後民主主義が弱いと思うんだよ」

と真剣な口ぶりになった。この日初めて会ったにもかかわらず、松本氏は、実はそのことをあなたに伝えたかったんだともつけ加えた。私はうなずき、そして自分もこの方面がまったく疎い、と認めた。しかしやらなければならない仕事だと思うと勇んだ。及川氏も、こういった仕事を続けていくのがわれわれの世代の役割だと励ましてくれた。

「いつかやりますよ。東條英機の評伝を書いて日本の軍人のレベルは、あきれるほど低かったと気づいたし……」

二人との約束はいつも心にかかっていた。東條英機の評伝を書くために三百人近くの人に会っていたが、そのうちの何人かとは、その後も昭和陸軍や太平洋戦争についての内実を聞いていた。

折りにふれて会っては、教えを受けるという立場であった。もっともこの取材を通じて知りあった旧軍人の中には、どうしても私の感性に合わないタイプもいたが、それでも彼らの歪んだ考えを聞くのは私なりに参考になったのである。

2

そういう旧軍人の言として、あえて挙げておきたいのは、大本営の作戦参謀の末端に列なる、いわばエリート軍人の言である。この旧軍人は戦後も自衛隊などに関係したようで、私が次の世代として旧軍に関心を持っているのを知って、ひととおりの取材が終わっても、電話をかけてきては雑談につきあえ、と強制された。この旧軍人は、私に心を許したのか、その本音を正直に洩らした。そういう折りにもっとも不愉快に思った言をあえて二つだけ紹介しておきたい。

そのひとつは、やはり第八章でも紹介した「君に教えておくけど、もしこれから日本が戦争になったときに息子を失いたくなければ、陸軍大学校にいれるんだな。いや今は防衛大学校というわけだ。高級指揮官になるのだから決して死ぬことはないからな」という言だった。

もうひとつが、「君も、いや君らの世代も戦後の思想に毒されているから、特攻隊が悪いというけれど、軍事上から見るとこれは兵器の先取りということなんだ。今の時代のミサイルとか大陸間弾道などというのはコンピュータがコントロールして、敵を撃破するだろう。それをあの時代はコンピュータがないから人間がやったということだよ」

私は、後者の証言を耳にしたとき、内心でこの旧軍人に飛びかかっていって殴りとばしてやろうかと思った。私の声がこわばるのに気づいたのか、その旧軍人はこうした軍人たちの本音をあまり口にしなくなったが、こういう参謀たちの命令で亡くなった兵士や下士官が生まれかわって制裁を加えてほしいと願ったほどだ。

中野氏は、平成元年（一九八九）の秋から『月刊ＡＳＡＨＩ』での連載を始めるよう伝えてきた。すでにこれまでに取材していた張作霖爆殺事件や満州事変時の関東軍の参謀たちの証言、さらには兵士の体験談などを軸にして第一回目、第二回目と書き続けた。四百字詰め原稿用紙にして四十枚程度書いていいというので書きごたえがあった。とくに私が意図していたのは、これまでにない新しい視点を据えて、とにかく多くの証言を軸にすることにし、決して「論」に傾かないようにすることだった。

だから満州事変の関東軍の謀略を書くときには、当時関東軍の参謀だった東京・世田谷に住む片倉衷《ただし》氏を訪ねて改めて詳しく証言を聞きだしたりした。あるいはこれまであまり知られていない史料を発掘して、それを紹介することを自らに課した。

参謀本部作戦部の参謀であった堀場一雄という軍人はすでに死亡していたが、堀場の縁者に会って何度も詳しい話を聞くことができた。そして堀場が戦後に書き残していた史料なども入手することができた。

幸いなことに、この連載は好評であった。ある出版社は、もし単行本にするならうちでどうか、と誘ってきた。むろんこれは松本氏か及川氏の手でと思っているから、とても応じられる話ではなかった。

3

このころ私は、台湾の有力紙である『聯合報』の東京支局長である陳澤禎氏と面識を得ていた。たまたま辛亥革命に協力した日本人革命家たち、たとえば宮崎滔天とか萱野長知、平山周、山田良政・純三郎兄弟などについて調べ始めていた。満州事変や日中戦争のころにこういう日本人協力者はどういう立場に置かれたのか、そのことを調べて昭和陸軍のもうひとつの素顔を確かめたいと考えたのだ。ある編集者が、陳氏のことを知っていて、「陳其美の孫がいるよ」と紹介してくれた。そのころ『聯合報』の東京支局は目黒駅近くのマンションにあり、その部屋に入って空気にふれるなり、ああこの人物とは一生の友になれるな、との予感をもった。

そのときの直観とは、二、三の会話を交してみて(彼は早稲田大学に留学していたので日本語に不自由しない)、陳氏が正邪の区別を明確に持っているとわかったからだ。加えて、陳氏は必ず約束を守るタイプ、だからもし私が陳氏となんらかの約束をしたならば必ず守らなければならないと思った。このふたつは私の予想どおりで、約束したことは必ず守ったために、知り合ってから二十年余になるのに、今も交流が続いている。

紹介されてまもなく、陳氏に、「日中戦争のときの国民党はどういう考えでいたのか、そもそも国民党は日本軍にどんな戦略、攻略で対抗したのか、それを知りたいのだが、誰か紹介してくれないか」と尋ねてみた。陳其美の孫なら、国民党に強い人脈があるだけでなく、台湾の政治上の有力者とも知り合いではないか、と考えたからだった。

陳氏は独特のアクセントで、「いいよ」とあっさりうなずいた。私も彼もヘビースモーカーで、支局の中で煙草を吸いつづけるために、支局員はなんども煙を手で払いのけたものだった。

「陳立夫に会うか？　僕のおじいさんの弟だよ。台北に住んでいる。今？　九十一歳かな」

えっ、陳立夫って生きているの、という私の問いに陳氏はうなずいた。でも陳果夫は死んだよね、と私が尋ねると、そうだよ、陳果夫はとうに死んだけれどね、と答える。私の理解では、陳果夫・立夫兄弟は、蔣介石の右腕として国民党を動かした人物、というイメージである。一九二〇年代・三〇年代の国民党右派の強力な指導者でもあった。

「僕に、陳立夫さんを紹介してくれるの、つまりインタビューさせてくれるっていうわけ？」「そうだよ」「でもそんな人物に簡単に会えるの？」「大丈夫さ。僕の紹介なら百パーセント大丈夫だよ」――そんなやりとりをくり返しているうちに、陳氏は、

「そうだ。陳立夫に会う前に、山田順造さんを紹介するから彼に会って、台北に行ったらどうか」

と言いだした。山田順造という名前を聞いても、私は直接には知らなかった。陳氏から、山田良政なら知っているだろう、その弟の純三郎は、と聞かれてもすぐには答えられなかった。孫文の秘書も務めたが、それより陳其美が清朝政府の工作員に暗殺されたのは上海の純三郎の家だったんだと聞かされてやっと合点がいった。

「順造さんは、純三郎の息子だよ。東亜同文書院を卒業した後に満鉄に入ったのよ。そのあと兵士にもなったけれど、戦後は三菱商事に入って台北支社長などもしていたんだ。僕の小さいころからの知り合いなんだが、純三郎と陳家は家族づきあいをしていたからね。僕は順造さんを、日本のおじさんと言っている」

その順造氏は定年後は、伯父・良政、父・純三郎と孫文や国民党の関係を調べていて、著作を書こうとしているという。ただし本人は、あまり筆の立つほうではないので、執筆は遅々として進んでいない、と陳氏は言い、いろいろ協力してあげてよ、と言う。私は「いいよ」と気軽に引き受けた。

山田順造氏の自宅は、東京郊外の西武新宿線のある駅近くにあった。庭の広い家で、順造氏の書斎はその庭に面した十畳に及ぶほどの部屋であった。書類や資料が積んであり、机には書きかけの原稿がのっていた。

「保阪さんの本、読んだことがあるなあ。そうそう、東條英機の伝記だった。そんな人物の評伝を書く作家がなぜ孫文や辛亥革命に興味を持つの」

順造氏は七十代に入ったころだったように思うが、少々心臓が悪いと言って、呼吸もときに荒くなった。私は、日本と中国のあの戦争のときに辛亥革命に協力した日本人革命家はどんな態度をとったのかに興味があると熱っぽく説いた。順造氏は、純三郎が満州事変のあとに犬養首相らに送った書簡の写しや政府に宛てて国民党政府と協力態勢をとるべきではないかと申し入れた文書などを見せてくれた。満州事変以後の日本の国策に純三郎のような志士たちは、いずれも困惑している様子が窺えた。

順造氏は、私との会話に興味を持ったらしく、ときに訪ねてくればこの書斎の記録文書はお見せしますよ、と言ってくれた。『月刊ＡＳＡＨＩ』という雑誌で連載を続けている「昭和陸軍の興亡」の中でも、日本人志士についてふれたいと思っていると伝えると、順造氏は快く協力してくれると応じた。

その順造氏が、陳氏の紹介で「陳立夫に取材に行くのだが、どんな質問がふさわしいのか」と尋ねると、苦笑いを浮かべながら、「彼は日本人が嫌いだからね。あの戦争のときの日本人の軍人の単純さには愛想がつきるといわれるよ」と言う。陳氏もその言に重ねて、「でもだからこそ面白い話が聞けると思うよ」と笑った。

陳氏は帰る段になって、私を書斎に待たせたまま別室に行って、しばらく戻ってこなかった。十分ほどして戻ってきたときに、陳氏は少し潤んだ目をしていて、言葉少なく「じゃあ帰ろう」と私を促した。帰り道でいつもは饒舌な陳氏が沈黙している。彼がこれほど言葉を発しないことが不思議であった。辛亥革命をめぐる裏側には、何か複雑な事情があるとも窺えた。

順造氏との交流は二年ほどで終わった。心臓病で急死したとの報告を受けて、私もその葬儀に参列したのだが、その帰り道に陳氏から、順造氏の一家にまつわる悲劇を聞いて、言葉がなかった。このことは日本と中国の二十世紀初めの歴史には、残酷な出来事とお互いに心のかよったエピソードが幾つもあるのだということを知らされたのである。

4

私が台北に赴いて、陳立夫氏に会ったのは平成二年（一九九〇）の七月三十一日である。私の取材手帳には、陳氏の友人で日本語のわかる企業経営者が、陳立夫氏との通訳を務めてくれたと記してある。台北市の高級住宅地の一角に、陳立夫氏の自宅はあったが、すでに九十二歳になっているにもかかわらず、顔色も身のこなしもまったくスキのない人物であった。

二十代から政治闘争の渦中にいた人物はこのような老人になるのか。その視線が鋭いのが特徴であった。

陳立夫氏はこのときもまだ台湾の行政府資政（顧問の意味）という肩書きを持っていた。したがって邸内にはボディガードやら秘書、それに行政府の職員などの詰め所があり、さながら自宅が行政府の機関の一部のようでさえあった。通訳が私を紹介している間、陳立夫氏は私を見つめていたが、それは私という人物を品定めしているようでもあった。通訳が話し終えると、すぐにゆっくりとした口調で話し始めた。通訳によると、次のような言であった。

「私は日本人とはあまり会いたくない。なぜならあなたの国は一九三〇年代にあまりにも愚かだったからです。なぜ少壮の軍人たちは私の国に攻めてきたのですか。あの時期に私たちの国を攻めるとはどういうことですか。スターリンや毛沢東を利するだけというのがわからなかったんです。私が日本人に会いたくないのはそういう愚かさがたまらなく不愉快だからです」

「それなのに私があなたに会うのは、私の一家の陳澤禎の紹介があるからです。彼は、あなたは日本の作家だが、あのころの日本軍の愚かな戦略をやはり批判的に見ているというので会うことにしたのです。だけど私の人生で二度と日本人と会うことはないでしょう」

「もうひとつ、エピソードを語っておきます。一九三七年四月に、あなたの国の国会議員団がわが政府と会談をしたいというので何人かが南京にやってきました。私がわが政府を代表して彼らと会ったわけですが、そのときにあなたの国の軍隊は、わが国の東北部を占領していましたが、さらにこれに乗じて北京などへの武力侵攻を進めたなら、つまり戦争を始めるなどという行動は決して採ってはいけない、もしそうなったら、わが政府と国民は五十年かかろうが、百年かかろうが、あなたの国と永久に戦争をつづけて、結局は私たちが勝つのです、と言った。それなのにその三ヵ月後には、あなたの国の軍隊は私たちに戦争を仕掛けてきた。あまりにも愚かな行為でした」

こういう言い方で、陳立夫氏はゆっくりと話しつづけた。あるところまでくると、通訳に、日本語に訳しなさい、と促しているようであった。インタビューの最初のこのやりとりは、私にとって衝撃だった。紹介という挨拶を抜きに、いきなり本題に入ったようなものだった。「では、あなたから質問しなさい」と促されて、私は質問表に目を通しながら質問を続けた。

いわゆる九・一八事変のとき、それからの盧溝橋事件、そして長く続いた日中戦争などについての質問を続けた。そうしたやりとりは、『月刊ＡＳＡＨＩ』の連載記事でも紹介したのだが、三時間に及ぶロングインタビューで、実は私のほうははるかに疲れたのに、陳立夫氏は身体を崩さずに平然と座っていることに驚いた。つけ加えておけば、この九年後に百一歳で亡くなっているが、まさに波乱の多かった近代中国史を生き抜いた人生といってもよかった。

陳立夫氏の証言の中で、もっとも興味を持ったのは、昭和十二年十二月から十三年一月にかけて行われた日中和平のためのトラウトマン工作であった。南京に駐在していたドイツの駐華大使トラウトマンが、日中和解のための仲裁役を名のりでたのである。それに応えて日本政府は、蔣介石政府に和平の条件を提示する。しかし国民政府はなかなか回答を返さない。苛立つ日本政府。和平条件を提示する一方で、日本軍は首都の南京に入ってその地を制圧する。そして和平条件のレベルをさらにあげていく。

国民政府からは、和平条件の具体的内容を示せと回答してくるが、それは和平を受けいれるつもりがないことだと判断して、日本政府は軍部の強硬姿勢を入れてこのトラウトマン工作を中止してしまう。

具体的には、昭和十三年一月十六日に近衛首相が、「爾後、国民政府を対手とせず」という声明を発表して、その門を閉じてしまった。

私はこのときに、なぜ蔣介石政府は日本側の提案にすぐに回答をしなかったのか、それが不思議だと思っている、と伝えた。陳立夫氏はこの質問に関心を持ったらしく、「では聞くが、このときの工作についてあなたの国ではどのような理解がされているのか」と尋ねてきた。身を乗りだしてという感じであった。私は、蔣介石政府が和平を受けいれるつもりはない、というふうに受け止められている、それはあのときも、そして今も、というような答えを返した。

「それはまったく違う」

と陳立夫は強い口調で言った。そのうえで、「私がいうこれからの資料は、東ドイツの公文書館に残っていたはず。今はどうなったのだろう。ドイツの公文書館に移行していると思うが」と言いつつ、次のような話を口にした。陳立夫の話を大まかにまとめると以下のようになる。

〈確かにトラウトマンからそういう話は伝わってきた。蔣介石総統は、この担当はおまえに任せる、というので、私がトラウトマンに会うことになった。トラウトマンは条件を示したが、私はそんな条件にかかわりあうつもりはなかった。なぜならこの戦争はいずれわれわれが勝つことが決まっているのに、なぜ屈辱的な条件を受けいれなければならないのかということだ。そこで私は、トラウトマンにまったく新しい提案を行った。その文書がドイツの公文書館に残っていると思うから、あなたが調べてみるといいだろう〉

陳立夫氏がトラウトマンに伝えた蔣介石政府の回答というのは、私から見るとまったく奇想天外であった。

〈二十世紀のこのとき、つまり一九三〇年代の主たる敵は二つある。ひとつはソ連の赤色帝国主義、もうひとつはイギリスの白色帝国主義だ。これを倒すのが各国の指導者たちの役目であった。そこで私の提案というのは、まず日本軍が我々への攻撃をやめ、ある日突然講和を結ぶ。そして日本と我々とでまずソ連の赤色帝国主義と戦い、とにかくこの政権を倒す。一方でドイツはイギリスにむかい、その白色帝国主義を倒す。むろんこのときに中国と日本の軍隊がアジア、アフリカにイギリスが持っている植民地を解放していく。このような戦略をもとにしたドイツ、中国、日本との間で同盟を結んだらどうかという提案であった。

トラウトマンは、こんな案は自分だけで判断できない。ベルリンに帰ってリッベントロップ外相に相談するということだった。実際に彼はドイツに帰国したけれど、二度と戻ってこなかった。それでこのトラウトマン工作は沙汰やみになった。どうやらヒトラーに反対されたらしい〉

　通訳の実業家は、こういう歴史にさほどくわしくはなかったので、日本語訳に適当な言葉が見あたらないらしく、そのたびに首をひねっていた。陳立夫氏も話がとぎれることに苛立っていたが、私も、中国語ができないことがもどかしかった。

　それでも私は、こんな話は初めて聞いたので、メモをとる手もふるえてしまうほどだった。史実の裏側にこういう秘事があるとすれば、歴史というのはなんと面白いのか、とつぶやいた。

　東京に戻って、国立公文書館や防衛庁戦史部などを調べたが、陳立夫氏の証言を裏づける史料や文書はなかった。『月刊ＡＳＡＨＩ』の連載では、「トラウトマン工作の裏側　国民党指導者・陳立夫の証言」と題してその証言を書いた。この号は広告もわりあい大きく扱ってくれたのだが、それほど評判にはならなかった。私にとってはなんとも無念な思いがした。

　陳立夫氏とはその後、二回ほど陳澤禎氏とともに自宅を訪れて歴史上の取材を行った。蔣介石政府に軟禁状態だった張学良が、九十歳の誕生日を機にその状態を解かれた折りに、私は陳立夫氏を訪ねて、このことについても質したが、張学良に対しての感想はまったく述べようとしなかった。そのことが実は重要な回答であると教えてくれたのは、陳澤禎氏であった。

「簡単に言ってしまえば、蔣介石を幽閉した西安事件を許していないということだ」

「一九三六年十二月のあの事件を？」

「そうだよ。政治闘争というのはそういうものだと思うよ」

私はうなずく以外になかった。

今にして思えば、この平成二年（一九九〇）が、私にとって岐路だったということになる。台北に何度か行って陳立夫氏だけでなく、台湾の陸・海・空を統轄する三軍大学の学長である蔣緯国氏にも取材ができた。むろんこれも陳澤禎氏の紹介だったのだが、蔣緯国氏もまた歴史上の思い出として、蔣介石の人間像や日本軍と戦ったときの思い出を幾つも詳しく語ってくれた。

5

さらにこの年は、十月に旧ソ連ロシアの東洋アカデミーの研究員だったアレクセイ・アレクセヴィチ・キリチェンコ氏に取材ができた。彼は東洋アカデミーでの日本研究者であり、日本語も少しは話せた。彼との取材を通じて、モスクワにも取材の足を延ばすことができたのである。

しかも海外のメディアから、ときどき取材を受けることにもなった。ＡＰとか「ニューヨーク・タイムズ」から取材を受けたときは緊張を味わった。取材は大半が、「昭和というのはどういう時代だったのか」とか、「あなたは戦争が終わった後に教育を受けた世代になるわけだが、アメリカンデモクラシーをどう思うか」という質問だった。そういう取材を通じて、私が理解していったのは、政治的立場を優先して考えることの愚かさだった。

このころに私は、主に月刊誌でいえば、『文藝春秋』や『現代』、『中央公論』『諸君!』などの商業誌に活発に原稿を書いていた。すでにソ連の社会主義体制は崩壊しているにもかかわらず、社会主義シンパのようなタイプは依然として少なくなかった。

私のように昭和陸軍に関心を持っているのは右翼、しかし朝日の媒体にも書いているのだから右翼というより保守だな、と言われたり、『諸君!』に書くのだから保守、しかし書いているその内容は、必ずしも保守ではない、おまえはどっちなんだとの質問を受けたりもした。

私はそんな質問には決まって次のように答えた。

「右翼から見れば左翼、左翼から見れば右翼、私はそのように言われたいだけ。思想なんて信じて何になるか。大体、思想でレッテルを貼る人間は皆、底が浅い。深い洞察力を持っていない」

この考えは今も変わっていないのだが、このレッテル貼りに脅えている人がいかに多いかも知った。「左翼に立つ良心派なんていうのが、この世の一番手ごろなレッテルだよね」という酒場で戯れ言を口にしていたあるジャーナリストと出会ったことがあるが、そんなときは「こういう輩が訳知り顔で生きられる社会なんだよな、今は」とつぶやいたものだ。

どんなレッテルを貼られても恐れない、脅えない、という覚悟を貫くためには、同業の者とはあまりつき合わない、というのも私の鉄則であった。今でもそうなのだが、私は日常的に気軽に会話を交せる作家や評論家の友人はそれほど多くない。心を許して話せる友人はせいぜい二人か三人といったところだ。

レッテルを貼られても知らん顔をしていろ、という私の姿勢に、担当の編集者たちは「人の噂を気にして生きていると、人間の器が小さくなるというのは本当ですね」と共感してくれる。とはいえ、左翼や右翼のレッテルを貼られることに恐れや脅えはないと言いつつも、意外なところで困ることもあるのだと気づいた体験がある。ロシアに赴いたときだった。

6

この年（平成二年）十一月に、『月刊ASAHI』の連載で、モスクワに取材旅行に出かけた。社会主義体制が崩壊したといってもまだ残存の指導部がゴルバチョフ体制の転覆を企図していて、この年の八月には一部の指導者が軍を動かしてクーデターを試みてもいた。「八月のクーデター」は失敗に終わったが、それでもソ連国内は混乱状態が続いているときだった。

私はロシア語はまったくできなかったので、通訳兼取材の同行者として当時幾つかの大学で講師としてロシア政治史を講じていた中村逸郎氏の名が挙がり、すぐに決まった。中村氏はモスクワ大学などに都合七年間も留学していたので、ロシア語に堪能であるだけでなく、ロシア人の気質をよく理解していた。ときどき『月刊ASAHI』に原稿を書いていたので顔見知りでもあった。加えて中村氏は冗談話がうまく会話を交していて楽しい仲間ともいえた。

その中村氏と私は、まずモスクワに行ってキリチェンコ氏と会い、日本での約束を果たしてもらうことになっていた。キリチェンコ氏との東京でのインタビューは四時間にも及び、私たちはシベリア抑留者の実態についてソ連側に残っている資料の説明を受けていたのである。

その折りに、私は、「ソ連の公文書館にある史料のなかで、一九四五年二月のヤルタ会談での密約文書は公開されるのか。この文書には、スターリンとルーズベルト、チャーチルとの間で交わされた約束が明記されているのでぜひ見たいのだが」と尋ねると、彼は何のためらいもなく、「モスクワに来ればいくらでも見せられるよ。今は公開されているはずだから」とあっさりと言う。

この密約文書には、ドイツの敗戦後三ヵ月を目途として、ソ連は日本に対して宣戦布告を行い、対日戦争に入る、とあるはずで、スターリンはルーズベルトの要求に応じて、第二戦線をつくるかわりに、サハリンやクリール諸島を返してもらうことを認めさせていた。その文書には、たとえばクリール諸島はどのように書かれているのか、いわゆる北千島列島と南千島列島という具合に分かれて書かれているのか、といった点に私は関心をもっていたのである。

キリチェンコ氏からこの文書を入手すると同時に、社会主義体制崩壊後のソ連社会を見てくるというのが、私のモスクワ訪問の目的であった。中村氏はこの点は自分に任せてほしい、モスクワには知っている家族が何世帯もあるから、と言う。私もモスクワの庶民に会うのは楽しみだった。

私たちがモスクワで宿をとったのは、オランダ系の資本が建てたという「コスモス」というホテルであった。そこでキリチェンコ氏と会ったのだが、彼は私たちに会うなり、「だめだった。その資料はまだ公開されていない」と言ってのける。

「えっ、われわれはそれがあると言うから来たのに。しかもモスクワに来る前に、あなたに電話して確かめたときも大丈夫だと言っていたではないか」と中村氏はロシア語で詰め寄った。のちに彼の話では、日本語だととぼけられるからロシア語のほうがいいんだ、と言っていた。ホテルのロビーで二人はロシア語でやりとりしていたが、中村氏は声高に詰め寄り、キリチェンコ氏は抗弁これ努めるという光景であった。

私はぼんやりと二人を見つめていた。

その私にやはり東洋人のグループが、「コリア?」と話しかけてきた。違う、と答えると、私に英語で「ロシア語を話せるか」と聞くので否定すると、「通訳のロシア人が来ないので困っている。あちこち電話をしたいのだが……」と困惑した表情になる。中村氏とキリチェンコ氏のやりとりが終わるのを待っているようだが、二人の応酬はなかなか終わらなかった。やがてあきらめて東洋人でロシア語を話している人物を求めてロビーを歩き回っていた。

声高の長いやりとりが終わり、とにかくどういう形でか決着がつき、キリチェンコ氏は帰っていった。中村氏はひと呼吸いれたあとに、「ロシア人との喧嘩にはコツがあるんです」と苦笑いを浮かべ、とにかくすぐには相手の言い分に応じないことだという。キリチェンコ氏は、中村氏の詰問に、自分は約束していない、文書にしていないではないか、と言いだす。それも中村氏はよく心得ていた。文書にしていなければ約束したことにはならないということはよくあるそうだ。「とにかく明日、彼の職場に行くことにしましたよ。それで彼から改めて公開されている文書などがあれば見せてもらうということにしました」

ロシア人との議論に慣れている、とはいえ、やはり疲れると中村氏は愚痴った。夕方に中村氏の友人の一家を訪ねるのだが、それまで時間があるから幾つかの名所でも見ますか、と中村氏はホテルから出てタクシーに乗った。赤の広場に行ったのだが、私はこの広場に立って、初めてモスクワに来たとの実感を味わった。ここでレーニンが、スターリンがソ連の人民を前に演説したのか、という感慨に、なるほど二十世紀の歴史というのはこの地点からつくられていったのかとの思いであった。

レーニン廟の前に立つソ連軍の兵士は、一時間ごとに入れ替わる。そのときの兵士たちのロボットのような動きのひとつひとつは、機械の如くに正確であり、歩幅も測ったように定まっていた。その兵士たちの入れ替え、交代の光景そのものがショーになっていて、その時間が近づいてくると観光客が集まってきて、名物の光景を待っていた。

私がこのときの一週間近くのモスクワ滞在で驚いたのは、社会主義体制が崩壊直後のことであり、ひとつの体制が壊れるとはどういうことかが実感できたことだった。赤の広場の前にあるグム（百貨店）の棚には、商品がまったく並んでなく、買い物の光景は、まったく絵にならない。モスクワ市民は、わずかに残っている商品を見つめて通りすぎるだけだった。しかもこういう百貨店は資本主義体制の派手な広告やＰＲに慣れている者にはなじめない風景で、ただ商品が並んでいるコーナーの前にあるカウンターから、商品そのものを確認することなしに注文して買うだけだった。

物資が不足して日常生活が困窮している市民は、たとえば私たちの泊まったホテルの前などに並んで洋服や日常の生活物資を手に、自分のほしい物資と物々交換しないかとのデモンストレーションを行っていた。消費生活は決して豊かとは思えず、社会主義というのは建物を含めて全てが効率的になっているのであり、そして質素であった。

「ロシアの人たちは、いわゆる資本主義的な仕組みに慣れていないんだね。それなのにこの体制が崩れたあと、どうやって生活していくんだろう。それに社会主義に理想像を抱いていた人たちはこういう光景を見てどんな思いを持つんだろう」

と私は何度も思った。中村氏はあっさりと言ってのけた。

「ソ連に留学する者のなかには、社会主義体制に関心を持ってソ連に来て学ぶ者が多い半面、ロシア人という国民性が好きで、その人柄の良さに惚れてしまう研究者がいて、彼らのほうがソ連をあたたかく見つめますよ。私は、この国の人は本当に根っからの好人物だと思う。だから文化の根も深い。それゆえに、社会主義体制を押しつけられてもそれを受けいれるということだったと思います」

中村氏の言は、ソ連の政治や体制の日本の研究者が、社会主義体制の優位性を信じてモスクワにやってくるが、自分はそうではなかったのでその点で他人よりもソ連社会の中に入りこめたと思う、という点にあった。私は、モスクワの市内を自在に歩き回る中村氏を見て、なるほど彼は新しいタイプのソ連研究者だとの実感を味わった。

赤の広場から、中村氏の友人一家を訪ねるためにタクシーを止めようと立っている私たちの前に、一般の乗用車が何回か止まった。運転席から顔をだしたごくふつうの中年世代の人物が、何やら話しかけてくる。中村氏はやりとりをするけれど、話がつかない。すると車は走り去る。

「一般の市民ですよ。今、通勤の帰りだけどどこに行くのかと聞くから、行く先を言ってこれだけの値段でどうか、と答えると、もう少し高くなければだめだというわけ。皆アルバイトをしているんですよ」

それでも一台の乗用車とは話がついて、私たちは乗りこんだ。ソ連のある官庁で働くという四十代の男性で、車内でも中村氏とすぐに気さくに話し始めた。中村氏は誰とでも打ち解けてしまうという特異な性格であったが、ときどき私にどんなことを話しているかを通訳してくれた。その中で今も忘れられないのは、そしてたぶん私の中に残っていたかすかな社会主義への幻想が完全に断ち切られたのは次の言であった。

「ああ、われわれはなんと人のいい民族なんだ、ということだね。そうさ、レーニンに七十年も騙されていたんだからな……七十年もだよ」

この温厚そうな国家公務員の嘆きがどんな口ぶりだったのか、ロシア語に通じているわけではないので、正確にはわからない。だが中村氏が訳してくれたこの言葉は、モスクワを初めて訪れた折りの私のもっとも印象に残る言葉になった。そうか、そうだったのか、モスクワ市民にとって社会主義体制社会とは、騙されていた、あるいは利用されていた空間だったのか、そう実感しているのか、という意味を含んでいたのである。

これに似た言葉は、ホテルの従業員からも、中村氏の友人たちからもそれとなく聞かされた。そうはいっても、日本とて太平洋戦争の敗戦という事態の中で、「われわれは軍部に騙されていた」とのつぶやきが社会の中に広まったといわれているし、占領のためにやってきたアメリカ軍、

その軍の兵士や将校に随行している新聞記者にむかって、

「そうなんです。われわれは軍部に騙されていたんです。ひどいもんですよ、日本の軍部は。嘘ばかり言っていたんですから……」

というような怒りが日常となっていたのだろう。それと似ているにすぎない。

だがこうした言は免罪符になりうるのだろうか。私はしだいにこういう現実から逃避した言い方に、〈実は騙されるほうも悪いのではないか〉とつぶやくようになった。レーニンが悪い、スターリンが悪い、いや日本でいえば軍部が悪い、東條英機が悪い、という言い方は、巧みに遁辞《とんじ》に利用されているだけではないか、というのが正直な感想になった。主体的に生きていかなかったがゆえのこと、私にはそう思えたのであった。

7

モスクワに滞在してみて、私はそれまでの五十年余の人生を再発見するような思いを持った。ロシア人の気質が、確かに中村氏の言うとおり、お人好しのところもあることがわかった。さらにつけ加えておくが、私の滞在していた間に十一月七日の革命記念日があったのだが、この日はホテルの部屋のテレビで、赤の広場の軍事パレードを見ていた。近代兵器を積んだ軍用トラックや戦車、それにソ連軍の行儀のよい兵士たちの行進が続いていた。それは長い巨大な列であり、テレビに映る兵士の表情は一様に祖国を守る気構えに燃えていた。

夕方まで、テレビをつけたまま部屋の中で身を休めていた。何気なく窓のカーテンを開けると、ホテルの裏側の道を――それでも五、六十メートル離れていたのだろうが、パレードを終えて兵舎に帰る戦車や軍用トラックの列が目に入った。ここは裏道になっているので、人目にはつかない。車上の兵士たちは、ある者はトラックの上で横になったり、仲間同士でふざけあったり、いやほとんどの兵士は緊張がとけたあとのゆるやかな移動を楽しんでいる風情であった。少なくとも兵舎に帰るまでの時間、誰かに見られていると気づいてはいなかった。

この革命記念日が、最後の記念日となったのだが、まさにレーニンが宣言した革命の日であったはずだった。それが今、こうして終えようとしているのか、と窓から見えるこの光景をしかと目に焼きつけておこうと思ったのである。

結局、東洋アカデミーでもキリチェンコ氏からは文書・記録を見せてもらうことはできなかったが、しかし彼の案内でこの研究所の中を見せてもらったり、食事をしたり、友好的な空気をつくりあげることはできた。

折りよくモスクワには、シベリア抑留者たちでつくる全国抑留者補償協議会（全抑協）の会長だった斎藤六郎氏が来ていて、私は氏と面識を得ることになった。斎藤氏はキリチェンコ氏や他の研究員を通じて、日本の抑留者たちはなぜシベリアに連れていかれたのか、日本軍の指導者たちはスターリンにどんな内容を約束したのか、そのことを裏づける記録文書をモスクワの公文書館で閲覧し、そのコピーをとって、シベリア抑留の真相を質《ただ》そうとの熱意を持っていた。

今にして思えば、私のモスクワ滞在はわずか一週間余であり――翌年も、その翌年もモスクワに行って取材を続けたので延べにすると一ヵ月ほどになるのだが――、その全容を理解したとはいえないにしても、ソ連という体制が崩壊した直後であり、それゆえに多くの感想を持った。その感想は、はからずも私の人生そのものをもういちど構築することになった。どういうことかといえば、これ以後の私の人生に〈ある覚悟〉を持ちこんだという意味である。

それをあえて活字にすれば、次のようになった。

〈もう私も五十代に入った。これからは空理空論を口にしたり、きれいごとを言って生きていく年齢ではない。自分の仕事に自信を持ち、自分を信じて進む以外にない。思うことはそのまま活字にし、時代に体当たりしていこう。それを貫く以外に道はない〉

私は自分の人生に補助線を引いたことになる。とにかく原稿を書いて書いて、書きまくるぞ、といった覚悟でもあった。

8

前にもふれたが、このころ共同通信文化部からの依頼で、二週間に一度書評の頁を担当していた。といっても文化部のほうから、この書の書評を書いてほしいという依頼ではなく、私自身が書店の売り場に立って、目につく新刊本二冊を選び、それにからめてエッセイを書くという企画であった。もともと読書好きではあったにせよ、このころには自分の仕事に関係のある分野、あるいは関心のあるテーマの書しか読まなくなっていた。とくに意識していたわけではないが、関心のない分野やベストセラーなどに目を通すのは時間のムダというふうに捉えていた。

ところがこの書評の仕事は、そういう狭い関心ではとうてい続けることができないことに気づいたので大いに勉強になった。書店に週に二、三回は立ち寄るにつれ、どの書店が私の肌に合うかが自然にわかってきた。当時、私は西武池袋線の沿線に住んでいたので、池袋の書店を利用することが多かった。西口を出てまもなくの細長いビルが、芳林堂書店であった。一階はベストセラーとか話題になっている書を売るコーナーで、ふだんは一階は素通りして四階か五階の社会科学関係や人文関係の新刊コーナーや棚を見て回る習慣を持っていた。この共同通信の書評の仕事を始めてからは、一階を始め、二階、三階などを見て回るようになった。

書店を見て回るのに、これまで覗いたこともなかった自然科学関係のコーナーにも立ち寄るようになって、あることに気づいた。私は主に昭和史に関心を持ち、昭和に生きた人たちの実像を書きたいと思っていたのだが、その視点だけではあまりにも狭すぎることがわかったのだ。

改めて当時、この共同通信の書評欄でどのような本を取り上げていたかを見ていくと、『宇宙論』『宇宙遊泳する現代』『英君への手紙』『エイズ疑惑』などといった、このような機会がなければ決して読まなかった書が数多くリストアップされている。

フリーの物書きとして、私は少しずつ力をつけていったともいえるのだろうが、このころにはどこの雑誌にどういうテーマの原稿を原稿用紙何枚で書いたかという記録を残しているので、それを確かめると実によく仕事をしている。

たとえば平成三年（一九九一）九月十六日から二十九日までの二週間に書いた原稿は、『週刊現代』の書評（渡辺淳一著『いま脳死をどう考えるか』）、共同通信の書評エッセイ（『東京裁判』など）、『諸君！』（「松前重義論」四百字三十九枚）、『月刊ＡＳＡＨＩ』（連載、三十四枚）、光人社別冊『証言 真珠湾攻撃』（三十三枚）、『受験の日本史』（近代史、十一枚）、朝日ソノラマ単行本（百六十八枚から三百二枚まで）とある。この朝日ソノラマの単行本は、『辛亥革命と日本人志士』という仮題のもとに書き進めていた。そのほかにプレジデント社や岩波書店のシリーズなどに入る原稿も書いていた。

この間に臓器移植について、月刊『文藝春秋』に書くために大阪大学医学部の川島康生教授に日帰りで会いに行ったり、受験雑誌に書くために予備校の教師と対談を行ったり、と原稿を書くか、取材に歩くか、そしてときに新宿の行きつけとなっていた小さな居酒屋で編集者に会ったりという日々であった。

体力にも自信があり、気力も充実しているといえば、確かにそのとおりであった。ヘビースモーカーであり、徹夜も平気という日々であった。埼玉県中央部のある市の郊外に家を求め、そこに閉じこもって仕事に没頭する半面、都内にマンションを借りて、夜おそくになればそこに泊まりこむという生活であった。こういう生活そのものが、私にとっての日常となっていた。

妻は、収入が相応に増え、仕事に没頭する私を見守りつつ、「いつか倒れるのではないか」と案じていた。

なぜこれほどがむしゃらに、まるで追いたてられるように仕事をしたのか、と今になって思うが、この状態が平成に入ってより日常化していくにつれ、私の中にさらに覚悟が生まれた。自分で選んだ道ではないか、仕事がくるうちが花だろう、ならばよほど厭な仕事でなければすべて引き受けてやろうではないか、といった覚悟であった。講演も引き受けた。初めは訥々とした話し方だったと思うが、しだいに慣れていった。

平成三年は真珠湾奇襲攻撃から五十年にあたっていたために、はからずも昭和史に関する講演が増えたのだろう。私にも幾つかの団体から声がかかった。思いだすのは、ある市民団体で日中戦争について話したときだった。百人くらいの会場で、たしか東京・杉並のあるホールではなかったかと思う。

講演の終わったあとの質問で、老人が立ちあがり、「あなたは日中戦争というが、この呼称は支那事変というべきではないか」との質問をぶつけてきた。私が答えようとすると、別の一角からやはり同年代の老人が立ちあがり、「いや、あれば対中侵略戦争というべきだ」と反論した。

そしてふたりの間で論争が起こった。支那事変派が、「私は○○連隊の兵士として戦ったんだ。だからあの時代の呼び方で語ってくれ」というと、対中侵略派も「自分は○○連隊の兵士として中国に行った」と応じ、論争は激しくなった。会場は二人のやりとりを聞きつつ何かを理解したように思う。私は、このやりとりを聞きながら日本社会の縮図を見たようにも思った。個人の歴史的体験と国家の政策のバランスをどのように保って、戦後を生きたのか、二人のそれぞれの立場が浮きぼりになっていたのである。講演のあとの質問を受けることで、私の知識がしだいに相対化されることも知った。

つけ加えておくが、この講演の終わったあとに、支那事変派の戦場体験者は、「死んだ仲間は侵略などと思っていなかった」と私に弁解気味に語った。後日になって、対中侵略派は、自らが書いたという原稿を送ってきた。中国帰還者連絡会（中帰連）という組織があり、ここに集まっている人たちは、そうした対中侵略派の拠点であることも知った。

こういう体験は、講演のたびに味わうことができた。ある講演会で、昭和天皇を語るときに敬語をつけないで話すのが不快だとクレームをつけた高齢者がいた。これは歴史の話をしているのであり、敬語をつけて話すというのでは歴史をなめらかに話すことができないと私は反論した。実際に敬語をつけて話すのは、政治目的を持つ団体以外にはありえない、とも私は考えていた。その老人は、「敬語をつけて話さないなら聞くわけにはいかない」と言い続けるので、私は苛立って、「それでは私の話は聞かないでほしい」と応じると、会場から拍手がわいた。

この講演は記憶では、市民講座だったように思うのだが、多くの人は天皇について歴史上の話をするときは、敬語をつけないで話すことを諒解しているとも知った。

朝日カルチャーセンターやNHK文化センターから、隔週、つまり月に二回、昭和史に関する講座を持たないか、と勧められたのは確か平成四年のころではなかったか。

私はまだ五十代半ばにさしかかるころで、そういう講座を持つことは分不相応であり自信もない、と辞退を続けた。それでも単発で引き受けてみると、たとえばテーマによっては六十人から七十人は集まることもわかった。私はまだ名前を知られている作家ではなかったが、それでもこれだけ集まるのは昭和史に関する興味が広がっているのだと知った。こういう講座をレギュラーで持つことは、もうすこし年齢を重ねてから試してみようとしだいに考えるようにもなった。

第十一章　後藤田正晴との出会い

1

平成四年（一九九二）から六年ごろまで、つまり私が五十三歳から五十五、六歳のときにだが、自分の思うとおりの仕事ができた。『月刊ＡＳＡＨＩ』では、「昭和陸軍の興亡」を毎号書き続けた。そのほかに共同通信社では書評の連載を続けていたし、他の紙誌にも幾つかの連載を書いていた。そういう連載は大体が取材が前提になっているので、全国をとび歩いて昭和史の実像をさぐりあてようとしていた。

日々の仕事にふり回されていて、とくに健康には気をつけていなかった。ヘビースモーカーで、一日に五十本は吸うという具合で、家に帰ると妻は、「煙草の臭いが、背広に沁みついている」と顔をしかめた。高校生から大学生になっている子どもたちも、このころには父を敬遠するようになるのだが、そういう時代に重なって煙草の臭いを嫌って私を遠ざけるようにもなっていた。

私は健康診断などは受けたことはなく、ときどき妻が、「とにかく人間ドックにでも入ってみたら?」と勧めても、「まあ、そのうちに……」といって応じなかった。

後の話になるが、六十六歳の折りに、尿の中に血がまじっているのに気づき、初めてさまざまな検査を受けて腎臓がんとわかり、右腎の全摘手術を受けた。それまで病院に行ったことはなく、健康診断も受けなかった。「もともと身体が丈夫にできているのでしょうね」と医師からは言われたが、私は、そうではない、と内心ではつぶやいていた。私の健康法は、とにかく身体が食べたいと欲するものを食べ、疲れていると思ったらどこででも寝る、そしてスケジュールを変えてしまう、という特技をもっていて、それに徹するのだ。そういう自己管理がうまくいっているのではないか、と自分では思っていた。

日々の仕事に満足を覚えていた。月刊誌で原稿を書くときには、たとえば『文藝春秋』や『現代』などでは必ずデータマンをつけてくれた。いわば若いジャーナリストが周辺取材を徹底して行い、私は主要な点を取材すればいいのだが、それも編集者や記者がアポイントをとってくれるために、それに合わせて動けばよかった。ただ『月刊ASAHI』は、私自身が自分の手と足で書くつもりになっていて、取材のアポイントも自分で行っていた。

どのようなルートであったか、その経緯は忘れてしまったが、「真珠湾攻撃から五十年」という企画を『文藝春秋』が行ったときに、私はデータマンの記者と共にかなり多くの関係者に会った。今にして思いだすのだが、外交官OBの長老に、ワシントンの日本大使館がなぜ真珠湾攻撃時に外交関係断絶の通告文書が遅れたのかを取材している折りに、ひとりの人物に会ってみるといい、とある人物を紹介された。結果的に『月刊ASAHI』でも『文藝春秋』でも、この人物を取り上げたのだが、私はこの人物から初めて史実とはどのように定着していくのか、そのことを知らされた。

その経緯はぜひとも記録にとどめておかなければならないと思う。

2

太平洋戦争の開戦当時、ワシントン駐在の日本大使は海軍出身の野村吉三郎であった。野村は昭和十六年四月からの対米交渉を進めているが、海軍出身とはいえ国際法に詳しく、それが買われて昭和十四年には一時期外務大臣を務めていた。昭和十六年一月には、松岡洋右外相の肝煎りで、駐米大使に赴任している。ルーズベルト大統領とも親しい間柄といわれていて、そういう経歴が買われたとも評された。

しかし野村は駐米大使になったとはいえ、外務省出身の外交官とはそりが合わなかったらしい。加えて、もともとドイツ語を主としていたために英会話は必ずしもスムースではなかったといわれている。そんなこともあったのか、野村はまったく公的ルートとは別に私的な立場での通訳を雇用し、その通訳を自らの周辺に置くことになった。この通訳が、煙石学氏であった。私はこの煙石氏と何度も会って、多くの史実の裏側について教示を受けた。

煙石氏は東京・四谷に住んでいたように思うが、私たちはホテルの喫茶室で会うことが多かった。日系二世、確か南カリフォルニア大学出身で、野村が秘書・通訳を募集しているのを知人を通して知り、それに応募して採用されたという。野村吉三郎には強い恩義を感じていた。立ち居振る舞いはアメリカ風の紳士で、私の取材にも的確に答えてくれた。ただ通告電報遅延で、野村さんを責めるのは筋が違うと言い、野村さんの誠実さが日本では理解されていないとの不満も洩らしていた。

煙石氏の証言は、当時の日本大使館内部の地図を描いて、一等書記官はこの部屋、通信員はこの部屋、そして大使の部屋はここ、という具合に具体的であった。のちに当時の大使館の一等書記官たちにも話を聞いたのだが、驚くことに彼らは煙石氏を野村個人の雇用と見ていて、公的にはまったく交流はなかったと話していた。率直にいって、ワシントンの日本大使館の電報遅延問題は、大使館内の人間関係の連係の悪さに原因があったように思えるほどだった。

私が煙石氏の話を聞いていて、そして今ここで電報遅延についてなにがしかの結論をだそうというのではない。私がいう「史実の裏側」とは次のようなエピソードなのである。私と煙石氏とのやりとりである。

「遅延の原因は、本省がこの電報は一等書記官しか打ってはいけないというので、つまりは奥村勝蔵書記官が打ったそうですが、しかし奥村さんはあまりタイプを打つのが速くはない……」

「そうそう、まあ雨だれのようにポツンポツンという有様で、私も手伝いましたよ」

「午後一時にハル国務長官のもとに届けろというのが本省からの命令でしたよね」

「そうさ。野村さんから言われてハルの秘書官に電話をかけて、午後一時と約束したけれど、また遅れそうになったので時間を延ばしてほしいというので、再度ハルの秘書官に電話をしましたよ」

「その間に日本軍は真珠湾を叩いたわけですが、大使館内ではふつう誰がタイプを打っていたんですか」

煙石氏は思いだすようにしながらも、すぐに答えた。

「二人の女性と一人の男性、いずれもアメリカ人ですよ。まあさしさわりのない電報を打っていたのであり、重要なことは日本側が打っていましたね。男性はウィルソンというんだが、たしか十一月の終わりには辞めてしまったように思う」

「なぜその三人を雇ったんですか。情報関係の人ではなかったのですか」

「そうかもしれない。ただ日本とアメリカの間では、大使館業務では相互に一定の数だけ雇用するという約束になっていた。だから日本のアメリカ大使館でも日本人が働いていたはずですよ」

私の調べでは、主に料理人として日本人は雇われていたようであった。私はこの煙石氏の証言を聞いて、三人のタイピスト、なかんずく十一月の終わり（つまりハルノートが手渡されてまもなくということになるが）に辞めたウィルソンという男性に興味を持った。まちがいなく彼は情報機関の工作員であろう。当時ワシントンにあった人材派遣会社から送られてきたというこの人物はどんな人か、私と『文藝春秋』編集部員はそのころのワシントンの人材派遣会社を電話名簿で探したが、結局見つけることはできなかった。正確な企業名がわからない以上、人物の特定は無理であった。

しかし史実の裏側には、私たちの知らない人間模様があることを垣間見ることになり、歴史とは奇妙な人間関係で成り立っている、との実感も持った。そしてこういう隠されたエピソードをさぐることが、私の役目ではないかと自覚した。この体験は、私の歴史的事象を見る目に意外なほどの広がりを与えることにもなった。

3

平成四、五年のころだが、医学・医療の原稿もときに書いていた。脳死を認めるべきか否か、臓器移植を可能にするためには脳死を認めるべきだという論に対して、脳死はまだ「死」とはいえないとの声もあり、その論争が続いていた。こういう日本の現実を単行本にまとめたいと思って、折りにふれて賛否両派の有力者を訪ねては話を聞いていた。賛成論者の中では、東京女子医大の教授だった太田和夫氏とNHKテレビで対談したのをきっかけに何度か話し合った。

太田氏は腎臓の専門医で、「既に腎臓移植を受ければ助かる人がいるのに、その人たちはそのチャンスももてずに亡くなっている」と具体的に話をする。私は脳死を簡単に認めると、それが乱用されて臓器移植のための脳死がつくられるのではないかと反論すると、そんなことはありえない、目の前にいる困った人を救うのが医師の役目だと応じる。太田氏はその後、東京女子医大の名誉教授から、やがて第一線を退き研究所をつくるのだが、そんな折りに会いたい旨の連絡があった。私も歴史に関心がある、これからはそういう方面も学びたいと語っていたのが、今も印象に残っている。

一方で脳死に反対する論客としては、浅草寺の貫首である大森亮雅氏がなぜ反対かの論を丁寧に語ってくれた。大森氏はもともと浅草寺の貫首の家に生まれているのだが、医学・医療の志を捨てることができずに医学教育も受け、医師としての資格も持っていた。天台宗の僧侶であり、そして医師でもあった。私は時間が空くたびに、大森氏の部屋（浅草寺病院の院長室）を訪れては、雑談をくり返した。

大森氏は同時に、昭和史に強い関心を持っていて、「医者で僧侶だったから、私は戦争には行かなかったけれど、友人たちは戦争でかなり死んでいる。それに戦争中はこの浅草寺でも追悼や慰霊が多かった……」としんみりと話すことが多かった。とくに大森氏から何度も聞かされたのは、昭和二十年三月十日の東京大空襲についてであった。この話になると、大森氏は溜め息をつきながら苦しそうに話すのである。

「あのころはまだ医学生でしたよ。この浅草寺にも多くの人が逃げてきました。私も必死に治療にあたったものです。三月十一日にこの付近一帯を歩いて見てびっくりしました。人が焼けただれているのですが、それはまるで人形のように見えました……不思議な光景でしたね。確かに戦争中とはいえ、非戦闘員をあんな残酷な形で死なせていいのかどうか、私はいつも考えこんでいますよ」

あの東京爆撃はどういう経緯で行われたのか、むろん大森氏も知っていた。カーチス・ルメイというアメリカ空軍の司令官によるこの無差別爆撃は、円の外側に爆弾を落とし、住民を中心地域に逃げるように追いこんで、さらにそこへとどめの爆弾を落とすという戦法であった。この司令官は最初から大量殺戮を目的としているのだから非道な司令官といってもよかった。このルメイに日本政府は、昭和三十九年十二月に勲一等を与えている。戦後日本の航空自衛隊の発展に尽力したとの理由であった。

大森氏も私も、この事実には憤慨していた。日本政府の原則のなさにあきれはてたという言い方もできた。しかもこの叙勲には、参議院議員だった源田実が一肌ぬいでいたという噂があった。かつての日本海軍のパイロットである。それがあきれるような愚行を演じている、罪の意識はないのか、それが私と大森氏との共通の認識だったのである。

のちに調べてわかったのだが、ルメイは多くの勲章を受けていて、それを胸にまさにキラ星のように並べ立ててパーティに出席するのを楽しみとしていたそうである。そのルメイもよほど恥ずかしいのか、日本政府からもらった勲一等の勲章だけは決して軍服の上につけなかったという。彼の胸中には、少なくともその程度の良心は残っていたのである。

大森氏が脳死に反対する理由は、実にはっきりしていて、「日本人は死体を損傷することにとくに気を遣う国民ですよ。それが脳死です、はい臓器移植です、と言ったところで文化的、宗教的に受けいれるわけがない。ドナー（臓器提供者）などほんのわずかしかでませんよ」と断言していた。移植医療は日本人の生命観に決してふさわしいとはいえない、大森氏はなんどもそう断言していた。

なにげなく訪ねると、「今日は時間があるよ」と午後の食後休みから夕方まで雑談することもあった。それまで浅草寺についてほとんど知識をもっていなかったが、大森氏からこの寺の歴史や、医師と僧侶のふたつの職を兼ねていることの人生観などを聞かされた。心臓に持病があって……と言っていたが、「たとえ私が心臓移植の医師であっても、私自身はそれを望まないよ」と断言していた。その言が、私には印象にのこっている。

太田名誉教授に会ったときに、大森氏とよく会って話を聞いていると洩らすと、「ああいう人こそ臨調（臨時脳死及び臓器移植調査会）に入って、臓器移植についての意見を述べてもらいたいのだけれどね……。私が電話して説得したことがあるんです」と答えた。一方で大森氏も、太田名誉教授の話をときに聞きに行っていると伝えると、「あの先生は一見すると移植医療を全面的に推進しているように見えるけれど、国民的合意なき臓器移植はやるべきじゃないとのバランスは持っている。そこを私は立場は違うけれど尊敬しているんです」とこちらもその立場を認めていた。

この二人と話しあえたのは、私にとって得るところが大きかった。五十代半ばにさしかかっていて、私はそれまでそれこそ延べにして千人余の取材対象者に会っている。そのような経験を通して、どのような話し方をするか、どういう言葉を用いて事実を語るか、証言の姿を見ているとこの人は本当のことを話している、いや虚言を弄しているというのがある程度わかるようになってきた。とくに史実を語るときには、どうあれその人の人生の歩みが必ずといっていいほど顔をだす。太田氏も大森氏もその点では、実に正直であり、会話を交していてもまったく構える必要はなかった。

4

平成五年のいつであったか、正確な日時は忘れてしまったが、文藝春秋社の出版局長とともに衆議院の議員会館に後藤田正晴氏を訪ねたことがあった。この年に、文藝春秋社は七十周年を迎えるというので、ノンフィクション作家に評伝を書かせる企画を進めることになったらしい。その局長から「誰か書いてみたい人物はいますか」と打診されたときに、とくにためらいもなく、「黒澤明を描きたい」と答えた。黒澤の映画はすべて観ていたうえに、その作品傾向が年齢を追ってしだいに人間の魂の中に入っていくようで、この監督を書くのは物書きとしての務めであるかのように考えていたのである。

しかし局長と話し合っているうちに、黒澤についての評伝は何冊もある上に、もし私の立場で書くとするならば、「歴史の中の顔」を書かなければならない。『七人の侍』の農村に生きる農民たちの姿は、「支配されて」いるかに見えて、実は自分たちが「支配して」いるようにさえ見える。そういう構図をそれぞれの映画から発見しつつ、実は黒澤はその構図の中で、自らの存在をどのように定義していたのか、そのあたりを知りたいと、私は考えていた。だが局長はあっさりと言ってのけた。

「黒澤明を書くのは保阪さんでないほうがいい。もっと歴史に関わる人物を書いたらどうか……」

その口調に促されて、反射的に後藤田正晴氏の顔を思い浮かべた。もともとは警察庁長官であり、その肩書きからいえばタカ派と思われても仕方ないが、このころのPKO法案の審議では、ためらいもなく「日本の自衛隊は海外にでていくべきではない」と反対した。その発言は自民党のハト派を代弁しているかのようにさえ思えた。いや、すでにハト派というべき立場に立っているかのようであった。

「この人物は何を考えているのだろうね。なにしろ自民党にいながらもまるで社会党のような意見を持っている。黒澤明がだめなら、後藤田正晴はどうだろうか。この人物なら書きごたえがあると思う」

私の提案に局長はうなずき、それでは二人で彼を訪ねて取材の依頼をしてみようということになっての訪問であった。このころの後藤田は副総理であったはずだが、とくに忙しい役職に就いているわけではなかった。にもかかわらず議員会館室には年来の支援者とか、若手の自民党代議士とか、あるいはジャーナリズム関係者とか、とにかく客が絶えない。私たちも隅に待たされていたが、秘書の客の捌き方は巧みであり、何人か、私たちの前にいた人物も後藤田に対して短時間で挨拶やら陳情やらを行うとすぐに消えていった。

「なに、わしの評伝を書きたいだって……」

と後藤田氏は、私たちの意見を確かめると、驚いた表情になった。「昔から、わしは評伝などというものは信用しとらん。だから君に会ってあれこれ取材されるわけにはいかないよ。そんな時間もないしな」とすぐにでも帰れといわんばかりの表情になった。

しかし私たちは帰るわけにはいかない。「政治家としての先生の考え方は何がコアになっているのか。戦争をどう考えているのか、そのへんのことはどうしても知りたい」とねばった。「でも評伝と称して君らが書くのはひどいストーリーじゃないのか。わしはそんな並外れて優秀ではないし、平々凡々とした人生だよ」とためらう姿勢を崩さない。それであきらめる形になってきた。

ところがなにげなく、「先生は戦時下に台湾の司令部で主計将校をしていましたよね。ここには本間雅晴や安藤利吉という司令官がいたのではありませんか」と水を向けると、後藤田氏の目は輝き始めた。戦争中の自らの辛苦について、あまり人に語ったことがなかったらしい。台湾司令部はどこにあり、今はどうなっているか、そのことについて、私は詳細に説明を続けた。以前に台北に赴いて陳立夫氏や三軍大学の学長である蔣緯国氏を取材した折りに、台湾軍司令部の場所は蔣緯国氏の学長室であることを聞かされていた。そういう話を持ちだすと台北司令部のひとつひとつの思い出を喚起することになったのである。

「君はなぜそんなことを知っているのかね」

その質問を機に、後藤田氏と私は、昭和史の中の太平洋戦争、そして台湾司令部の話にと移った。十五分ほどそういう話が続いた。後藤田氏は往時を思いだしたようであった。目を細めて好々爺然とした表情になった。それが後藤田氏の本質だということを、私はのちに知ることになった。

「河野さん、この件の取材日程をつくってくれ」

と傍らの秘書に命じた。それは取材を受けるよとの合図でもあった。私は、後藤田氏の試験に合格したのだろう、この人とは話が通じあえる、という素朴な感情を持った。私も手帳を持ちだして、後藤田氏の都合の良い日と私が動ける日との照合を行った。河野保夫氏は温厚な紳士で、あまり派手な言い方をしない。地元の徳島市にあって後藤田氏の後援会の面倒を見ているのだが、後藤田氏が多忙なときは東京に出てきて秘書の仕事の先頭に立っているようであった。平成五年の秋からであったろうか、私は月に二回、ときには三回、議員会館に後藤田氏を訪ねて話を聞くことになった。

河野氏は、後藤田氏の東京帝大時代の仲間や地元徳島の熱心な支持者の氏名なども教えてくれた。そのルートで取材を続けることになった。徳島には何度か通ったが、後藤田氏の出身地区はそれこそ戸数二百戸ほどの山あいの村で、そこを訪ねたときには生家がそのまま残っていた。まもなく解体工事に入るというので、その内部を見てもいいとなったのだが、ある一室には『法律時報』誌のほかに、法律関係の書物が散乱している状態であった。後藤田氏が東京帝大の学生のときに、この実家に戻って高文の受験勉強をしたようであった。

私を案内してくれたこの村の住民は、「後藤田家は優秀だったから、皆東京に行ってしまったね。東京で名を成すというのは、やはり幼年期から人並み外れた優秀さがあるということだな」と言いながら、この地区から旧制中学に通うとなると皆、徳島市に下宿となるが、後藤田家は財産もあったからそういうことが可能だったのだ、と教えてくれたりもした。

しかし私は、徳島県の吉野川や四国山地が連なる一角に位置するこの村から、日本を動かす人物がでてくることに軽い驚きもあった。徳島市からこの村に帰ってくるために幾つかの峰を越えなければならないし、それも徒歩となれば一時間以上も要する。その山道は今は舗装されていてタクシーで上り下りできるが、昭和の初めは大変な辛苦のはずだった。

私はタクシーで山の中腹まで行き、そこで車を止めてもらい、四方を見回した。周囲には何の音もしない。ときに小鳥のさえずりが聞こえてくるにしても、まったくの静寂の中に身を置いているうちに、向学心に燃える後藤田家の子女たちがこの中腹に立って、自分の人生を想像したであろうことが推察できた。タクシーの運転手に促されてもまだそこに立ち止まっていた。

後藤田氏の評伝の「序章」の冒頭の一文は、この光景から筆に起こそうと決めた。「寂として物音ひとつしない」という語が浮かんできて、これを手帳に書きとめた。最初の一行はこうして決まった。

後藤田氏を月に一度か二度訪ねているうちに、しだいに胸襟を開いた会話を交せるようになった。「仕事の鬼」とか「カミソリ」といった形容句が後藤田氏にはかぶせられるのであったが、実際はまったく異なっていた。なにより冗談好きだし、笑ったときの目を細める表情は、私の祖父の顔を思いださせた。後藤田氏には話の順序として幼年期からの生育プロセスをひとつひとつ丁寧に尋ねる形でのインタビューを要求していた。後藤田氏はその手順に沿って、実にわかりやすく語った。

インタビューは議員会館、あるいは後藤田氏の事務所で続けた。いつも誰かが訪ねてきていたが、「少し待てばすぐに終わることになっています」と女性秘書が教えてくれた。河野氏を含めて後藤田氏の秘書は決して派手ではなく、縁の下の力持ちで後藤田氏を支える役割を果たすタイプであった。私はそういう秘書たちと会話を交すのも楽しみのひとつとなったのである。

5

取材を始めてある期間を経て、後藤田氏は法務大臣のポストに就いた。宮沢内閣が誕生したのは平成四年十二月のことだが、このポストには翌年八月までのほぼ八ヵ月間就いていた。この期間のインタビューは、主に事務所で続けた。約束の時間に訪ねると、机にむかって一人考えこんでいた。私が入っていくと、「おう」と言い、まあ座れ、とソファを勧める。後藤田氏の表情がすぐれないので、そのことを尋ねると、「例のことで……」と言い、法務大臣室に野党の議員がアムネスティの役員などとやってきて、「どうして死刑執行を行ったのか」と語気鋭くつめよったらしい。そのことが後藤田氏の感情を苛立たせていた。

「今日の夕刊に死刑執行のニュースが出ていましたね」

「あの連中は、なぜ執行を行うのかというけれど、それは法律で決まっているわけで、むしろそれに何だかんだと理由をつけて署名しない法務大臣のほうがおかしいと思うんだがね……」

「同感ですね。私もそう思いますよ」

「被害者の方からは、執行していただいてありがとうございます、という伝言も届いているんだよ。こんなことは明らかにはできないけれどね」

法体系で決まっていることを守らなければ、法務大臣の資格に欠けるではないか、という後藤田氏の主張は、私にはよく理解できた。後藤田氏は、「自分は警察庁の長官だから思想を弾圧するポジションだというのもおかしいんだよ」とよく話していた。確かに全共闘世代にとって、後藤田氏は弾圧の張本人のように語られている。しかし後藤田氏は、「私は思想で市民を逮捕せよと命じたことは一度もない。法体系にふれたら、そりゃあ逮捕しなければならん。いやそういうケースしか逮捕しないと断言していいよ」とくり返していた。私は後藤田氏のそうした発言にまったく嘘偽りはないと思うようになった。

平成五年は日本の政治がもっとも揺らいだときだった。選挙制度改革をめぐり、自民党内部が揺れ、野党が提出した宮沢内閣不信任決議案が羽田孜、小沢一郎らの造反によって可決されるという事態になった。羽田、小沢らは自民党を離党し新生党を結成するなど、いわゆる五五年体制はこのときに少しずつ亀裂を生じ始めている。新生党に加え、武村正義、鳩山由紀夫らのグループも新党さきがけをつくり、自民党の勢力は確かに勢いを失っていた。

こうした政変時に、自民党を中心とする政権を担う党の代表候補に後藤田氏の名もあがっていた。新聞には、後藤田氏を総裁とする政権党に対して、非自民勢力を結集する動きが加速していた。

そういうニュースが日々報じられているころ、私は依然として後藤田氏への取材を続けていた。議員会館を訪ねた折りに、後藤田氏は自民党の若手議員や新聞記者、それに官僚などと次々に挨拶を交わし、ときに密議を凝らしているようでもあった。面会客が一段落したときに会うことができたが、実際には取材というより、雑談を交わすことが多くなった。

「先生、総理を目ざされたらいかがですか。あの戦争の最終段階、つまり終戦を決めたのは鈴木貫太郎さんです。鈴木さんは満年齢では七十八歳、数えでは七十九歳、つまり今の先生の年齢とほぼ同じじゃないですか。この政治危機を救われたらいかがですか」

後藤田氏はゆったりとソファに腰を埋めて、「君、まったく同じことを言った人物がいるんだよ」と嬉しそうに表情を崩した。それが誰かは教えてくれなかったが、私のこの励ましを後藤田氏は気に入ってくれたようであった。後藤田氏とまったく何の遠慮もなく話せるようになったのはこうした会話が重なったからであった。

あるとき地方取材に出かけて夜遅くに家に戻ると、妻は顔面を紅潮させながら、「今日、後藤田先生から電話がかかってきたわよ。何か昭和史のことで教えてほしいことがあるのでと話していたわ。主人は留守なのですが、と言ったら、先生はこんなことを言っていたわ」と興奮の口調になる。

後藤田氏は、「保阪君の奥さんですか」と言ったあとに、彼は今働きざかりで家族など省みないで仕事に没頭している。今の時代に大事な人だから、奥さんともども、くれぐれも健康に注意するように……と丁寧に言ってくれた。こんな有名な政治家からこれほど優しい言葉をかけられて……と妻は涙ぐんでいた。私自身もまた、こうした心くばりに涙がこぼれそうになった。

私は、後藤田正晴という人物に出会って、自分の人生が変わっていくとの自覚をもった。これも陸軍省軍務局の高級課員であった石井秋穂氏、参謀本部情報部の堀栄三氏、それに世間では右翼とされるが、しかし博識で人間的には率直なタイプの農本主義者の橘孝三郎氏など、人間としての資質がすばらしい人物に出会えたことは私にとっても何とも僥倖であったのだが、後藤田氏もまたその系譜に列なる高潔な人というのが私の印象であった。

6

後藤田氏の評伝を書き終えたのは、平成五年の秋ではなかったかと思う。むろんそれまでの取材期間に、後藤田氏の取材だけに没頭していたわけではない。『月刊ASAHI』で連載を続けていた昭和陸軍についても、日中戦争や太平洋戦争に従軍していた元兵士たちに話を聞き歩いていた。

このころ私たち一家は、埼玉県中央部のある街に居を移していたが、私は取材上の便利さを考えて都内にマンションを借り、そこを拠点に仕事を進めていた。自分の気にいる仕事をしているのだから、とくに不平をいう筋合いはなかったのだが、それでも心中にはさまざまな不満を抱えていた。

父を昭和六十年に喪い、そして平成五年二月には二十二歳の息子を喪う体験をしている。身体は強健だと思っていたのだが、実は膵炎という厄介な病気を患っているとは思ってもいなかった。ただ息子の思い出についてはこれまでも原稿にまとめたことがあり、あえてこの書ではふれない。ただ息子を喪ったときに私が感じたのは、「覆水盆に返らず」という一語だった。一度こぼれた水は再び盆に返ることはない、その格言がなによりも強い実感となったのである。

息子を喪ったときに、つまり私が五十代半ばにさしかかろうとするときでもあったが、人生の悲しみを通してどのようなタイプが他人に安心を与える人物なのか、といった尺度を持つようになった。たとえば堀栄三氏、それに後藤田氏、そして昭和十年代の天皇周辺の話をつぶさに教えてくれていた元侍従の岡部長章氏、この三人は大仰なお見舞いの言葉を口にすることはなかったが、私にとって人間味のある、信頼の置ける情の人であった。私の悲しみを心底から理解してくれる態度で接してくれた。

私の肩を二、三度叩いて、気持ちを落ち着かせた日々を過ごすんだよ、という意味の言を短く吐くのであった。そういう仕草や口調の中に、彼らのこれまでの人生の積み上げがあるように思えた。

そういう辛さを抱えての取材の中で、今に至るも私の印象に残っているのは、日中戦争での戦闘体験を持つ元兵士たちの証言であった。とくにこのころ、日本軍の兵士であったが、中国側の捕虜になったり、あるいは中国軍に投降した者に強い関心を持っていた。捕虜や投降者は、大体が八路軍の部隊や、その解放地区に連れられていく。そこで共産党の理論や科学的歴史観などを教えこまれ、やがて日本軍兵士や下士官に投降を呼びかけたり、あるいは武装解除を勧める役割を果たしている。

そういう体験を持つ元兵士五、六人に会って話を聞いていると、彼らは一様に、「われわれは日本軍国主義を許してはならない」と説いた。すさまじいまでの日本軍国主義批判を具体的に行うのである。そこには「軍国主義者は許しがたい存在。しかし下士官や兵士は自ら進んで中国本土に来たわけではない。だから彼らには責任はない。しいていえば、彼らもまた日本軍国主義に利用された存在である」との認識が共通していた。

日本軍国主義者は日中両国人民の敵、というテーゼをそのまま口にする元兵士を見ていると、戦争への反省が巧みに政治化しているようにも思った。そういう元兵士（大体は日中友好元兵士の会の会員や前述の中帰連に所属しているのだが）の言動には、ときとして中国を絶対視する一方で、旧ソ連を語るときに、「ロスケ」と口にしたり、その意識はまさに統一がとれていなかった。そのことが私には興味深かったのである。

そういう元兵士たちから、「今、君は昭和史のどんな時代に関心をもっているの」とか、「どういう人物を書こうとしているの？」と尋ねられると、ためらいもなく「元警察庁長官の後藤田正晴さんです」と答えた。大半の人は驚き、目をみはり、「あなたは保守反動なんだ」と蔑みの口調になった。

そんな視線に出会うたびに、私は昭和四十年代後半から五十年代前半にかけて、東條英機の評伝を書くために日本中を走り回っていたときを思いだした。東條はまさに太平洋戦争時の最悪の指導者であり、こんな人物に関心を持つこと自体、思想的には許されぬ、という考えが支配的な時代であった。

未だ杓子定規の政治観をもつ者もいる時代でもあったが、こうした中で後藤田正晴氏の評伝を書いた。原稿枚数八百枚に及んだと思うが、このころの政治情勢はまだ政治改革の真っ最中であり、やがて五五年体制が崩れて、非自民、反自民を掲げる野党八派による連合政権が生まれた。首相には細川護熙氏が就任したのだが、この細川氏就任にあたっての期待の原稿を、やはり『月刊ASAHI』に書いたことがあった。細川氏よ、決して祖父の近衛文麿首相のようになってはいけない、という内容であった。細川氏は後藤田氏のような後見役も持つべきだという論稿だった。

後藤田氏の評伝およそ八百枚は、すぐに印刷所に回りゲラとなった。私としては、相応に自信のある作品となり、担当の出版局長藤澤隆志氏も政治状況は動いているから、そうした動きも加えて一人の政治家の生き方が、時代とどのように折り合いをつけるのか、さらに日本的官僚とはどういう特徴をもっているか、とにかく現存する後藤田正晴という政治家の実像を通して、この時代の背景を浮かびあがらせるのをモチーフにしようと意思統一を図った。

ゲラになった段階で、後藤田氏はできれば事前に見せてほしいとの申し出があったが、それはできないと断った。後藤田氏は中曾根内閣で官房長官などを務めていて、マスコミにはコワモテで通っていて、事前に原稿を見せるという習慣にごく自然になじんでいたようだった。しかし、事前にゲラを見せることはできない、ただし先生のコメントを多用しているので、その部分については確認してもらっていい、だが地の文章の部分はだめです、と応じなかった。

「おい君、僕に読ませたくないようなことが書いてあるというのかね」と皮肉を言われたが、コメントの部分についてゲラを渡すと、それこそ二日も経ないでゲラは戻ってきた。その直しの部分を見ると、決して小心な官僚タイプではなく、人間的には鷹揚で、話のわかる良識人という感じであった。

私は基本的にゲラは決して見せないが、ただ談話の部分はある程度確認をとるために見せるときもある。そんなときはからずも明らかになるのは、その人物の度量であった。小心な人物は断定的な言い方をどのようにも解釈できるように手直ししたり、はては削ったりするのである。後藤田氏は、その点で決して小人物タイプではなかった。

平成五年十月の終わり、四百頁余の書の見本ができあがった。私はすぐにその見本を後藤田氏のもとに届けた。なかなか上品にできているように思えた。後藤田氏は事務所に不在であったが、秘書の河野保夫氏を初め、事務所の誰もが、「興味深く読ませていただきます」と歓迎してくれたので、私はこれまで何人かの評伝を書いてきたけれど、こんどの評伝はもっとも満足感があると答えたりしていた。

翌日の午前八時すぎ、自宅の電話が鳴った。相手は後藤田氏であった。

「君、読んだよ。全部読んだよ」と言うのだが、どうやら徹夜で読んだようである。しかしその口調はいかにも不快そうであった。

なにか気にいらないところがあるのかな、と思っていると、「君、あまりにも文学的すぎるように書いているではないか。わしはこんな評伝だと思わなかった。もっと政治家としての自分の足跡を書くのかと思っていたら、なんだか文学的すぎるよ」と言葉を足していく。たとえばどの部分がですか、と尋ねると、「初めのほうだよ。出だしなんかがそうだよ」と怒っている。確かに、徳島県の山地の中腹に身を置く後藤田の悲しみの光景を描いている。七歳の少年は、そこで父の遺体が徳島市から運ばれてくるのを母親にすがる形で見ている。それは後藤田氏自身の証言をもとに、ある風景をスケッチしたともいえるが、文学的といえば文学的であった。

後藤田氏は「文学的すぎる」と何度もくり返すのだが、その言葉には、軟弱な、とか弱々しいといった形容句をかぶせているように思えてきた。私はしだいに腹が立ってきて、「先生、それは見解の違いですよ」と応酬することになった。軽い言い争いではあったが、もし再版になったら幾つかの部分は考え直します、と応じた。それでも後藤田氏は、文学的すぎるんだよなあ、とくり返した。

取材対象者の代弁者でない以上、評伝を書くにしてもどこか突き放して見つめることになる。後藤田氏はそのことを諒解しているとはいえ、自分が文学作品の対象ではなく、政治や歴史の書に登場するタイプなのに、それが裏切られたと思っているのかもしれないと私には思えた。これで後藤田氏との縁が切れても仕方ない、というのが私の覚悟となった。

7

この電話をもらってから二週間ほどあとに、後藤田氏の就任であったか、退任であったか、とにかくパーティがあった。すでに私は招待状をもらっていた。後藤田氏と会ってあれこれ言われるのは面倒だなと思いながらも、これまでの取材に協力してくれたことへの謝辞を述べようと思って出席した。会場に入ると、私のもとに後藤田夫人が近づいてきた。取材の折りにマンションを訪ねたこともあり、顔見知りでもあった。夫人は私の前に立つと、「保阪さん、ありがとうございます」と丁寧に頭を下げる。とまどっている私に、夫人は言葉を続けた。

「後藤田はカミソリとか血も涙もない人間とか、それこそ人間の感情など持っていないかのように世間では語られてきました。でも保阪さん、私も読ませていただきましたよ。後藤田を血も涙もある、人間の感情を持っている政治家というふうに書いていただきまして、本当にありがとうございます」

何度も頭を下げられた。夫人は後藤田氏がいう「文学的すぎる」という意味を、私に正確に伝えてくれたのである。そう思えば、私から何度も頭を下げなければと思ったほどだった。

後藤田氏は私に近づいてきて、右手を軽く上げるいつものポーズで、「おう」と言った。そして私の傍に来て、電話の声とはまったく逆に「ご苦労だったね」と快活に声をかけてきた。それからは電話での不満を一切口にしなかった。お互いに氷解したという形になったのである。

後藤田氏との交流は、私にとって世間を広める契機にもなった。この書を刊行して七年ほど後なのだが、後藤田氏から「僕を書いた君の著作を中国で訳したいのだがいいかな」と言われたことがある。後藤田氏は日中友好会館の日本側の代表者であり、政治家としては田中派が築きあげてきた日中間のパイプ役でもあった。そういう後藤田氏は、中国側要人にそれほど素顔を知られていなかった。そこで中国側は、後藤田氏について書かれた著作を一冊教えてほしい、それを中国語訳で刊行したいと申しいれてきたという。

これはのちに中国側の要人に聞かされたのだが、後藤田氏はためらうことなく、「保阪正康という作家の書いた私の評伝がもっとも私自身のことがわかる」と答えたそうである。中国語訳で刊行するなら、保阪の本を訳すべきとくり返したと言っていた。

こういう人と人との関係が、このころ（つまり五十代半ばということになるが）の私にはしだいに理解できるようになった。

8

平成六年から、朝日カルチャーセンターやＮＨＫ文化センター、さらには市民講座などで定期的に講座を受け持つことになった。戦争体験者が定年を過ぎてこういう講座に顔をだすようになっていた。こうした講座では、「昭和史講座」と銘打って太平洋戦争やら昭和天皇論などをシリーズで話すことにした。初めは二十人とか三十人だった受講者も何年か続けていくうちに、六十人、七十人とふえていった。

幾つもの講座を引き受けると、とても体力がもたないので、東京・新宿にある朝日カルチャーセンターにだけ絞りこむことになった。この朝日カルチャーセンターは、現在（平成二十七年五月）まで二十年以上にわたって続けているのだが、他人に昭和史を講じることで、実は私が多くの史実を確認することができた。

朝日カルチャーセンターでのこの昭和史講座には、多様な経歴を持つ受講者が集まる。あえて書いておくと、昨年（平成二十六年）十二月にこれまでずっと通っていた受講者が、年齢を重ねて通うのも疲れたといって、一応今年で区切りをつけたいとの手紙をくれた。彼はそこで定年退職後、毎回通っていたこの講座について、「保阪教室はこれまでの二十年余で延べにしてこれだけの受講者に昭和史を話してこられたのです」との計算を便箋に書いていた。

それをここに引用するが、この朝日カルチャーセンターの講座は毎月第二、第四の木曜日に開かれる。三ヵ月をワンクールとして、年に四回開かれる。平均すると受講者は、多いとき（つまりテーマへの関心が高いときということになるが）には、八十人余に達し、少ないときでも五十人ほどが集まる。平均すると五十五人から五十六人、そこで五十五人としておこうか。単純な計算になるが、年に二十四回、つまりこの回数に五十五人を乗じると合計千三百二十人、それに二十一年を乗じれば二万七千七百二十人が受講したことになるというのだ。

この数を紹介したあとに、彼は私の講座に五百四回通ったとあり、そのうち休んだのは五十回とか、もろもろの数字が並べてあった。「しがない一銀行員としてつつましく生きてきた男」は、これだけの回数、昭和史を学ぶことによって実は多くの知識を得たとあり、改めて感謝したいと結んでいた。「先生、私は先生より五歳ほど年齢が上になりますが、本当に長い間ありがとうございました。これからもこの講座は続けてください。さようなら」とあった。達筆なその文字を見ていて、私は涙を抑えることができなかった。

そうか、二十一年も月に二回、昭和史を語り続けてきたのか、その数は延べ二万七千七百人近くにもなるのか。このほか多いときはさまざまな講演会にでかけて月に七、八回は話すのだから、合計でいえば五万人以上の人たちに昭和史を語ってきたのではないか、と思うのだ。

その出発点になったのが、平成六年だったように思う。私は五十五歳だったのだから、受講者の年齢はほとんどが私より上だったと思う。四十代、五十代の受講者がいなかったわけではないが、やはり六十代以上の定年退職者が目立った。

講座が終わるたびに話しかけてくる受講者を通じて、少しずつ個人的な輪も広がるようになった。私も若かったせいもあるが、講座のあとに喫茶店に移って議論を続けることもあった。そういう会話を通じて、大正生まれ、そして昭和初年代生まれの人たちは、心中で二つの疑問を抱えながら生きていることを知った。それは「天皇制とは一体何だったのか」「あの太平洋戦争とは何のための戦争なのか」の二点であり、このことを人生の後半で納得したいという思いを持っていたのである。私の講座がその疑問に充分答えられたかはわからないまでも、それでも彼らのあらゆる質問には、真正面から答えるべく真剣に応対したのも事実であった。

教えることは教えられることでもあった。

大手新聞社の役員、大蔵省のキャリア、ある企業グループの総帥の夫人、大学教授、高校教員、出版社役員、一般企業の役員を経た人たちが、私の講演をノートにとっている姿を見て、彼らの知識を上回るものを身につけなければと励みにしてきた。

「あの戦争のとき、私はこの国の邪悪な面を幾つも見ました。夫を通じてです。戦争など二度とすべきではありません」とある佐官の軍人を夫にもつ女性が語った事実はあまりにも悲惨であった。部下を無駄に死なせたと、その元軍人は生涯苦しみ続け、夜中に飛び起きて叫び声をあげることもあったというのである。

私はこうした話をそのまま私の記憶にとどめておくだけでなく、記録として残そうと、「昭和史講座」という冊子を刊行して、その証言や体験を活字にと考えるようになった。そしてその第一号を編んだのも平成六年暮れのことだった。受講者たちに昭和を生きた己の姿を語ってもらった。

このころ私は単行本を七十冊ほど上梓していたのだが、文藝春秋社や講談社、新潮社、中央公論新社などの担当者や友人が集まって、「保阪正康を励ます会」を開いてくれた。私はこういう会を開いてもらったことはなかった。開いたら、と勧めてくれる友人や編集者がいても、そんな心理状態ではないと断ってきた。しかしこのときに開く気持が起こったのは、断ること自体の中に不遜があることに気づいたからだった。

平成七年四月のことだったろうか、東京・市ヶ谷にある私学会館（現・アルカディア市ヶ谷）の会場は、とくべつに指定したわけではなかったが、はからずも妻との結婚式をあげた場所であった。肉親、友人、それに編集者、保阪講座に出席している受講者も駆けつけてくれた。後藤田氏や堀栄三氏、岡部長章氏など取材で知り合った人たちも出席してくれた。

それぞれの人たちが激励の言葉を語ってくれた。後藤田氏は、「私のことは私より知っている」と挨拶したとき、彼の胸中から最初に自らの評伝を読んだときの怒りは消えていることがわかった。堀氏はこのころ西吉野村の村長でもあったのだが、私がさらに飛躍するためには、家庭を大切にして仕事とのバランスを考えるような習慣をもちなさいとの励ましの言葉を述べた。そのとおりだ、と心中でうなずいた。私は五十五歳だったが、この日を境に人生に区切りをつけていく、いわば句読点を打っていく、そんな感じの宴であった。

私はこれからの老齢に近づく身を思いながら、高齢者の自分の姿をまだ想像できなかった。老いというにはまだ早く、しかし若いといわれる年代でもないとの焦りもあった。さてこれからどんなタイプの物書きになるのか、この宴での先輩諸氏の挨拶を聞きながら、自分の歩んでいる姿をしきりに頭に描こうと努めていた。

終章　老いへの道を歩む

1

私はとくべつに宗教を信じてはいない。特定の教団に属したりとか、ある教義を学んだりといった体験は持っていない。しかし少年期から妹がキリスト教に関心を持ち、聖書を読んでいたためもあって、聖書にふれたことは少なからずある。小説や評論に倦いたときに聖書を朝まで読み続けたこともあった。

だが宗教とは一線を画して生きてきた。だからといって信仰心がないわけではない。信仰心という名の心理状態を持っていると言い換えてもいいだろう。

今、私は老いを自覚する日々である。身体のあちこちが痛いとか、視力が弱まっているとか、歩くのが面倒になっているといったことよりも、少なくとも私にはそれほど時間は残っていないだろうとの自覚である。親友が逝き、妻も逝き、息子にも先立たれ、そして私が今も生を紡いでいることの申しわけなさを自覚して、不意に悲しみに襲われる。生きることを苦しいとは思わないが、私はすでに逝った人たちによって支えられている。その支えを実感する心理を信仰と言っていいのではないか。

私は自分自身をヒューマニストだとか、心優しいなどと思ったことは一度もない。他人から干渉されることなく、他人に干渉することもなく、自分の力で生きていくこと、それが人生だと思い、その姿勢を貫いてきた、と密かな自負を持つ。ところが年齢を重ねるにつれ、自分の力で生きているのではなく、生かされていると思うようになり、そのとまどいが日常生活の中に自制を強いるのである。その自制のバネになっているのが信仰心なのだろうと思うようになった。

この『風来記』の連載は、私が五十五歳のときにたまたま友人、編集者たちが開いてくれた「励ます会」でひとまず筆を止めた。思えば私の人生が後半期に入るスタートの時であった。このときから二十年を経て、私はやはり文筆活動を続けている。とくに大望をもっているわけではないが、編集者から注文があり、幾つかの団体から講演の依頼があり、あるいは単行本を著さないか、こういう組織の顧問にならないか、などと求められるままにときに引き受けたり、断ったりの日々をくり返している。

そういう自分を見つめるために、独りで旅行したり、ぼんやりと散策したりをくり返すのだが、そういうときに私の胸中に去来するこの二十年近くの風景をなぞっておきたい。いずれこの晩年の人生を『風来記』の晩年編で書く機会があればそれに越したことはないにせよ、ただ去来する風景のひとつひとつを書くことでノンフィクション作品を書くことを生業《なりわい》としてきた一文筆家の晩年の姿を明かしておくことにしたい。できるだけ正直な自画像を描くのを務めとして書いてみたい。

2

ある編集者が平成に入ってから二十七年までの間に保阪正康がどのような雑誌にどういう原稿を書いてきたのかを、国会図書館の資料室で調べてくれた。一九八九年から二〇一五年までだが、そのヒット数は八百件近くに及んだという。彼はその検索結果をすべてコピーしてくれた。厚さ二センチ近くになったのを見て、よく書いてきたものだと私自身驚いてしまった。

どういう雑誌にどういうタイトルで書いているのか、という一覧表を見ると、意外なことに私はそのひとつひとつをよく覚えていた。たとえば一九九六年には、ベネッセコーポレーションで刊行されている『海燕』（八月号）に、「男子の原則――城山文学の国家観」を、『文藝春秋』（九月号）には「精神科医40人が診断した『日本』」、『新潮45』（十月号）では「もしミッドウェー海戦で戦争をやめていたら」を、さらに文藝春秋社の『諸君！』（十一月号）で「従軍慰安婦問題を50年後に断罪するな――戦争と性の本質を論ず」などを書いている。とにかく月刊誌に毎月必ず何らかのテーマで原稿を書いていた。このほかに月刊誌（『国会月報』など）で「政治家の自伝を読む」というタイトルの連載を続けていた。

五十代後半に入っても、執筆意欲は衰えていなかった。なぜこれほど仕事に取り組んだのだろう、とこのリストを見ながら思う。一九九三年二月に息子を病で喪い、私は心中では絶望的な気持になっていた。心の中に何か大きな穴が空いた状態であり、それを埋めあわせるためか仕事に取り組んでいた。

この期に少し安らぎを得たのは、『月刊ASAHI』の連載（「昭和陸軍の興亡」）を終えて、これを出版すべく加筆、補筆を進めていたためだった。その打ち合わせや史料調べのためにしばしば朝日新聞を訪ねていた。そういうとき月刊誌『論座』（『ASAHI』を改題）の編集部に顔をだして編集長の鴨志田恵一氏やデスクの永栄潔氏と談論を重ねるのが楽しみだった。そういう折りであったか、鴨志田氏が、私が息子を喪い気を落としているのを知ってか、「とにかくいろいろな宗教団体を取材に歩いて、人は死んだらどこに行くのか、という質問だけをぶつけて話を聞いてみたらどうだろうか」ともちかけた。

確かに、彼らとの雑談の中で「私は特定の宗教への信仰はもっていないのだが、信仰心だけはもっている。うまく説明できないけれどね」という話をくり返したことがあった。鴨志田氏はそのことについての助言の役を果たしてくれた。

「誌面は提供するから、とにかくその質問だけをもって教団の責任者に説明を求めるという連載をやってみたらどうか」

私はすぐにその申し出に応じた。いやむしろ一度は宗教に関わる原稿を書いてみたかったのである。むろん私の処女作『死なう団事件』は宗教団体をテーマにしていたが、しかしこのときは意識的に宗教にふれることは避けた。私にとって宗教は、信仰の名のもとに一切の価値観を強要するとの思いがあり、それだけは何としても受けいれるつもりはなかった。しかし息子の死をはじめ、母親や妹の死に接しているうちに、彼らはどこか別の世界に行ったのであり、その存在すべてが無であるなどとは考えなかったのである。

どこの世界に行ったのか。もとより私には説明はできない。あえていえば魂の世界ということになるのだろうか。特定の宗教団体に入っているわけではないから、そこが天国だとか極楽とか、あるいは浄土といった言葉でのイメージではない。あえていうなら、そこは時間の観念がなく、過去とか未来が自在に往来できる異空間というイメージで捉えていた。その空間の中をいずれ私の意識も往来する、そういう空間を信じる、というのが私の信仰かと自分なりに都合のいいことを考えていたのである。

とにかく自分の気になる宗教団体やなにか特異な教義を口にしている教団を訪ねて、「あなたの教団（あるいは信仰の対象である教義）は、人は死んだらどこに行くと考えているのでしょうか」という質問のみをぶつけるのである。もとよりそういう質問だけをくり返すわけにはいかない。教団の歴史やら教祖、あるいはその教えを聞きながら、その質問の要諦を確かめていかなければならなかった。

一九九五年三月から九六年三月までの間、一ヵ月に一教団を取材して、「信仰するものたちのすがた」というタイトルで一年間の連載を続けた。『論座』の編集部員と共にこの旅を続けたのだが、ときに私が独りで取材に赴くこともあった。二十二歳の息子を喪った悲しみもあったためか、私は、十二の教団のどこへ行っても「人は死んだらどこに行くのでしょうか」と心底からの叫びを伴って、宗教人たちと会話を交した。今にして思えば、鴨志田氏や永栄氏、さらには共に取材につきあっていただいたM氏らに感謝しなければならない。この体験を通して死者とどう折り合いをつけるかべきかの答えを私なりに得たように思った。

心の安らぎというものを得ることができたのである。

十二の宗教団体にはそれぞれ思い出がある。教団の人たちが実に親切に私の質問に答えてくれた。あえて指摘すれば、この「信仰を確認する旅」で私はふたつのことを学んだ。そのことが後半生の人生に指針を与えた。といっても信仰を深めるというのではなく、心の安らぎを与えてくれたとの意味である。ある宗教団体を訪ねたときに、ベトナムの仏教者ティク・ナット・ハンの法話を聞くことがあった。ハンはそのころは南フランスのボルドー近郊に仏教者のための共同体をつくり、さまざまな国の仏教者たちと共同生活を送っている。ベトナム戦争のときは、ベトナム仏教徒の代表者としてアメリカに行き、強い口調で和平を訴えている。

そのハンが来日して、日本のある仏教団体の神奈川県本部の大講堂で法話を行った。私がこの団体に取材する日がこの法話の日に重なっていたが、私はハンの仏教家としての発言の中で幾つかの言葉が心に残った。たとえばハンは、「私たちは生きている限り、死ぬことも生きていることもない」という言い方をした。私の宗教的な理解では、自らの肉体を仏陀に帰依する存在と考えるなら、そこには悠久の流れと無限の重みとがすぐに感得されるという意味になるのではないだろうか。

ハンが般若心経を説いた書の中に感動すべき表現があった。「自分の手を見て考えてみなさい。この手はいつからあるのだろうか。私は自分の手を見て、これは三十万年以上にわたって存在してきたと知る」と言うのである。これは自分の手であって自分の手ではない。ハンは次のように説く。「この手の中に、多くの世代の祖先、すなわち過去ばかりでなく、現在の瞬間にも生きている祖先を見ます。私はただの継続にすぎません。私は一度も、死んだことがありません。一度でも、死んだことがあるなら、この手がここにあるはずはありません」

私は、「私は一度も、死んだことがありません」という語に出会い、ハンのその語を耳にしたとき、安らかな気持になったというか、何かに包まれているように感じた。人は死んでなんかいない、私の手や足、それに私の肉体のすべてが息子なのだ、いやそう思うことにより、私は生かされていると考えるべきだという信仰にふれた。以来、私の中から恐れが少しずつ消えていったように思う。

宗教団体を歩いてもうひとつ学んだのは、あまりにも普遍的な事実であった。岡山県に本部を持つ教派神道の団体を取材しているときに、教団幹部の一人が——京都大学出身者だったが——、私の「死んだらどこに行くのですか」という質問に、教団の歴史や教祖の体験などを紹介したあとに、死とは肉体が滅びることだが、御霊《みたま》は天地の間をさまよう、といった説明を続けた。しかし私の怪訝な表情を見て、「はっきり言って死後のことはわからないのです」と正直に答えた。

むろん私が小賢しい理屈っぽいことを口にするために面倒になった点もあるのだろうが、しかしこの答えに私は納得した。なにより私が確かめたかったのもこの答えであったからだった。この言葉とハンの教えをからませたときに、人は死後にどこに行くのかという質問自体が陳腐であり、人は死なない、だから死後の世界などない、と考えるほうがあたっているのかなと思った。

いやしだいにそういう考えの方向にむかって走り始めている自分を理解するようになった。

五十代後半にこの境地に達したとき、この世の中に自分にとって怖い存在はない、大体のことは自分の力で解くことができる、という見方をもった。今、このときからの二十年をふり返れば私の中に奇妙な形で自信が根づいていたのだと感じる。もっともこの自信はかなり屈折していて、私の縁戚には医師、研究者、それに公務員といった職種に就いている者が多いだけに、文筆業といった自由業にはなんとも言われぬ引け目をもっていた。その引け目は、自分は組織とは別に自らの能力で生きているのだという自信と屈折した形になっていることを自覚してもいた。

3

五十代後半というのは、平成十年に近づいていくときと重なった。平成十年に近づくころは、政治的には五五年体制が崩壊していくときであり、さらにはインターネットにより、まったく新しいメディア空間もできあがった。原稿料にしても現金でのやりとりや郵便為替で送ってくる時代は終わり、どの社も自動的に指定日に銀行にふりこまれるという時代となった。

私はもともとは酒を好むほうではなかったが、五十代半ばまでは体力もあり、酒席も夜中までつきあうことはできたが、五十代後半になるとまったくつきあえなくなった。

午後十時をすぎての酒席は、ほとんどの話題も出尽くして、こんなに寂しいものなのか、とわかり、早く家に戻って仕事に取り組みたいと考えた。したがって友人との会話も減っていった。

孤独のほうが性に合うとの思いをもった。

六十歳の還暦までには、私は百冊を超える書籍を刊行していた。自分で考えても実につまらない本だな、とあきれるほど退屈な書もその中には含まれていた。中堅の出版社の中には編集者に年に何冊かの書を刊行するように義務づけているところもあるらしく、私の担当編集者の中には「これまで月刊誌に書いた原稿をまとめて本にしたらどうでしょうか」ともちかける者もいた。私はそのようなからくりを受けいれるタイプで、「いいよ」とすぐに答えるようにしていた。そういう書が刊行されてもとくに嬉しいとは思わなかった。

実際にその種の書は、私の書棚の隅のほうで、妙に肩身を狭くしている。

かつてある作家の自宅を訪ねたときに、応接間に自らの著作を刊行年順に並べている本棚を見たことがあった。そこにはカーテンがかかっていて、著作をどれほど大切にしているかがすぐにわかった。私もこのような本棚を持ちたいと思ったが、しかし生来の性格はこのようなタイプとはまったく違うことにすぐに気づいた。そういう本棚をつくってもそこに乱雑に書を入れるタイプだったのである。カーテンをかけるような整頓を好むほうではなかった。

百冊を超える書の中で、単行本と文庫本を合わせて三十万部ほど売れた書となると三冊であった。その三冊はどちらかといえば肩の力を抜いて書いた書であったが、何かを訴えたいとの強い思いは共通していた。その一冊は、瀬島龍三氏の評伝であり、単行本、文庫版として読者の目にふれることになったが、この人物の生き方は戦後日本を象徴しているのか、今なお売れている。瀬島氏の人物像は死してなお、日本社会では関心が持たれているということであろう。

そしてもう一冊は、平成十一年の夏、講談社から刊行した『昭和史七つの謎』という書である。講談社の出版局にいた生越孝氏は、私の文庫本を担当してくれていたが、やがて単行本関連のセクションのデスクになった。その折りに「自分の担当で一冊出版してくれないか」と頼まれた。書きたいと思うテーマはそれぞれ各社の担当者と打ち合わせながら執筆を進めていて、とくに新しく関心を持つテーマはなかった。すると生越氏は、四、五冊の書のレジュメを示し、とにかく自分も保阪さんに合うテーマを考えてきたのだから、この中から選んでやってみてよ、と誘う。もともと理工系学部の出身だけにテーマも人文系と理工系を巧みにかみあわせている。その中に「昭和史七つの謎」というタイトルの書があり、ひとつの史実を解明しつつ、さまざまな解釈ができるという筆調で書いたらどうか、と勧めていた。

私はそういうエッセイ風の文章をそれほど書いたことはなかったので、少々ためらっていると、生越氏は「読み物を書いてみるのもいいのではないか」と誘う。では二ヵ月ほどの時間をもらって書き下ろしをやってみるか、ということになり、七つの謎と評する昭和史の現象について書いた。この七つには、たとえば昭和八年ごろの日本は明らかにファシズムに傾斜していくのだが、この傾斜ぶりには異様な興奮状態もあった。たとえば五・一五事件の被告への嘆願運動などもそうである。この現象を中国の文化大革命の狂熱と重ねあわせたり、あるいは敗戦時にもしソ連が北海道に進駐していたら、そこには東日本社会主義共和国がつくられたであろうという、「もし」をもとにしたエッセイであった。

単行本として刊行したのは平成十二年一月であった。初版は一万部ではなかったろうか。私の記憶では二千部か三千部の増刷であった。

生越氏はその後に病死した。この書が刊行されてまもなく、彼から電話があり、「胃の調子が悪いので検診、そして精密検査を受けたら胃がんだとわかった。それもあまりよくないらしいんだ」とさして体調が悪いわけではない、入院したら手術でのりきるよ、といった具合だった。しかしその後、彼は病院から一時退院して会社に顔をだしたものの、すぐに再び入院、そして逝った。葬儀に出たときに、私は彼が同僚が見舞いにくるのを好まず、実際に入院したときは相当に進行していたとの話も聞かされた。私より六歳下で定年までにまだ三年ほどあったはずだ。生越氏の冷静な話しぶりは今も私の記憶に残っている。

この『昭和史七つの謎』は、刊行から三年後に講談社文庫の編集部員・横山建城氏から文庫化の話があり、私も異存がなく文庫版として刊行された。すると異様な現象が起こった。新宿の紀伊國屋書店で一週間もしないうちに文庫の売り上げのベストテンに入ったというのであった。私は横山氏に呼びだされ、講談社の会議室で二百冊にサインをさせられた。この文庫はそれから三ヵ月から四ヵ月にわたり、ベスト1かベスト2を続けたのである。今週に増刷になったかと思えば、翌週にはまた横山氏から連絡が入り、また増刷になりました、これで八刷です、とか九刷です、と喜色の声に何度も接した。

他の出版社の社員からは、紀伊國屋書店でずいぶん販売に力を入れているようです、売れまくっていますよ、と教えてくれた。私も店頭を覗いてみると、確かに平積みになっているし、それが一定の時間のあとに行くと平積みの山が極端に減っているのに驚いた。どうしてこんなふうになるのだろう、何が起こったのだろう、と私には事情がよく呑みこめなかった。

「はずみというのは恐ろしいね」と私は友人たちに応じながら、横山氏とはよく話し合った。これは生越氏の力添えでないか、と私は彼の名を口にして感謝しつづけた。

「どう保阪さん、僕の勘はあたったでしょう」との彼の声を聞きたいと何度も思った。

この文庫に、私は都合三千冊近くサインした。それを紀伊國屋書店は売ってくれたのである。

講談社の販売担当と横山氏、それに私の三人でこの文庫販売を担当してくれたN氏に御礼に赴いたことがあった。そのときN氏が、発売から一週間経ったときの売り上げのカーブが、ベストセラーになる文庫本と同じ軌跡を描いていることに気づき、「これはいける」と大量に仕入れ、店頭の前面に何冊も並べたというのであった。四十年余に及ぶ書籍販売のベテランが話したその内容に、私はただひたすらうなずいていた。生越氏やN氏の支えで私は初めてベストセラーというものが、どのようにつくりだされるか、それは読者の関心がひとつの動きをつくるということに気づいたのであった。

その後、横山氏から、紀伊國屋本店だけで二万冊を超えるほどの部数を売ったと聞いた。これも単独の店でこれだけ売れたのは初めてという報も伝えられた。

妻は自分の通っている趣味の講座で、この書を読んでいる人を見つけて驚いたとも話していた。妻は、他人に私の仕事を語らないので、「この方は同姓ですが御親戚ですか」と尋ねられ言葉をにごしたとも話していた。

4

この『昭和史七つの謎』の売れ行きのカーブが停滞状況になったとき、今度は新潮社の新潮新書に書いた『あの戦争は何だったのか』が発売され、それと同時に売れ始めた。『新潮45』に原稿を書き始めたときに、当時デスクであった石井昂氏が、「私たちの世代で、あの戦争を総括する書をださなければ、この世代の役割を果たしたことにはならない」と洩らすのを聞いて、わが意を得たりとの感慨をもった。それでとにかく「太平洋戦史」の全五巻を刊行することに決まり、私もコンテをたてるなど具体的に執筆に入る準備を進めた。しかしまもなく、これは途方もない企画で、このころの私の実力では充分にこなせるだけの力がないこともすぐに自覚した。

この企画はそのまま頓挫という状態になってしまった。

石井氏はこの企画そのものを大切にしていて、新潮新書を発足させるとすぐにこの企画をさしあたり新書で書いてみたらということで取り組んだのであった。新潮社の編集者が聞き役になり、それに答えるといった手法で一冊の書に仕立ててあげた。その新書は、「大人の歴史教科書」といったサブタイトルをつけたのだが、それも時勢にマッチしたのだろうか、たちまちのうちに版を重ねていった。

この新書を刊行して、これもベストセラーになると、これほど日本には出版社があったのか、と思うほどさまざまな社からアプローチがあった。その中でももっとも驚いたケースは、とにかくよくベストセラーを刊行する社の編集者がやってきて、「忌憚なく言わせてもらいますが、保阪さんが内容上納得する書は文春とか新潮社、それに中央公論新社で刊行してください。ただし金もうけもしなければならない、売れる本を出したい、というときにうちを利用してください。うちで刊行するのはあくまでも経済生活を豊かにするためと割り切って、何か刊行してみませんか」と勧められたことだった。ここまではっきり言われて、驚いたというより、私のこれまでつきあってきた編集者たちは、このような暴言を決して吐かないのに、こういう出版社はとにかく売り上げ至上主義に陥っていることもわかった。

このタイプの編集者は、じっくりと腰を落ち着けての仕事には向いていない。会話を交していても何かひとつことに向きあうという姿勢に欠けている。

『あの戦争は何だったのか』の売り上げの伸びを編集者に確かめながら、私は六十代に入ってやっと数字で事象を見る社会とふれあっているとの実感をもった。二歳違いの弟が、「死に近づいていくときにベストセラーを出すなんて、なかなか洒落ているのではないか」と笑ったが、それは私の内心の正直な声でもあった。

朝日カルチャーセンターやNHK文化センターなどに昭和史講座をもっていたが、この受講者たちの記録をさしあたり残していこうと思いたち、『昭和史講座』を編むことにした。平成六年暮れに三十二頁の創刊号を刊行してから、年に二回の冊子とブックレットを出すことにした。もっとも途中で中断したこともあった。しかし記録すべき内容が多いのに気づき、この冊子はしだいに頁数も増えていき三百頁近くになった。当初は会費をとっていたが、基本としては私の持ちだしで進めていくことに決めた。
この『昭和史講座』は、妻の支えもあり、私なりに残すべき史料を収めていくこともできた。

5

平成十六年（二〇〇四）十月であったか、講談社の『月刊現代』に「日本人と特攻作戦」という稿を書くために鹿児島県の知覧《ちらん》に取材に出掛けた。二回目の訪問であったが、この記念館に行くたびに特攻として逝った学徒兵たちの無念さを感じる。一人一人の遺書が陳列棚からも読むことができるが、それを読みながら私も何度か涙が流れる。しかしこの涙だけで終わらせるのでは何の意味もない。特攻作戦の本質が日本人の文化や伝統に反する戦術だということを、私たちは知らなければならない。それが私の考えでもあった。

ホテルに戻って特攻隊についてどう思うか、を『月刊現代』の編集長の中村勝行氏や部員の近藤大介氏らと話し合っているときに、編集者の理性的な意見や感想を耳にして私は恥ずかしく思った。ふたりは情念で見るのではなく、こうした作戦が平然と行われる社会の風土に強い恐れを持っていた。私は特攻隊を美化するのにまったく反対なのだが、しかしこの作戦をもっと歴史上に位置づけて考えるべきだとのふたりの指摘には、私に欠けている点が指摘されているようで、実は寂しい思いがしたのであった。

私はあまり他者の意見には耳を傾けない。というより自分の判断を尊ぶのだから、耳を傾けていたら、自分の考えがぐらついてしまうことになりかねない。私は六十代に入っていたが、ふたりは三十代後半から四十代前半であり、社会の中軸に座っている世代の見方を持っている。その見方にうなずくことができたのは、私もまだ心理的には若いといえるのかと自問した。

知覧から戻った私に一枚のファクスが届いていて、菊池寛賞受賞の報が入っていた。これまでの一連の昭和史研究と「昭和史講座」を刊行しつづけているのがその受賞の理由であった。それまで私は賞の候補になることはあっても受賞したことはない。そういう経験を経ていたので賞をもらうことにはとくに焦りはなかった。もらえたらそれはそれでいいが、しかしもらえなかったとしてもそれもまた大したことではない、そのことによって人生が決まるわけでもないし……との心境だった。

それでも受賞式に出席したときは、私も相応の慶びをもったが、妻はそうした席に出るのは初めてのことであり、内心の慶びが外側にあらわれていて、それはそれで私も嬉しかった。加えて兄弟や叔父も出席して私は体面を保つことができた。

人生にはこうした晴れの儀式が必要だとも実感できた。

好事魔多し、というのだろうか、この二年後に小用の折りに血がまじっているのに気づき、大学病院で徹底的に調べてもらった。それまで私は病院にはほとんど行ったことはなく、健康状態はさほど気にしていなかった。しかし小用に血がまじっているといっても、二、三日すると消えているし、とくに身体の部位で痛いところがあるわけではない。だがこのとき六十六歳であり、小用に血がまじるというのは大病の予兆だろうとの自覚をもった。

小用の出血には尿道の炎症から始まり、膀胱がん、腎臓がんなどの疑いまで実に幅広くあり、私はこれまで一度も医者通いをしていなかっただけに、これは大病、ないし大病の予兆という不安が強まった。実際に三ヵ月ほどかけて調べた後、医師からは、「どうやら右腎に悪性腫瘍ができたようだ。それは五センチの大きさで摘出手術が望ましい」といった報告を受けた。

それで二〇〇八年一月十一日に右腎摘出手術を受けることになった。

手術を担当した医師の言では、これを放置していたら五年でこぶし大の大きさになっていて、命の保証はできなかった、と聞かされた。その言を聞いたとき、初めて冷や汗をかくことになった。命拾いということか、一度は死んだ身体だ、そう思えば未練はない。とにかく自分の思っている仕事、課せられている仕事はすべてやり抜こう、そんな決意が生まれた。

腎臓がんは肺と骨に転移しやすいとの統計があるとのことで、その後も三、四ヵ月後に一度、しだいに半年に一度の割合で通院することになったが、転移、再発の危険もなく現在に至っている。残された左腎が懸命に私の命を支えてくれている。医師からは、「左腎のこのがんばりに応えて節制してください」と励まされている。

しかし私はその後も前立腺がんの初期も体験し、心臓の病（不整脈）を抱えつつの日々であったが、妻はほとんど医者通いをせずに日々を過ごしていた。その妻が仕事場の庭で倒れたのが、二〇一三年六月十八日の朝であった。自宅から徒歩で二十分ほどの地に仕事場兼書斎、それに長女のピアノ教室を含めての仕事部屋をつくった。そこで倒れたのである。

妻は自宅から仕事部屋に私を車に乗せて連れてきて、庭の草むしりをしているときに気分が悪くなり玄関で倒れこんだ。救急車の中で、そして大学病院の緊急治療室でも妻の意識が戻ることはなかった。のちに医師から聞かされたのだが、「クモ膜下出血は、最初の破裂で三分の一が即死する」という。それから二十四時間、四十八時間以内の破裂によって、死亡率は着実に百パーセントに近づいていくそうだ。こうした説明を聞きながら、私は、改めてクモ膜下出血の怖さを知らされた。

妻との別れは、まったく予期しない形で訪れた。七歳ほど年齢が下であったから、私たちの生活はすべて、私が先に逝くという前提で成りたっていた。私のあらゆることは妻の管理下にあった。家にどれほどの現金があるのか、預貯金はどうなっているのか、あるいは日常生活のすべての家庭での仕事はどう行うのか、私は何も知らなかった。というより知るつもりもなかったのである。

妻が私の仕事場で倒れてから亡くなるまでの四十五時間、私は妻を看病しつつ、死を受けいれる時間と伴走することになったのだが、むろんこの間には幾つかの感謝と不満、それに怒りが循環した。考えられないような出来事にも出会ったし、医療周辺の人々の日常の患者と接することの慣れを垣間見て言葉を失うこともあった。しかし現実がそのような頽廃さを見せるがゆえに、逆に、私は妻の死が悲しさよりも崇高に思えたほどだった。

私自身の回想記で、私が描こうとしているのは、昭和という時代に凝縮している人間像のひとつの類型として、「私が存在している」ことの確認であった。私は、とにかく一文筆業としての自立を目ざし、それを自らの人生の核に据えるべく、どのような状況にあれその志を忘れまいと努めつつ生きてきた。この生き方は、私なりの人生目標であったのだが、彼女はこの私の考え方に根本から納得して、そして同伴者になってくれた。

その同伴者を喪って、私はまた独りになったと実感した。とくに会話を交さずとも傍にいるだけで、確かに私の気持は落ち着いた。その落ち着きを私はどのように埋めあわせて生きていくべきか、問いつづけなければならないと覚悟した。

物書きとして独りで生きていく、そんな強がりを口にできたのも妻がいたからだと自覚したとき、これからの人生の道をどのような心理状態で歩んでいくべきか、と問い直す自分を見つめた。そんな問いを発したことがなかったことに気づいて、私の心中で形をつくっていた「自信」が音を立てて崩れていくのを感じ続けている。

あとがき

いつのころからだったか、私は誰もが編んだことのない書を残してこの世を去りたいと考えてきた。あまり口にすることはないのだが、私の考えている書のタイトルは、「人はその人生でどれだけの人と知り合うのか」というのである。私の知り合った人たちの名を事典風に編むのである。

たとえばその事典の名簿順はむろん「アイウエオ順」でもいいが、私が面識を得た順でもいい。私がその人物を知っているだけでなく、その人物もまた個人的に私を知っているのだ。そういう人物の名を片っ端から列記していき、私は人生の中でどれだけの人びとと面識を得たのかを考察しようという試みである。それはたぶん一般の人よりはるかに多くの人と会っているだけに、人は人生でどれほど面識を得ることが可能かとのテーマに則した書物をつくりあげていきたいのだ。

たとえば四千人から六千人ぐらいはすぐに集まってくるように思う。小学校や高校の時の在学生の姿は私の記憶にあるし、当然同級生もまた私を覚えているだろう。こうした「人名事典」はもとより私の個人的な趣味でつくるのだが、その反映で昭和という時代を浮きぼりにしたいとの思いもある。ちなみにその人名事典の最初は、「保阪孝　私の父・高校教師（数学）」であり、「保

阪マサ　私の母」といった具合である。なかには「和田洋一　大学時代のゼミ教師」とか「後藤田正晴　政治家　評伝を書く」といった記述にもなる。

こうしたエピソードをつくりあげていけばこの事典は、私という人物がどのような性格をもち、どのようにつきあえるのか、などこまごましたことを浮きぼりにすることになるだろう。「人は人生でどれだけの人と出合うのか」という書こそ、もしかすると私の代表作となりうるのではないかと思う。こうした書を編むためにも、私は私の自伝を書いておくべきだったのである。その自伝（『雄飛の巻』）を実際に刊行してみての率直な感想は、私は、多くの人の支え、あるいは助力を得ながら文筆の世界で生きてきたとの実感である。

いうまでもなく、人は一人で生きられるわけではない。だからといって他人の助けだけで生きられるのでもない。

本書の中でもふれたのだが、他人の評伝を書くときには、独自の手法での基礎作業を終えてきた。書くべき人物を中心に据えて、そこに第一次円、第二次円、第三次円をつくっていく。第一次円は肉親、いわば親兄弟、第二次円は終生の友、あるいは人生の大半を通して交際した親友、友人、知人たちである。そして第三次円は社会的関係である。彼の上司であったとか、部下であったとか、あるいは彼が仕事以外にもっている趣味のサークルでの仲間だったとか、山登り仲間だとか、その関係はいずれも第一次円の情的関係とはまったく別問題である。ほかに第四次円、第五次円とさらに細かく分かれるのだが、こうした枠組みをつくっていくと、人はどのような人間関係の中で社会活動をつづけていくのかがわかってくる。

他人の評伝を書くときに、私が行っているこうした基本的作業を通じて、人は一人で生きているわけではないと改めて社会関係の重要さを自覚することになる。

私は一作家として、著述活動を続けながら自分の成長を実感することになった。自らの選んだ仕事を通して、人生の何たるかを知り、さらに自らの生きる姿を確認できることに満足感を覚える。そして白紙の原稿用紙にこうして筆を起こしながら、ひとつの世界をつくっていくことに充足感を味わう。この実感は老いの中でひときわ強くなるのであった。

私は自らの仕事の中でどんなことを実感したのか、とときに自問する。この自伝の中でも書いたのだが、私は感情に溺れるというタイプではない。心に響く映画や演劇を見ることで、感情が昂揚することはある。青年期に恋愛感情を強くもって自らの生活がそういう感情にふり回されることもあった。しかしそういう昂揚の持続力はそれほど長くはない。

なぜ自分は興奮しないのだろうか。そういう問いかけを自分で発するのは少年期から何度もあった。

自分なりの理由はある。たとえば気分が昂揚する、あるいは興奮するという気分のあとに、人は必ず砂を嚙むような味気ない心理状態になる。祭りのあとのあの味気なさ、それが私はたまらなく嫌なのだ。そういう気分を味わいたくないとするなら、初めから気分を昂揚させなければいい、というのが、私の覚えた心理操作である。そういう性格は、たとえば気分が昂揚して物の怪にとり憑かれたように、奇妙にはしゃいだり、我を忘れて陶酔した気分になったりする。私はそれが大嫌いなのである。

人生七十年余も生きてくれば、社会現象や事象の因果関係、それに物事の道理などは大体わかる。あるいはどのような結果になるかの結末もわかってくる。それが人生の積み重ねということになるのであろう。その積み重ねを「馬齢を重ねる」などといった語で馬鹿にしてはいけない。

たとえば二〇一五年の今、日本社会は大きく変容している。安倍内閣がきわめて国家主義的な政策を打ちだして、戦後日本の社会体制を根本から揺らがせている。この因果関係はなにゆえか、そしてこれはこれからの日本社会にどのような形を生むのか。こんなことは少し歴史や政治、それに人間心理を読めばすぐにわかる。私の見立てをいうならば、この内閣はわずか十七%の国民の投票によって議席の七割を獲得するといった日本の議会政治の矛盾をそのままあらわした内閣である。それをテコに日本社会を変えようとしているのだが、それは戦後七十年を支えてきた「戦後民主主義体制」を解体せしめようとの意図を含んだ改革である。

とするならばこの改革はどう推移していくのか。それはきわめて容易に推測ができるのである。

第一は民意を反映しない改革、あるいは制度変化はあっさりと崩壊する。確かに議会では一度は安保関連法案も可決する形になるが、しかしその可決によってむしろこの法案は形骸化していくであろう。たとえば海外派兵の危険性のある自衛隊員はその職を去る者が多いだろう。こういうイレギュラーな形で決まった法案に、誰が命を懸けるだろうか、それはこれまでの二十世紀の歴史を見れば容易に想像がつくのである。

第二にどういう変化が起こるか。社会全体のルールが急速に変化していくであろう。たとえば相手を批判する、相手を論難するというときには当然ながら、そこには礼節を必要とする。このルールが崩壊している。自分の意に添わない論者や論に対して、口汚ない罵りが幅をきかすことになるだろう。あえていうが日本社会は劣化していくということだ。そして第三である。日本社会から相互信頼が失われていく。国民の意思は選挙の結果にかかわらず、社会の意識や常識を構成している。それが崩された瞬間に、信頼というキーワードはごく自然にその力を失っていく。

民意なき改革は悪、ルール無視による無秩序、相互信頼の欠如、という三点がこの社会の基軸に据えられていくであろう。それがどういう社会になるか。こんなことは馬齢を重ねていなくてもわかるはずである。一言でいうと〈掟なき暴論の社会〉の到来である。あえてつけ加えておくが、私のような昂揚しない、興奮しないタイプには、そういう社会は容易に想像されうる。一人一人がまったく切り離された社会、その社会の中で集団の大声が一人歩きを始めるのではないかと思う。

私は左翼とか右翼といった政治的信念で、現実を見ていない。社会が昂揚しているときは冷めた目で社会の内実を見ていたいと思っている。それが信念である。本書のタイトル『風来記』は、そういう一歩冷めた目で生きてきたとの意味である。自分の思うままに、たとえ社会の空気が一定の方向に吹いているときでも、感情のない目で現実を見ていたい。それが私でありたいと思いつづけている。

本書はその視点で書かれた自伝であり、自分史である。

平凡社で刊行されている文芸誌『こころ』に連載を続けてきたが、この第二巻は三十代前半に物書きとしてスタートしたころから筆を起こし、六十代半ばまでを書いた。四十年近い年月の中で、ノンフィクションを書き続けてきた一人の物書きの実像である。時代史の証言になっていればいいとの思いもある。

『こころ』編集長の山本明子氏、そして単行本としてまとめていただいた新書編集長の金澤智之氏には改めて感謝する。ありがとうございました。

平成二十七年（二〇一五）六月二十日　妻の三回忌に

保阪正康

本書は、『こころ』Vol.13〜23に連載した「回想　わが昭和史」に加筆・修正したものである。

保阪正康（ほさか　まさやす）

一九三九年北海道生まれ。ノンフィクション作家、評論家。二〇〇四年、個人誌『昭和史講座』の刊行など一連の昭和史研究で菊池寛賞を受賞。主な著書に『昭和陸軍の研究（上・下）』（朝日文庫）、『東條英機と天皇の時代』（ちくま文庫）、『秩父宮』『吉田茂という逆説』『昭和天皇（上・下）』（いずれも中公文庫）、『昭和史七つの謎』（講談社文庫）、『あの戦争は何だったのか』（新潮新書）、『崩御と即位』（新潮文庫）、『明仁天皇と裕仁天皇』（講談社）、『風来記――わが昭和史(1)　青春の巻』（平凡社）など。

風来記《ふうらいき》**――わが昭和史(2)　雄飛の巻**

二〇一五年八月十九日　初版第一刷発行

著者　保阪正康
発行者　西田裕一
発行所　株式会社平凡社
〒一〇一－〇〇五一　東京都千代田区神田神保町三－二九
電話　〇三－三二三〇－六五八〇〔編集〕
〇三－三二三〇－六五七二〔営業〕
振替　〇〇一八〇－〇－二九六三九
平凡社ホームページ　http://www.heibonsha.co.jp/
印刷所　星野精版印刷株式会社／株式会社東京印書館
製本所　大口製本印刷株式会社
DTP　平凡社制作

ISBN978-4-582-82478-0　C0023　NDC 分類番号 289.1
四六判（19.4cm）　総ページ 328